REFLEXIONES

Sobre las Lecturas Litúrgicas
de Los Días Laborables

A

Por

Rev. Padre Henry Aguwa Chukwuemeka Ph.D

Nihil Obstat,

Imprimatur,
Reverendísimo Joseph V, Brennan, D.D.
Obispo de la Diócesis de Fresno.

Tabla de contenido

Introducción

James McKarns, en sus libros sobre homilías con el título: "Danos hoy", se explaya sobre la importancia de meditar regularmente en la palabra de Dios, así como sobre la necesidad de que los predicadores y maestros de la palabra dediquen tiempo a prepararse antes de subir al púlpito para cumplir con este sagrado deber. Citó a uno de sus profesores de homilética que enseñaba lo siguiente: "No vayas al púlpito… sólo para decir algo. Ve con algo que decir". Todos los que nos escuchan están deseosos de ser alimentados con ideas sagradas que los desafíen e influyan en todos los aspectos de sus vidas; de ahí la necesidad de que todos los que suben al púlpito para enseñar estén preparados.

Por lo tanto, al prepararnos, debemos escuchar a Dios con oración y articular de manera eficiente las formas en que Él espera que nos acerquemos a su pueblo. La comprensión de la seriedad de este deber debería imponernos un sentido de responsabilidad; así como preocupación por el pueblo, ya que sin una explicación adecuada de la Palabra, el pueblo se extravía y no recibe la guía adecuada. Este punto exacto se refleja en el dicho frecuentemente citado: "Mi pueblo perece por falta de conocimiento" (Oseas 4:6).

Este libro, "Reflexión sobre las lecturas litúrgicas de los días laborables A", es fruto de varios años de reflexión sobre la Palabra que he compartido con personas y familias en las comunidades en las que he servido durante estos años. Sin embargo, debido a las peticiones de algunas personas que han seguido mis reflexiones, decidí ponerlas juntas; es para ayudar a nuestro clero, sacerdotes y diáconos, a apoyar en la preparación de sus homilías cuando tienen el privilegio de enseñar a la gente. También es un libro que puede servir a familias e individuos en su meditación diaria sobre la Palabra durante sus oraciones diarias.

Espero que este libro nos ayude a todos a darnos cuenta de la necesidad de meditar en la palabra de Dios. Que la palabra que escuchamos nos capacite para vivir mejor y que podamos dar el fruto que nos lleve a un gozo duradero en el Señor; que tu palabra, Señor, sea una luz para nuestro camino, guiándonos hacia la plenitud, la alegría y la paz.

Agradecimientos

Al presentarles este libro a todos ustedes, queridos lectores, es un placer agradecerles a todos los que de una manera u otra contribuyeron al nacimiento de este libro sobre la meditación de la Palabra de Dios. Esta es mi pequeña ayuda a los sacerdotes y clérigos para una preparación adecuada para la celebración eucarística.

Agradezco a mi querido obispo Joseph Brennan, y a todos los sacerdotes y diáconos de la diócesis por el privilegio que tengo de servir a Dios en el ministerio de la palabra con ustedes en la viña del Señor; agradezco especialmente a aquellos con quienes compartí algunas de las reflexiones del libro, quienes apreciaron los pensamientos que contiene y me alentaron a publicarlo cuando fuera posible. Gracias al obispo Brennan por tomarse el tiempo para leer el manuscrito y por sus palabras de aliento en el esfuerzo por poner en práctica este trabajo.

Gracias al Dr. Adolph Iroegbu SMMM, un estudioso de las Sagradas Escrituras que leyó mis reflexiones desde el principio, cuando comencé mi serie de reflexiones diarias, y que siguió alentando a convertirlas en un libro. Gracias también, querido padre, por tomarse el tiempo de escribir el prólogo del libro.

Gracias también al Reverendísimo Padre Austin Bernadine Ekechukwu, que este año celebra 50 años como sacerdote; él fue el sacerdote que me llevó al seminario el primer día que puse un pie en él; un gran amigo de mi familia y un gran sacerdote; y un maravilloso motivador de los jóvenes.

Agradezco a la Dra. Angela Ekoh y a la Sra. Ellise Nicoletti, quienes leyeron el manuscrito y sugirieron algunas ideas que mejoraron la calidad del trabajo. Agradezco a mis feligreses de Santa María del Desierto, Rosamunda y San Francisco de Asís en Mojave, con quienes también he compartido algunas de estas reflexiones en nuestras misas diarias.

Doy gracias a todos aquellos que lean este libro y ruego al Señor que nos transforme a todos a través del poder de sus palabras para que seamos grandes instrumentos en sus manos; instrumentos y agentes para atraer almas hacia él con nuestras palabras y acciones. Amén.

Prefacio

Me siento orgulloso, alegre y estimado de escribir un prólogo a esta gran obra de reflexiones espirituales y teológicas sobre las lecturas bíblicas diarias de la Santa Misa de la liturgia católica. Antes de que el Dr. Aguwa decidiera reunir y compilar estas reflexiones en esta gran obra, solía enviárselas a diario. Muchas veces recurrí a sus reflexiones para preparar las mías, especialmente cuando el tiempo me apremiaba. Recuerdo haberle dicho en muchas ocasiones que hiciera un esfuerzo por publicarlas para millones de personas que estaban fuera, buscando alimento espiritual en las Escrituras, y para los muchos pastores y predicadores que buscaban una ayuda tan grande para su ministerio.

El padre Henry, educador, comunicador y predicador nato de la buena nueva, proviene de una cultura y un entorno cultural que se ha calificado de judía, un entorno que hace que su comprensión y sus explicaciones de los textos sagrados bíblicos sean muy ad rem. Es una cultura que adorna el discurso con modismos y proverbios, como los que se encuentran en los textos bíblicos. Ha escrito de diversas maneras y, al leerlo, se ve a un autor que hace un esfuerzo por adaptar sus discursos a la comprensión de cada uno de sus oyentes o lectores, es decir, de sus destinatarios. En su último libro, "Reflexión sobre las lecturas litúrgicas de los días laborables B", el padre Aguwa explica los textos bíblicos con gran sencillez y ejemplos prácticos, poniendo así a disposición de los predicadores que quieran llegar al corazón de sus oyentes y de los fieles que quieran profundizar en su comprensión de las Sagradas Escrituras y crecer en su espiritualidad bíblica, un manual inestimable. Con esta obra, el padre Henry ha puesto de relieve las obras de los predicadores del Evangelio de Cristo. Esta obra es famosa por su sencillez y candor.

Con su método práctico de utilizar relatos breves e ilustraciones, el padre Aguwa hace que la comprensión de las lecturas de las Sagradas Escrituras sea muy fácil tanto para los eruditos como para los que no lo son. De gran importancia y digno de admiración es su estilo de hacer resaltar el significado pragmático de las Sagradas Escrituras para sus oyentes, haciendo que el contexto bíblico sea siempre actual y presente. Su pericia hermenéutica es insuperable y digna de elogio. Con este trabajo, el padre Henry ha demostrado ser un gran pastor de pastores y un gran formador de formadores. Contribuirá en gran medida a aliviar a los predicadores y pastores de la dificultad de preparar sus reflexiones o sermones para las santas misas o los servicios, según sea el caso. No termina allí; continúa dando a uno el impulso para reflexiones posteriores. Con todas mis fuerzas, y siendo beneficiario de la fuente, animo a los clérigos que están deseosos de tener un toque positivo en sus direcciones o destinatarios, así como a los fieles laicos que son serios y están interesados en crecer en su espiritualidad bíblica, a que hagan el esfuerzo de conseguir sus copias de esta invaluable y brillante pieza.

Iroegbu, Adolphus SMMM (PhD)
Estudiante bíblico y exégeta.

DEDICACIÓN

El obispo Joseph Brennan de la diócesis de Fresno, que medita sobre la lectura diaria en cada visita al oficio

y

El reverendísimo padre Austin Ben Ekechukwu de la diócesis de Ahiara, que lleva 50 años como sacerdote.

&

A todas las familias de las comunidades católicas de Santa María del Desierto, Rosamunda y San Francisco de Asís Mojave California.

PRIMERA SEMANA LUNES A SÁBADO

1ª Semana Lunes Tiempo Ordinario.

Hebreos 1:1-6;Salmo 97:1;2b, 6;7,9;

Marcos 1:14-20

Su Plan Siempre es Salvarnos.

En este inicio de año, recordamos que Dios sigue acercándose a nosotros. Nunca ha sido su deseo que nos extraviamos. Su plan salvífico se ha manifestado en los mensajes de los diversos profetas que envió a Israel. Esto se manifestó también en el envío de su Hijo, que vino a morir, dando su vida en rescate por muchos. La Carta a los Hebreos que leemos hoy arroja luz sobre este plan de Dios sobre nosotros. Si somos tan amados, sería totalmente imprudente que tratáramos con indiferencia estos favores de Dios, estos gestos de amor que Dios nos concede abundantemente.

Nunca debemos seguir otro plan que el de Dios. Debemos escuchar los mensajes que Él nos envía a través de todos sus instrumentos escogidos y esforzarnos por vivir en todo momento como hijos especiales de Dios. Debemos vivir como aquellos a quienes Dios se dirigía cuando dijo por medio del profeta Jeremías: "Yo sé los planes que tengo para ustedes" (Jeremías 29:11). Entremos en los planes de Dios; estemos abiertos también a ser instrumentos en sus manos para hacer que sus planes lleguen a los demás.

El llamado de los apóstoles es una muestra de hombres que estuvieron dispuestos a responder a este llamado a servir a Dios para llevar la buena noticia hasta los confines de la tierra. Él los llama: "venid en pos de mí, y os haré pescadores de hombres" (Marcos 1:17-20). En este comienzo de año, resolvamos todos a ser agentes en las manos del Señor a través de nuestras palabras y acciones. Hagamos la voluntad de Dios en todo lo que nos propongamos hacer; influimos positivamente en las vidas de otras personas que nos rodean para mayor gloria de Dios.

Oh Señor qué deseas la salvación de todos, concédenos estar dispuestos a servir a tu reino; diciendo sí como tus apóstoles para que tus planes salvíficos lleguen hasta los confines de la tierra. Amén.

1ª Semana Martes Tiempo Ordinario.
Hebreos 2:5-12; Salmo 8:2,5-9;
Marcos 1:21-28.
Habiendo sido bautizado, Cristo entró en la Obra.

Después de la fiesta del bautismo del Señor, que suele reanudar el tiempo ordinario del año y pone fin al tiempo de Navidad, Cristo sigue enseñando al pueblo. Su enseñanza era diferente a la de los maestros anteriores que les habían enseñado. Enseñaba con autoridad. Enseñar con autoridad es insistir en la verdad sin mirar a las caras ni andar con rodeos. Significa insistir en la verdad a toda costa. También significa enfrentar los males de la sociedad, de la iglesia y del mundo en general con la verdad sencilla y sin mezclas. Se trata de hacer lo que el Señor llama a sus discípulos a hacer: insistir en la verdad, sea bienvenida o no.

Durante el año que hemos comenzado, se nos recuerda que el Señor nos enseñará durante el año. En todas las liturgias del año, escucharemos al Señor hablarnos sobre lo que Él nos pide durante el año. Su palabra, por tanto, debe ser la fuerza y la autoridad que debe guiar y dirigir nuestros asuntos. Por tanto, si nuestras palabras y acciones están guiadas por la autoridad de su palabra viva, nunca podremos ser desviados.

Además, después de su bautismo, Cristo pasó a curar a los enfermos y a atender las necesidades de la gente de su tiempo. Como él, también a nosotros se nos recuerda una vez más que debemos ser fecundos. Nuestro bautismo debe convertirnos en tizones en la fe; impulsándonos a vivir en todo momento de tal manera que la gente dé gloria a Dios por nuestro testimonio de fe. Después de nuestro bautismo, los cristianos normalmente entramos en todas las obras de la vida; nos convertimos en médicos y enfermeros en el mundo, maestros en nuestras escuelas, políticos y tomadores de decisiones en nuestras comunidades, escuelas, iglesias y familia. En todo lo que hacemos, el testimonio auténtico debe ser nuestra consigna. Estamos marcados con el signo de la cruz de Cristo, también debemos hacer lo que Cristo normalmente habría hecho.

Señor, tú viniste a mostrarnos el camino hacia el Padre; danos la gracia de dejarnos guiar siempre por tu palabra. Que el poder de tu palabra nos lleve a tomar decisiones que te honran y nos traigan todas tus bendiciones. Amén.

1ª Semana Miércoles Tiempo Ordinario.
Hebreos 2,14-18; Salmo 104(105):1-4,6-9;
Marcos 1,29-39.
Él siente con nosotros, él también fue tentado

Un día me encontré con un hombre que me contó todas las pruebas que había atravesado cuando era estudiante. Había perdido a su padre cuando era joven y había sufrido mucho, había pasado por todos los cambios y oportunidades de la vida y había logrado un gran éxito. Sin embargo, yo le hice comprender que Dios sabía por lo que había pasado y que Dios tenía una razón para todo eso. En su momento de dolor, todos los que podrían haberlo ayudado huyeron. Sin embargo, todas las dificultades sirvieron para prepararlo para convertirse en una fuente de fortaleza para otros que pudieran encontrarse en situaciones similares en el futuro. Cristo era humano como nosotros, sentía lo que sentíamos y siempre quería extendernos una mano para ayudarnos en nuestras necesidades.

En el evangelio notamos su corazón compasivo en acción al ir a la casa de Simón Pedro para curar a su suegra que estaba enferma. Él sintió lo mismo que Pedro, se dio cuenta de que la enfermedad de su suegra lo afectaría emocionalmente en cierta medida en su ministerio. Él nos está enseñando
Sentir siempre con los demás. Curó a los que sufrían porque sentía su dolor y quería mejorar su condición. Cuando nos encontramos con personas en sus diversas necesidades, también nosotros debemos procurar dar una mano para mejorar su situación. Además, cuando la comunidad oyó que Jesús estaba en casa de la suegra de Pedro, también ellos llevaron a todos sus parientes enfermos, y Cristo los curó a todos, él también puede curar todas nuestras dolencias.

Por último, la suegra de Pedro, después de haber sido curada, se puso a servir a Pedro y a su invitado. Dios nos mantiene vivos y nos favorece de tantas maneras para que, como la suegra de Pedro, podamos ir haciendo el bien, atendiendo las necesidades de nuestros hermanos y hermanas; todos sus hijos necesitados.

Oh Señor, tú fuiste compasivo, sufriste y tu sufrimiento te movió a sentir por los demás. Ayúdanos a que en nuestros dolores sintamos a los demás que sufren, para que en todo momento estemos dispuestos a ayudar y nunca a estorbar. Amén

1ª Semana Jueves. Tiempo Ordinario.
Hebreos 3:7-14; Salmo 94(95):6-11;
Marcos 1:40-45
Animémonos unos a otros a alcanzar la grandeza.

Sea lo que sea que uno haga en la vida, con amigos y familiares que nos apoyen, podemos llegar lejos. Recuerdo un día lleno de acontecimientos que pasé con uno de mis tutores. Ese día en particular, me pidieron que leyera y pronuncié mal una palabra, pero el profesor se tomó el tiempo de corregirme. Sin embargo, me elogió cuando pronuncié bien la palabra y me animó a seguir practicando la lectura con regularidad si quería mejorar mi habilidad lectora. De hecho, seguí el consejo y realmente mejoré gracias a él.

Por lo tanto, animémonos unos a otros a hacer grandes cosas, y que sus buenas acciones sean mejores y sus buenas acciones mejores. Por eso, sea cual sea la posición que ocupemos, sigamos animando a la gente a hacer grandes cosas. Debemos hacerlo en nuestra comunidad de fe, en nuestros hogares, en nuestros lugares de trabajo y en todas nuestras relaciones con la gente.

En el Evangelio, Jesús, el compasivo, curó a un leproso. El leproso se dio cuenta de que Jesús estaba cerca y le pidió ayuda, y Jesús, nuestro amoroso Señor, lo escuchó y atendió sus necesidades. Notamos que tan pronto como declaró lo que quería, Jesús le concedió sus deseos. Dios respeta nuestra voluntad y siempre está dispuesto a ayudarnos cuando le presentamos nuestras necesidades con fe.

Por eso, en nuestros momentos de necesidad, se nos recuerda que debemos clamar a Él: Él lo hizo por los demás, lo hará por ti también. Más aún, al leproso se le dijo que se mostrará al sacerdote; sí, su enfermedad, que en la cultura judía se compara con el pecado, lo alejó del rebaño. Ahora que había sido sanado, Jesús lo animó a que se conectara nuevamente con la comunidad. Ese mandato fue un llamado para que se purificara y desistiera de los pecados pasados. Todos debemos buscar a los extraviados y ayudarlos a regresar a casa. Cuando los ayudamos, ellos pueden, como el leproso, comenzar a trabajar para atraer a la gente a Cristo, la única fuente de alegría y plenitud.

Oh Dios, danos la gracia de servir siempre a tus hijos e hijas con nuestras palabras y acciones. Que podamos trabajar para aumentar la esperanza de quienes atraviesan dificultades de cualquier tipo, que podamos alentarlos sabiamente a aferrarse al camino correcto hasta el final, a aferrarse a la paz eterna con el Padre. Amén.

1ª Semana Viernes Tiempo Ordinario.
Hebreos 4:1-5,11; Salmo 77(78):3-4,6-8;
Marcos 2:1-12
Jesús nos sana corporal y espiritualmente.

En la carta de San Pablo a los Romanos se lee: "Porque la paga del pecado es muerte, mientras que la dádiva de Dios es vida eterna en Cristo Jesús Señor nuestro" (Romanos 6:23). Esta gracia de Dios viene a través del perdón divino y es absolutamente consoladora, cancela la pena de muerte que nos fue impuesta como resultado del pecado y renueva nuestra amistad con Dios y con el prójimo. Durante las confesiones, después de las palabras de absolución, hay un gran sentimiento de alivio después de una muy buena confesión; entonces sentimos como si un peso se aliviará de nuestros hombros; verdaderamente nos sentimos aliviados del peso de los pecados.

El evangelio de hoy nos recuerda que Jesús, el Señor, cuida de nosotros. A lo largo de la semana, nos ha estado sanando físicamente, y hoy lo vemos sanar tanto espiritual como físicamente. Sanó al paralítico y perdonó sus pecados. Él está interesado en nuestro bienestar integral. Debemos vivir siempre con esta conciencia.

¿Por qué la multitud dudaría y cuestionaba el poder de Cristo para sanar y perdonar pecados? Se debía únicamente a su falta de fe. Cristo no estaba contento con su falta de fe. Sin embargo, es interesante observar la fe de los hombres que trajeron al paralítico, así como la del paralítico mismo, que se convirtieron en la base sobre la cual se manifestaron las obras de Dios.

Más aún, ¿no es de extrañar que aun estando Cristo con ellos, todavía no vieran la palabra de Dios en medio de ellos? En todo momento, confiemos en lo que Dios puede hacer, y con nuestra fe se irán realizando obras mayores. La multitud estaba emocionada por las maravillas que Cristo ha hecho, en realidad lo que nos salvaría es la fe, y no la emoción, sus grandes obras son para nuestra salvación y nunca para entretenernos, de ahí la necesidad de acercarnos a él con fe. Que el Señor aumente nuestra fe.

Oh Dios, gracias por tu sacramento de sanación tanto de nuestro cuerpo como de nuestro espíritu, aumenta nuestra fe en este gran sacramento, así como en todos los demás sacramentos que nos has dado para nuestro gozo aquí y en el más allá. Amén.

1ª Semana Sábado Tiempo Ordinario.
Hebreos 4:12-16; Salmo 18(19):8-10,15;
Marcos 2:13-17.
El Poder de la Palabra.

La Palabra de Dios es poderosa. En la primera lectura, la carta a los Hebreos exalta el poder de la Palabra de Dios así: «La Palabra de Dios es viva y eficaz: corta como una espada de dos filos, pero más finamente, porque penetra por donde el alma y el espíritu están divididos» (Hebreos 4,2). Ésta fue la Palabra que escuchamos ayer que curó y salvó al paralítico, la Palabra que concedió el perdón y devolvió la gracia. Fue por el poder de su Palabra que el mundo entero fue creado y sostenido. Todos debemos abrirnos a ser guiados por la Palabra.

La fuerza de la palabra de Dios llegó a Simón, y él acogió la palabra, y para expresar su bienvenida al Señor, organizó una fiesta. Como recaudador de impuestos, muchos recaudadores de impuestos vinieron; muchos de ellos encontraron al Señor, la palabra hecha carne en la casa de Simón Pedro. El poder de la Palabra-Jesús los transformó. Un encuentro con el Señor debe sacar lo mejor de nosotros. Es el deseo de Cristo que seamos mejores personas a partir de cualquier encuentro con él.

También aquí es digna de mención la reacción de los escribas y fariseos, quienes en lugar de dar gracias a Dios por el cambio que Cristo ha obrado en ellos, más bien se burlaron de él: "¿Por qué come con pecadores?" (Marcos 2:17). Un dicho dice: "la manera en que tratamos a los supuestos don nadie en nuestras comunidades muestra la fuerza de cualquier comunidad". Otro dicho dice: "la fuerza de la cadena está siempre en los puntos más débiles", nuestro cristianismo se prueba por la manera en que tratamos a los pecadores, así como a los pobres entre nosotros.

Al igual que Cristo, aunque no debemos condolerse por los pecadores, tenemos, por el contrario, el deber de ayudarlos a regresar a la casa del Padre. Cristo busca a los pecadores, nosotros debemos acercarnos a él, no importa cuán desfigurado nos haya estado el pecado. También nosotros debemos buscar a otros pecadores y guiarlos a la casa del Padre. Es nuestro deber ayudarlos a alcanzar la alegría, la paz y la plenitud.

Oh Dios que viniste a llamar a los pecadores, aumenta nuestra fe en ti, ayúdanos a darnos cuenta siempre que es tu voluntad que los pecadores regresen, y ayúdanos a esforzarnos por regresar cuando nos descarrilamos, y a ayudar a los que se han descarrilado en casa, a encontrar su camino al Padre, a través de su Hijo Jesús el Señor, Amén.

SEGUNDA SEMANA LUNES A SÁBADO
Lunes a Sábado
2ª Semana Lunes Ordinario.
Hebreos 5:1-10; Salmo 109(110):1-4;
Marcos 2:18-22
Cristo Sacerdote. Nuestro Modelo

La Carta a los Hebreos nos presenta a Cristo el Señor, cuya encarnación fue únicamente para hacerse sacerdote, un sacerdote perfecto que mediaría entre nosotros y Dios Padre. Él se hizo carne y sintió lo que nosotros sentimos. Él era el perfecto, que era como nosotros en todo, menos en el pecado. Se hizo como nosotros para ofrecernos la oportunidad de llegar a ser divinos como Él. Vino para enseñarnos cómo vivir vidas que nos hagan aptos para ser amigos de Dios. Vino a nosotros para destruir en nosotros lo que nos hace inaceptables y desagradables a Dios.

Como sacerdote perfecto, él fue tomado de nosotros, compartió lo que somos y medió por nosotros, atrayendo sobre nosotros el perdón de Dios. A través de lo que sufrió, clavó nuestros pecados en la cruz e hizo la paz entre nosotros y Dios. Por eso, tenemos el privilegio de pedir perdón hoy, porque Jesús pagó un alto precio por nuestra redención con su sangre. También somos sacerdotes, pertenecemos al sacerdocio común de los bautizados y, como Cristo, debemos estar dispuestos a sacrificarnos por el bienestar de los demás, nuestros hermanos y hermanas, también debemos aspirar a ser tan santos como Cristo, nuestro sumo sacerdote perfecto.

En el evangelio, a la pregunta de por qué sus discípulos no ayunan como los discípulos de Juan, Cristo, nuestro maestro y modelo, dejó en claro que los discípulos debían mirarlo solo a él. Juan el Bautista hizo grandes cosas, pero ahora todos deben volverse hacia Jesús. Juan mismo lo afirmó, incluso dirigió a sus discípulos a seguir a Jesús. Les dijo a sus discípulos: "He aquí el cordero de Dios que quita el pecado del mundo" y después de esto sus discípulos lo dejaron y siguieron a Jesús. Jesús es el modelo para todos nosotros. Jesús es el vino nuevo, y es a él a quien debemos seguir para alcanzar la alegría y la paz. También critica la práctica de buscar faltas de los fariseos y escribas. La lección es que la comparación malsana debe reemplazarse por la imitación de la vida de Cristo, que es nuestro verdadero modelo.

Señor Jesús, que viniste a llevarnos al Padre, danos la gracia de seguirte, porque si te seguimos, nunca nos descarriamos. Oh Señor, danos la gracia de seguirte sin reservas, Amén.

2ª Semana Martes. Tiempo Ordinario.
Hebreos 6:10-20; Salmo 110(111):1-2,4-5,9,10;
Marcos 2:23-28.

Verdadero espíritu del sábado: anclados en Cristo

El espíritu de una cosa define la naturaleza de esa cosa en particular. Las oraciones, las limosnas, el ayuno y la observancia de las leyes sabáticas son aprobadas por Dios cuando se hacen con el espíritu correcto. Hay quienes las observan por diferentes razones e intenciones; algunos las hacen para atraer las alabanzas de la gente, de los espectadores, mientras que hay otros que se involucran en ellas para fortalecer su unión con Dios, para expresar amor a Dios y a sus prójimos. Para estas personas, su resolución es cumplir los mandamientos que Cristo resumió simplemente como nuestro amor genuino a Dios y a sus prójimos.

Hablando de aquellos que señalaron que los apóstoles estaban recogiendo maíz el sábado, notamos que ellos nunca sintieron el hambre que tenían los apóstoles debido al largo tiempo que habían trabajado con el Señor. Cristo conocía sus corazones y sus prácticas; él sabía que en los días de reposo desatan a sus animales que están en peligro. Por lo tanto, permitió que los apóstoles comieran algo para que no se lastimaran por el hambre. El mensaje que nos deja es que nunca debemos, por razones del sábado, negarnos a salvar vidas o a practicar el amor.

Si uno se ausenta de la Misa porque un miembro de la familia tiene una emergencia de salud urgente, no se comete ningún pecado, sino que reina un gran amor y cuidado en ese momento. Hace muchos años, en una diócesis, los católicos fueron exonerados de las obligaciones del sábado debido a la intensa tormenta de nieve que mantuvo a la ciudad en peligro; tal como sucedió en todo el mundo durante el período central del COVID. Todas estas decisiones fueron por amor. Si el sábado no refleja un amor genuino, sigue siendo una práctica inútil y sin fundamento. La carta a los Hebreos capta este lugar de amor, como lo que califica cada una de nuestras prácticas de esta manera: "Dios no sería tan injusto como para olvidar todo lo que han hecho, el amor que tienen por su nombre y los servicios que han prestado y siguen prestando a los santos. Nuestro único deseo es que cada uno de ustedes siga mostrando el mismo fervor hasta el fin " (Hebreos 6: 10-11). Por lo tanto, todas nuestras prácticas para que valgan la pena deben ser por amor a su nombre.

Oh Dios, danos tu gracia para que en todo lo que hagamos, nuestras oraciones, ayunos y observancia del sábado, seamos guiados por el amor a ti y a nuestro prójimo y nunca por ningún feo deseo de justificarnos mientras juzgamos a los demás. Amén.

2da Semana Miércoles. Tiempo.
Hebreos 7:1-3,15-17; Salmo 109(110):1-4;
Marcos 3:1-6
El sábado es para buenas obras.

En la mayoría de los milagros de sanación que Jesús realizó, nunca sanó a nadie con quien no se sintiera identificado. Siempre expresó compasión antes de que se produjera la sanación. En la profesión médica o en la capellanía hospitalaria, se cree que el peor médico o capellán es aquel que no tiene compasión y que solo está allí por dinero. Los grandes enfermeros y médicos son solidarios. Guiados por la compasión, pueden hacer todo lo posible, incluso a riesgo de su propia salud, para salvar a personas en situaciones críticas.

En el evangelio de hoy, Jesús curó a alguien que había sufrido durante muchos años y puso fin a sus dolores. El hecho es que quien sufre no quiere que se demore su fin, necesita una intervención inmediata. Jesús sabía que no había necesidad de demoras, sintió el sufrimiento e hizo algo para calmar la tormenta. A un hombre con una mano seca hay que ayudarlo ahora, porque cualquier demora puede empeorar la situación. Por eso, el mejor sábado aquí no puede ser otro que salvarlo de inmediato. Cristo les enseña que, en esos momentos, la única mejor acción será hacer el bien que se debe hacer aquí y ahora, con sábado o sin él. Es fácil mirar para otro lado al ver el sufrimiento de los demás, mientras que queremos que todos se unan a nosotros en nuestro propio momento de tormento, por lo tanto, lo que queremos que nos hagan a nosotros, háganlo también a los demás.

Jesús creció entre los que pasaban por dolores, José y María corrieron para escapar de la espada de Herodes, fue a la casa de Simón cuando la suegra estaba enferma, él conoce las dificultades de los que sufren, y por eso se compadeciera de los dolores que pasan las personas. Él no los deja en sus dolores. Él eligió ser amoroso en lugar de legalista. Recordemos que el juicio al final de los tiempos se basará en cómo observamos las letras de la ley del sábado, pero en cuánto amamos. El amor es lo que Dios quiere. Fue el amor lo que hizo que Jesús viniera a nosotros como hombre, fue el amor lo que lo llevó a la cruz, y es a través del amor que seremos juzgados; juzgados por cómo todo lo que hacemos son formas de nuestra gratitud a Dios nuestro padre. Hoy debemos ponernos en los zapatos de los que sufren, debemos ser movidos a amar como Jesús amó, en todos los encuentros con las personas.

Oh Dios, tú eres el Señor compasivo, ayúdanos a sentir lo que sienten los demás y a ver siempre el momento de necesidad de las personas como el único mejor momento para actuar. Como Cristo, que podamos dar una mano hoy, no mañana. Amén.

Jueves 2ª Semana.
Hebreos 7:25-8:6; Salmo 39(40):7-10,17;
Marcos 3:7-12
Jesús nos libera corporal y espiritualmente.

Cuando uno está poseído por un demonio, el efecto es holístico. El efecto negativo es físico, emocional, mental y sobre todo espiritual. El diablo trataría de provocar una destrucción total. Basta con ver la multitud que estaba sufriendo, que fue traída a Jesús, estaban plagados de una serie de enfermedades, y era de todas estas enfermedades que Jesús tenía que liberar a sus hijos.

En el evangelio de Juan, Cristo subrayó los planes destructivos del mal llamándolo el ladrón que ha venido "a matar, robar y destruir" (Juan 10:10). Cualquier encuentro con el diablo no puede sino traer destrucción. Sin embargo, la presencia de Jesús trae todo bien, multitudes recuperaron la salud. Esto coincide con la misión real de Jesús, pues contrariamente al plan de destrucción del diablo, él vino para "que tengamos vida y la tengamos en abundancia" (Juan 10:10).

Ante el nombre y la presencia de Jesús, desaparecieron diversas dolencias, se arrodillaron. Más aún, hasta los espíritus malignos lo reconocieron. Este reconocimiento es una aceptación por parte de ellos de que el poder de Jesús supera a todas las fuerzas del mal. Cualquiera que sea un obstáculo en nuestro camino, ya sea espiritual, físico o de otro tipo, Jesús tiene el poder de liberarnos de todo ello. Por lo tanto, sólo podemos ser libres cuando Jesús el Señor nos libera.

Él le pidió al demonio que se callara y que nunca fuera a divulgar quién era. Lo hizo para enseñarnos que la intervención de Dios en cualquier momento nunca debe conducir a honrar a los humanos, sino que debe conducir a la alabanza de Dios; la fuente de todo lo que es bueno. Les pidió que fueran y vivieran vidas piadosas. Que sus buenas obras fueran lo que atrajera a las personas a la nueva vida en Cristo. Como la multitud que buscó a Jesús con todos sus desafíos, vayamos a él, confiando en su poder para salvar, y ciertamente él nos hará libres, nos sanará, nos salvará.

Padre amoroso, danos la gracia de conocer tu poder en acción en el mundo. Libéranos de todo aquello que nos ha mantenido atados para que podamos experimentar tu alegría todos nuestros días. Amén.

2da Semana Viernes. Tiempo Ordinario.
Hebreos 8:6-13; Salmo 84(85):8,10-14;
Marcos 3:13-19.
Llamados a ser relevantes para Dios y para el mundo.

Hoy acabamos de leer sobre el llamado de los apóstoles. Cristo cree en la colaboración, eligió a sus discípulos porque suscribe la enseñanza de que: "dos buenas cabezas son mejor que una". Y que: "para ir demasiado lejos, debemos caminar con otros". Hoy, convocó a hombres que deben ser miembros de su equipo. En todo lo que hacemos, debemos trabajar con grandes equipos, también debemos elegir ser una parte positiva del equipo generando vibraciones positivas en todo momento. El espíritu de equipo es necesario para el éxito de los grandes proyectos. Un maestro exitoso trabaja con un equipo, las grandes familias trabajan con espíritu de equipo; más aún, en las grandes comunidades, todos se ven a sí mismos como miembros del equipo.

Los malos miembros del equipo conducen al fracaso, y pueden compararse con Jonás en la barca, y mientras Jonás esté en la barca, no habrá paz ni progreso. Los malos miembros del equipo son los miembros difíciles de la iglesia, las familias o las comunidades. ¿Qué clase de miembro del equipo eres tú, un cambiador de paradigmas o un paralizador de paradigmas? ¿Un ayudante o un obstáculo para el éxito? Todos los apóstoles del Señor fueron grandes miembros del equipo, excepto Judas Iscariote, que era astuto e infiel. Judas traicionó al amo. Diríamos aquí que Judas era un mal miembro del equipo. Era egoísta y todo lo que le preocupaba era su propio interés y ganancia, y por eso prefería la ganancia innecesaria a la salvación.

Los grandes miembros de un equipo son dóciles para aprender; los apóstoles, por ejemplo, hicieron grandes cosas porque estaban abiertos a aprender. Le hacían preguntas al Señor con regularidad en momentos de duda; alcanzaron grandes logros gracias a su apertura a aprender. También fueron humildes para pedir perdón cuando cometieron errores. Pedro, por ejemplo, pecó al negar al maestro, pero con humildad pidió perdón y fue perdonado. Pero a diferencia de él, Judas, debido al orgullo, sintió que había cometido un error, pero no estaba dispuesto a pedir perdón. Más bien, su orgullo lo llevó a elegir suicidarse. Como miembros de nuestros equipos, cuando cometemos errores, es un signo de humanidad reconocer nuestros errores, pedir perdón, aprender de ellos y vivir de una mejor manera a partir de ellos.

Señor Dios, tú nos has llamado a servirte en tu iglesia, en nuestras familias y en la comunidad. En tu bondad, danos la gracia de servirte fielmente hasta el fin y heredar tu reino de amor y paz. Amén.

2da Semana Sábado .
Hebreos 9:2-3,11-14; Salmo 46(47):2-3,6-9;
Marcos 3:20-21
Cristo: El líder desinteresado.

Los grandes líderes tienen una única agenda: satisfacer las necesidades de la gente. Sostienen que nunca descansan hasta que todos los que están bajo su cuidado se sientan a gusto y seguros. Son capaces de sacrificar su placer con tal de asegurarse de que los demás estén bien cuidados. Nuestros padres nos lo recuerdan: la mayoría de ellos sacrificaron sus vacaciones, sus buenos coches, su mejor ropa y sus casas decentes, y utilizaron sus ahorros para darnos lo mejor de todo lo que necesitábamos. Pensaban en nosotros todo el tiempo, sin pensar en sus propias necesidades.

Esto también es similar a lo que hizo Cristo hoy. Después de reunirse y atender a las multitudes como leímos ayer, se fue a casa para relajarse y revitalizarse para más trabajo, y al llegar a casa había más gente necesitada reunida que lo esperaba. Estaba cansado y equipado, pero al ver a esta multitud de personas necesitadas, tuvo que cambiar su horario para atender sus necesidades.

Sus parientes pensaban que estaba loco. En la mayoría de los casos, cuando hacemos las cosas bien, quienes se acercan a nosotros con un pensamiento mundano los perciben como estúpidos. En un mundo que se ha vuelto tan egoísta, ahora se interpreta como estupidez ser desinteresado y pensar por los demás. Estos parientes ni siquiera estaban haciendo eso por el bienestar de Cristo; su intención principal podría compararse con la de Judas, que siendo egoísta quería impedir que la mujer ungiera a Cristo con un ungüento costoso. Quería que se vendiera el ungüento para poder ir a robar del bolso; estos parientes también vinieron con motivos ulteriores. Por el contrario, Cristo fue desinteresado, vino por nosotros, murió y resucitó por nosotros. Por lo tanto, estamos llamados a ser desinteresados como Cristo, preguntándonos siempre cómo podemos ayudar en lugar de qué podemos ganar. Debemos ser desinteresados en casa, en la iglesia, en la comunidad y en nuestros diversos lugares de trabajo; así como en todos nuestros tratos.

Dios amoroso y bondadoso, tú siempre cuidaste de nosotros, buscando siempre suspender tus preocupaciones para atender las nuestras, ayúdanos a ser tan desinteresados como tú, cuidando que a través de nuestras heridas, las personas, nuestros hermanos y hermanas en cualquier tipo de necesidad sean sanados, Amén.

TERCERA SEMANA LUNES A SÁBADO

3ª Semana Lunes, Tiempo Ordinario

Hebreos 9:15.24-28; Salmo 97(98):1-6 ;

Marcos 3:22-30

Reconocer a Dios en sus Grandes Obras.

Los milagros del Señor según el evangelio de San Juan se conocen como señales. Las señales, por naturaleza, exigen una acción. Por ejemplo, cuando notamos que la nube se ha vuelto sombría y oscura, sabemos que la lluvia amenaza con esa señal meteorológica evidente y tomamos medidas para asegurarnos de que la lluvia que se avecina no destruya nada. Más aún, cuando alguien tose, generalmente se toma una acción, se realiza una prueba para asegurarse de que los síntomas que tenga la persona no sean malignos y nunca representen un problema de salud para la comunidad. Las señales de tránsito que utilizamos a diario también son señales, también nos llaman a tomar una acción; ya sea para detenernos, seguir adelante o estar listos para detenernos, según sea el caso.

Las señales de Cristo tienen por objeto atraernos a la fe en Dios, que ha intervenido en nuestras causas. Sus milagros no son para entretener, sino para tener fe, y nuestra mejor actitud es la de tener una fe profunda en Dios. Dudar de las obras y milagros de Dios nunca agrada a Dios. Cuando dudamos del poder de Dios, o tratamos de atribuir el poder y el honor que le corresponde a cualquier ser humano o al diablo, nos equivocamos. Los escribas siempre buscaban oportunidades para desacreditar a Jesús y sus obras. Dudar de la capacidad de Dios o dar el honor que le corresponde a cualquier otra cosa es un pecado contra el Espíritu Santo.

Por lo tanto, nunca dudemos del poder de Dios, Él no necesita consultar a ninguno de nosotros para hacer sus grandes obras. Sin embargo, en lugar de dudar de Dios o hacer declaraciones irracionales que podrían engañar a otros sobre las intervenciones de Dios que no podemos explicar, debemos, no obstante, quedarnos callados y orar al Espíritu Santo para que nos dé discernimiento. Esta es siempre la postura de la iglesia, cuando notamos la intervención de Dios a nuestro alrededor que supera nuestra imaginación; (apariciones, profecías y milagros, etc.) la iglesia suele ser lenta para emitir juicios, la iglesia más bien ora por el discernimiento del Espíritu Santo, y a partir del discernimiento que recibe, guía sabiamente a sus hijos.

Señor Dios, que todas tus obras en nuestras vidas, todos tus signos y maravillas, en nuestra iglesia y en el mundo, nos conduzcan a una fe profundamente arraigada en ti, que seamos atraídos al hecho de que contigo nada es difícil y ninguna puerta es difícil de abrir. Amén.

3ª Semana Martes, Tiempo Ordinario
Hebreos 10:1-10; Salmo 39(40):2,4,7-8,10,11;
Marcos 3:31-35.
Hacer la voluntad de Dios es lo que nos capacita.

La mayoría de las naciones del mundo hoy en día tienen criterios establecidos para calificar a las personas como ciudadanos de su tierra o país. Para que algunos califiquen, una persona con dicho interés debe haberlo adquirido por nacimiento o adquirirlo al estar en el país durante una cierta cantidad de años, al cumplir con los deberes cívicos durante esos años y también al realizar trabajos remunerados y mantenerse alejado de las actividades delictivas. Para pertenecer a un grupo, también se establecen reglas y estándares que, si no los cumplimos, corremos el riesgo de ser descalificados.

Pertenecer a Dios no es sólo algo nominal, es absolutamente a través de la vida que vivimos que verdaderamente mostramos de quiénes somos agentes. Hoy, mientras Cristo atendía a las multitudes, su madre y otros parientes estaban afuera queriendo verlo, y le trajeron informes a Cristo de que los parientes estaban esperando para verlo, y él respondió: ¿Quiénes son mi madre, mis hermanos o hermanas, sino aquellos que escuchan la palabra de Dios y la guardan? No es, por lo tanto, la relación de sangre lo que nos distingue o nos conecta con Cristo, sino más bien la vida de Cristo en nosotros lo que nos distingue del resto del mundo.

Es bueno que le digamos que los primeros cristianos se identificaban como cristianos cuando en todo lo que hacían reflejaban al mundo que los rodeaba la vida de Jesús. En todo lo que hacían, tenían que hacer lo que Jesús hubiera hecho, o más bien, replicaban a Jesús, quien de hecho es su único modelo, y el modelo para todos los creyentes, todos nosotros.

Señor, estamos llamados a vivir como tú viviste, pues sólo así demostramos que verdaderamente te pertenecemos. Danos, pues, la gracia de estar siempre y en todo momento firmemente dispuestos a hacer lo que Jesús hubiera hecho, para que seas alabado. Amén. San Francisco de Sales, ¡ruega por nosotros!

3ª semana Miércoles.
Hebreos 10:11-18; Salmo 110:1, 2, 3,4;
Marcos 4:1-20.
La Palabra de Dios y nuestros corazones.

Nuestros corazones son el semillero de la palabra de Dios. Siempre es el deseo de Dios que su palabra sea productiva en nuestras vidas. Por lo tanto, si escuchamos sus palabras, nos deben llevar a una vida positiva. San Agustín, nos dijeron, fue tocado y convertido a Cristo por las palabras de San Ambrosio; la palabra de Dios que le fue predicada. La palabra del Señor es viva y eficaz (es una palabra viva). Y ciertamente cumplirá aquello para lo que el Señor la envió. Pablo, como Saulo, escuchó esta palabra y se convirtió en una persona cambiada, se convirtió en un instrumento formidable en las manos de Dios.

La palabra llega a todos, nadie es discriminado. Sin embargo, es la voluntad de Dios que todos lleguen al conocimiento de su verdad. Él habló a todos porque es su deseo que todos se salven. Sin embargo, nos animó a ver siempre que nada constituya un obstáculo en relación con la palabra; nuestros trabajos, dinero, nuestra riqueza y cualquier cosa nunca deben impedir nuestro crecimiento espiritual, o permitir que disminuya o debilite nuestra resolución. La palabra de Dios nunca ha sido el problema, pero es nuestro corazón, la disposición de nuestro corazón lo que determina la productividad de la palabra en nuestro corazón. Nuestro corazón está destinado a ser el buen corazón que recibe la palabra de Dios y nos mueve a acciones positivas. La acción más importante que debemos tomar es reconocer que Dios perdona y también nos ha invitado a amar sin reservas.

Nuestros corazones son los buenos corazones donde la cosecha debe germinar y dar fruto. Nos preocupamos mucho y, a menudo, muchos tienen tiempo para otras cosas innecesarias, pero no para las cosas de Dios. La Palabra de Dios debe hacer un camino en nuestras vidas. Recordemos que durante el anuncio del evangelio, muchas veces y siempre hacemos el signo simbólico que indica el camino de la Palabra en nuestros corazones. Oremos para que la Palabra que escuchamos toque nuestros labios, llene nuestra mente y transforme nuestros hogares, nuestra tierra y nuestro mundo.

Dios, nuestro Padre, por amor a nosotros nos diste tu palabra. Toca nuestros corazones para que, al escuchar tu palabra, no dejemos de escucharte como el faraón. Que, a través de nuestras buenas acciones y palabras maravillosas, busquemos amarte por sobre todas las cosas y a nuestro prójimo como a nosotros mismos. Amén.

3ª semana Jueves.
Hebreos 10:19-25; Salmo 24:1-2,3-4;5-6;
Marcos 4:21-25.
Cristianismo activo

Hoy estamos llamados a ser activos y convencidos en nuestro llamado cristiano. El Señor nos recuerda que debemos ser lámparas que nunca se pueden esconder. Somos, por medio de nuestro llamado por Cristo, ciudades en la cima de la montaña, lo cual es evidente en la ciudad sin importar dónde te encuentres dentro de ella. El punto es que no existe un cristianismo privado. No practicamos nuestra fe de manera aislada, sino en medio de nuestros hermanos y hermanas; en medio de las necesidades y preocupaciones de la gente.

Por lo tanto, vivimos nuestras convicciones cristianas en nuestro trato diario con los demás. Esto se demuestra en la forma en que nos relacionamos con los miembros de la familia y los miembros de la iglesia. Podemos demostrar que somos cristianos en la forma en que nos relacionamos con los colegas en el trabajo y en todas las situaciones; sintiendo compasión por los que sufren y, en la medida de lo posible, haciendo un esfuerzo adicional para ver cómo podemos ayudar.

Jesús, el hijo de Dios y el cordero de Dios, era aquella Ciudad de la cima de la colina, la Lámpara que estaba encendida. En los Hechos de los Apóstoles, escuchamos que, después de haber sido bautizado, Jesús se dedicó a hacer el bien. Todo lo que hizo lo hizo en público. Su testimonio fue público y nosotros también debemos seguir su ejemplo. Al relacionarnos con la gente en público, debemos tratar a los demás de la manera en que nos gustaría que nos trataran a nosotros. Por eso, si no das amor, no lo esperes. A menudo les decimos a los niños que la forma en que trates a tus padres será la forma en que tus propios hijos te tratarán. En todo debemos asegurarnos de que todos sean tratados de manera justa y equitativa. Recuerda siempre que lo que se da, se recibe. Sé siempre la luz y continuó alabando a Dios sin fin.

Señor Dios, danos el coraje de defenderte todo el tiempo, con palabras y acciones, que seas honrado y glorificado Amén.

3ª Semana del Tiempo Ordinario Viernes.
Hebreos 10:32-39; Salmo 36(37):3-6,23-24,39-40;
Marcos 4:26-34.
Efecto del grano de mostaza

Dicen que las grandes cosas empiezan por lo pequeño. Tenemos un árbol genealógico de 200 miembros de una familia en particular que traza la línea de la familia original hasta un hombre y una mujer. Hablamos cualquier idioma con soltura gracias al conocimiento poco a poco de las palabras y a la asociación constante con ellas; de una palabra a una lista de vocabularios, crecemos en el arte de hacer el habla. También aprendemos a caminar paso a paso y, gradualmente, a partir de pequeños pasos, desarrollamos pasos mejorados. Hoy, sin embargo, en relación con el reino, Jesús nos da la parábola de la semilla de mostaza. El camino de la fe es progresivo. Deja en claro que nuestro crecimiento en la fe comienza con pequeños pasos. Aunque comienza pequeño, sigue creciendo.

Por lo tanto, si nuestra fe no crece, entonces no somos fieles a nuestro llamado. A menudo oímos a la gente decir: "Oh, cuando éramos niños, oramos en casa, íbamos a la iglesia con regularidad y éramos muy espirituales, pero ya no". Debemos tener en cuenta que esas semillas de mostaza de fe sembradas por los padres, los catequistas de la infancia, etc., en aquel entonces, tenían el propósito de convertirnos en formidables personas de fe hoy. El crecimiento del reino se muestra en el crecimiento de la fe de las personas. Es el fuego y la pasión de nuestra fe lo que hará que nuestra fe genere crecimiento en la fe de los demás. La semilla de mostaza creció y tuvo ramas donde se posan los pájaros de la tierra, así también debe hacerlo nuestra fe.

Si nuestra fe realmente crece, también debe conducir a otros a crecer en la fe. El testimonio de los primeros cristianos atrajo a los paganos. Nuestra fe también debería servir como esa zarza ardiente que atrae al Moisés de nuestro tiempo hacia la aclaración de las cuestiones de fe que enfrentan. ¿Está tu fe realmente ejerciendo el efecto de la semilla de mostaza en las vidas de las personas con las que te encuentras?

Por eso estamos llamados a ser personas de fe; la carta a los Hebreos de hoy lo resume así: «No somos de los que retroceden y se pierden, sino de los que tienen fe y conservan su alma» (Hebreos 10,39). Por eso el Reino sólo puede crecer a través de todos nosotros.

Señor, tú que has plantado la semilla de tu palabra en nuestras vidas, concédenos la gracia de seguir creciendo en la fe. Que nuestra fe sea lo suficientemente sólida como para atraer a otros hacia ti, especialmente a aquellos que se desvían del camino de la justicia, la equidad y la rectitud. Amén.

3ra Semana del Tiempo Ordinario Sábado.
Hebreos 11:1-2,8-19; Lucas 1:69-75;
Marcos 4:35-41
Dios está en control

Los problemas, las tormentas y los desafíos a menudo nos llegan en grandes formas. En este mundo, este valle de lágrimas, oímos hablar de terremotos, huracanes, diferentes tipos de enfermedades y tormentas. Todos ellos vienen en grandes formas para asustarnos. Vienen con sus nombres aterradores para hacernos sentir abrumados, por ejemplo: cáncer, COVID, etc.

Sin embargo, hoy Cristo estaba en la barca con sus discípulos, y se desató una tormenta. Ahora, ante la tormenta, los discípulos clamaron a Dios. El acto de clamar a Jesús nos recuerda que, si clamamos a la persona adecuada en nuestros momentos de tormentos y tormentas, podemos recibir las respuestas adecuadas a las tormentas que enfrentamos. Pero es triste que a menudo, en lugar de recurrir al Señor, busquemos intervenciones humanas. El mensaje entonces es: clama a Jesús, él nunca te fallará.

En tiempos de tormento, Cristo está con nosotros, asegurándonos que se preocupa por nosotros. En nuestros tiempos de problemas debemos escuchar bien para oír la seguridad de la voz suave, que dice: Me preocupo por ti. Entonces debemos vivir con la conciencia de que nada es demasiado difícil para él. Por eso, cuando la tormenta se desata más allá de nuestras expectativas, nunca miremos a la tormenta, más bien miremos al Señor, Jesús sigue siendo el Señor de las tormentas, no importa la tormenta que enfrentemos, él abrirá un camino para que estemos a salvo. Los discípulos hoy llevaron sus problemas a Jesús con una fe indescriptible, y Dios los guió a través de las tormentas hacia un gozo sin igual y una satisfacción total.

Oh Señor, tú que viste hasta el final la tormenta que se desató para desestabilizar a tus discípulos, danos el valor de clamar a ti en nuestras necesidades. Haz que siempre experimentemos tu ayuda en nuestras tormentas, y también que dirijamos a las personas que enfrentan diferentes desafíos de la vida hacia Jesús, la única fuente de nuestra alegría, hacia aquel que Santo Tomás de Aquino ve como el "bien supremo". Amén.

CUARTA SEMANA LUNES A SÁBADO

4ª Semana del Tiempo Ordinario Lunes,

Hebreos 11:32-40; Salmo 30(31):20-24; Marcos 5:1-20.

Dios nos devuelve a la Gracia.

El endemoniado del evangelio se encuentra en una situación en la que no está en paz consigo mismo, ni tampoco es feliz con la gente que lo rodea, su familia y su comunidad. Su situación le preocupa a él, así como a sus familiares. La familia ha tratado de encadenarlo, ha intentado todas las vías de las que cree que podría venir ayuda, pero no hay remedio a la vista. Estaba completamente poseído, retenido por los demonios; él reconoció que eran legión, muchos de ellos; el hombre estaba en una condición desastrosa. Bajo esta posesión demoníaca podía hacerse daño a sí mismo, podía hacer daño a los miembros de su familia o a cualquier otra persona. Su presencia asustaba a todos, por eso estaba encadenado. Sin embargo, Jesús se acercó y destruyó el dominio de los demonios sobre él.

Jesús se compadeció de él y expulsó a los demonios. Quería que la imagen de Dios en él fuera restaurada. Es bueno que notemos aquí que este endemoniado llegó a un punto en el que ya no estaba dispuesto a ser liberado. El prisionero ahora se acostumbró a la cadena; ese es el efecto de la posesión total. Cuando está bajo una posesión demoníaca grave, las cosas de Dios ya no le atraen, y ya no siente la necesidad de ir a confesarse, y ahora es propenso a varios tipos de vicios.

Jesús en Juan 10:10 nos cuenta los planes del maligno: "matar, robar y destruir". Bajo esta condición, el endemoniado fue totalmente destruido. Sin embargo, la misión de Jesús es ver que tengamos vida en abundancia, que nuestras vidas sean de calidad; que seamos productivos y útiles a Dios, y a nuestro prójimo. Esto es lo que hizo, enviando a los demonios a los cerdos. Más aún, al enviar a los demonios del hombre a los cerdos sin importar la desventaja económica que pudiera traer, Jesús tenía un mensaje para nosotros; nos dice que somos más valiosos que nuestras riquezas y posesiones. La vida humana es de gran valor.

Habiendo sido curado, el hombre quiso quedarse con Jesús. Sin embargo, Jesús le ordenó que fuera y contará su historia, para que a través de él más almas pudieran ser tocadas y atraídas hacia Jesús. Todos nosotros, cómo este hombre, necesitamos motivadores, que estén dispuestos a darnos razones por las cuales debemos seguir adelante cuando habíamos deseado abandonar la obra de Dios. Cuando Dios nos sana o nos salva, lo hace porque a través de nosotros, quiere llegar a más personas. Tengamos esto en mente cada vez que recibamos algún favor divino; que él nos sane para que podamos sanar a otros; y que él nos consuele para que podamos consolar a otros. Que utilicemos, por lo tanto, nuestros favores de parte de Dios para imitar a los héroes mencionados en la carta a los Hebreos para dar testimonio de tu amor en el mundo en todo lo que hacemos.

Dios Todopoderoso, sanaste al endemoniado, sánanos a todos de todo lo que nos impide dar fruto verdadero. Sánanos de nuestras enfermedades y pecados, y equipos para el servicio en tu iglesia, a nuestros hermanos. Amén.

4ª Semana del Tiempo Ordinario Martes.
Hebreos 12:1-4; Salmo 21(22):26-28,30-32;
Marcos 5:21-43
Encontrar a Jesús con fe

Si has intentado todo y has ido a todas partes sin éxito, aún necesitas esforzarte más, invocar a Jesús, y el Dios que interviene en situaciones imposibles intervendrá en tus asuntos. Hoy en el evangelio, leemos acerca de la hija de Jairo que estaba enferma, gravemente enferma. Jairo, como cualquier padre cariñoso que ha intentado todo lo que ha podido sin éxito, ahora vino a Jesús. Jesús estaba en camino a la casa de Jairo, y una mujer que había estado sufriendo hemorragias durante muchos años fue con fe a tocar a Jesús. Ella creyó que, si tocaba su manto, él volvería a estar bien. Ella tocó y fue sanada.

Somos privilegiados con varios medios a través de los cuales Dios nos envía ayuda. A través de sus palabras, a través de los sacramentos, la unción de los enfermos y la eucaristía, Dios todavía hoy nos envía ayuda sanadora. También nos sana a través de los médicos y enfermeras de nuestro tiempo, nos sana con alimentos saludables y excelentes medicamentos. Debemos reconocer que Dios a través de todo esto sigue siendo el que está trabajando en nosotros y en nuestras preocupaciones. La mujer que lo había intentado todo antes de encontrarse con Jesús, se vio totalmente sanada, no importa lo que enfrentes ahora, no te rindas. Él todavía está sano hoy, ven entonces con la misma fe que exhibió la mujer, y también te sorprenderás por su poder sanador.

Ahora bien, después de atender a la mujer, a quien Jesús consideró que necesitaba atención más urgente que la hija de Jairo, Jesús tuvo que ir a la casa de Jairo donde curó a su hijita. Jairo tenía fe, y esa debe ser también la razón por la que fue paciente incluso cuando Jesús tuvo que atender a la mujer enferma y necesitada.

Oh Dios, aumenta nuestra fe en nosotros. Que tu poder nos libere de todas las ataduras, nos sane, sane a nuestros familiares enfermos y sane a los miembros de nuestra iglesia. En nuestros momentos de necesidad, Señor, escucha nuestras oraciones. Amén.

4ª Semana, Miércoles.
Hebreos 12:4-7,11-15; Salmo 102(103):1-2,13-14,17-18;
Marcos 6:1-6.
Se asombró de su falta de fe.

Dicen que la familiaridad engendra desprecio. Hay otro dicho popular que dice: "No hay profeta sin honra sino en su propia ciudad, entre sus parientes y en su propia casa" (Marcos 6:4). A menudo, quienes piensan que se han acercado demasiado al profeta son quienes ridiculizan el mensaje del profeta o incluso la persona misma del profeta.

Hoy, Jesús, de quien hemos estado escuchando, dice que en todas las ciudades que visitó, le trajeron muchos enfermos, y que todos los enfermos que habían tocado a Jesús fueron sanados. Ahora bien, lo triste es que fue en el lugar de nacimiento de Cristo donde sus buenas noticias fueron rechazadas. Reconocieron el poder y la autoridad que tiene, reconocieron que habló con gran autoridad; sin embargo, en lugar de aceptar su mensaje, las buenas noticias, menospreciaron a Jesús el mensajero. Prosiguieron buscando su origen, y una vez que pudieron desacreditarlo basándose en su supuesto conocimiento de su origen y antecedentes, lograron diluir y desechar el mensaje que trajo Cristo.

Tenían conocimiento genealógico de él; Jesús era un hombre que vivía con su padre, su madre, sus hermanos, etc., pero les faltaba el verdadero conocimiento de Cristo como Salvador. Nunca creyeron en él, y eso hizo que no hiciera milagros entre ellos, sino con unas pocas personas que se acercaron a él. Jesús se asombró de la falta de fe. ¿Y nosotros? ¿Sabes que Dios puede salvar a tu familia o comunidad gracias a ti, que pueden suceder grandes cosas cuando estamos abiertos a recibirlo como nuestro salvador?

Por lo tanto, la forma en que tratemos a Jesús determinará lo que nos viene. Si lo vemos como un Salvador y como nuestro Mesías, él nos salvará, otorgándonos bendiciones. Sin embargo, si lo vemos despectivamente como el hijo de José y María, un hermano de esto y aquello, no experimentaríamos ninguna gracia divina. Preguntémonos: ¿Cómo tratamos todos los misterios que Dios nos ha revelado? ¿Quién es Jesús para nosotros? Reconozcamos su presencia salvadora y la gracia infinita puede llegar a ser nuestra.

Señor, danos la gracia de saber apreciar siempre tus dones destinados a nuestra salvación corporal y espiritual. Concédenos que nuestra cercanía, nuestra familiaridad contigo, tus misterios, tus Sacramentos y todos tus ministros no nos hagan despreciar. Danos gracia abundante para apreciar toda tu gracia salvífica, para que al final podamos gozar de la paz eterna contigo y todos tus santos en la gloria. Amén

4ª Semana Jueves, Tiempo Ordinario.
Hebreos 12:18-19, 21-24; Salmo 48:2-3,3-4,9,10,11;
Marcos 6:7-13.
Los ministros deben estar centrados.

Cuando Jesús envió a sus discípulos a ir en misión, los animó a ir sólo con lo esencial. En la vida, sólo tenemos éxito cuando nos centramos en lo que importa. Por ejemplo, si un padre envía a un niño a la escuela, a menudo revisamos sus mochilas para asegurarnos de que no lleven sus juguetes o cualquier otra cosa que pueda constituir una distracción; porque si no se hace eso, el rendimiento académico del niño se verá afectado. Las distracciones de cualquier tipo pueden obstaculizar el logro de la meta.

En el arte de escribir libros, se nos anima a establecer un cronograma para el logro y a desistir de cualquier cosa, persona o lugar que nos impida alcanzar nuestra meta establecida, una vez que estemos decididos a tener éxito.
En todo lo que hagamos, triunfaremos sin distracciones. Un estudiante exitoso, un padre cariñoso, un médico, un maestro, un piloto, etc., una vez que evitamos las distracciones, el éxito se vuelve más fácil. Es consecuente con esto que Cristo el Señor exigió que, cuando los apóstoles reanudaran su misión, solo debían ir con lo que es esencial para el éxito de su misión.

Como cristianos, también debemos aferrarnos a lo que realmente importa. Para ir con el Señor, nunca se debe permitir que entre en nuestras barcas lo que nos esté tirando hacia atrás. Para llegar a la montaña del Señor, debemos estar entre aquellos que evitan toda forma de distracción, como el girasol que siguió el movimiento del sol; negándose a mirar a la derecha o a la izquierda, pero están decididos a alcanzar su sueño, su meta.

Oh Señor, a menudo nuestra rendición a las distracciones nos ha impedido alcanzar nuestra meta de convertirnos en tus amigos comprometidos. Por favor, danos el espíritu de determinación para decirte sí constantemente, y no a cualquier cosa que constituya una distracción para nosotros. Amén.

4ª Semana del Tiempo Ordinario Viernes.
Hebreos 13:1-8; Salmo 27:1,3,5, 8-9;
Marcos 6:14-29.
La verdad nunca muere

Hoy, la carta a los Hebreos elogió a los héroes de nuestra fe y su sentido de compromiso con el evangelio. Estos héroes fueron elogiados particularmente por su hospitalidad, su postura moral sobre el matrimonio y sobre cuestiones de la vida. Se aferraron a sus uniones matrimoniales con gran reverencia y se mantuvieron alejados de lo que los contaminaría. En cuanto a la hospitalidad, se enfatizó que, a través de su bondad hacia los extraños, sin saberlo, hospedaron ángeles. La lógica de la hospitalidad se expresa claramente en las palabras de Robert Junior: "Sé bueno con las personas en tu camino hacia arriba, porque las encontrarás en tu camino hacia abajo". (Robert Junior). Abraham y Sara atrajeron gracias celestiales a través de la hospitalidad.

La vida es un misterio, por lo que puede suceder que la misma ayuda que hoy préstamos a algunas personas se convierta en una fuente de nuestra propia seguridad mañana. Por último, la lectura también nos llama en la primera lectura a emular la vida de cuidado de los extraños elogiada, la hospitalidad de Sara y Abraham.

Sin embargo, en el evangelio, Jesús comenzó su misión, y Herodes creyó que Juan el Bautista estaba vivo nuevamente. Debe haber alguna similitud entre Jesús y Juan. Por supuesto, eran hombres buenos y honestos, y todos ellos decían la verdad al poder. Más aún, Juan el Bautista es uno de esos ancianos que fuimos llamados a emular, aquellos cuya fe fue ejemplar.

Estos grandes santos y héroes están en paz, mientras que Herodes carecía de paz incluso años después de matar a Juan el Bautista; solo imagine la escena, tan pronto como Herodes vea a alguien que se parezca a Juan el Bautista a quien mató, se inquietará. ¡Sí! Ninguna persona malvada tendrá paz nunca; La paz sólo puede venir de hacer lo que es grande y agradable a Dios, el salmista lo corrobora al decir: "Mucha paz para los que aman tu ley, y nada los hace tropezar" (Salmo 119:166).

Padre amoroso, llegaste y viviste lejos de casa experimentando los dolores que conlleva vivir lejos de casa. Danos la gracia de ser acogedores con los extraños, teniendo en cuenta que eres tú a quien cuidamos mientras vienes a nosotros constantemente disfrazado; haznos hospitalarios, generosos y amables con todos los que conocemos Amén.

4ª Semana del Tiempo Ordinario Sábado
Hebreos 13:15-17,20-21; Salmo 22(23);
Marcos 6:30-34.
Los líderes deben actuar con sabiduría

El liderazgo es el cerebro detrás del éxito de una familia, una sociedad o una iglesia. Los grandes líderes a través de directivas sabias guían a las personas de tal manera que puedan generar resultados positivos que conduzcan al crecimiento de la organización. Ayudan a descubrir habilidades y talentos en el grupo y los utilizan juiciosamente para lograr las metas deseadas.

Como maravillosos líderes, ellos mandan y mandan como pilotos de vuelo, cuyas instrucciones son todas para el bien de todos y cada uno en el avión. Cuando un piloto da una orden si siente peligro, es por la seguridad de todos, por lo tanto, nadie en su sano juicio hará alarde de ello por ningún motivo. Los pilotos poseen un juicio recto y deben mandar en base a ese juicio recto. Siendo este el caso, necesariamente debemos obedecerlos. Obedecemos porque estamos seguros de que su juicio no será malo.

Los líderes de nuestras familias, padres, maestros y líderes religiosos, así como aquellos en el gobierno, deben guiar a sus súbditos correctamente. Recordemos el evangelio de ayer: fueron las malas directivas de Herodías las que llevaron a la hija a tomar una mala decisión: la elección de decapitar a Juan el Bautista. Hoy, sin embargo, en el evangelio, los discípulos trabajaron tan duro que no tuvieron tiempo para comer. Cristo, como el gran líder, les dejó en claro que mientras trabajan, deben planificar bien y tener tiempo para descansar.

Los líderes son planificadores y deben dirigir a todos sabiamente hacia la realización de resultados positivos. El descanso es necesario para mejorar la productividad. Recuerde que esto es similar a lo que Jetro le hizo a Moisés: le aconsejó que planificara su trabajo de tal manera que no se cansara. Los consejos sabios y útiles deben apreciarse y seguirse, y el no hacerlo siempre tiene consecuencias graves. El mensaje es que el trabajo duro es importante, pero el descanso de calidad es necesario.

Oh Señor, dale sabiduría a los líderes en todos los niveles de liderazgo para ofrecer directivas sabias que guíen a tu pueblo a hacer tu santa voluntad y obtener tu paz al fin. Amén.

QUINTA SEMANA LUNES a SÁBADO

5ª semana Lunes, Tiempo Ordinario.

Génesis 1:1-19; Salmo 103(104):1-2,5-6,10,12,24,35;

Marcos 6:53-56

El Señor es nuestro Creador y nuestro Sanador.

¿Quién puede realmente sanarnos por completo, restaurándonos a nuestra gloria perdida sino el Señor nuestro Creador? El evangelio cuenta que Jesús acababa de llegar a Genesaret, y mientras estaba allí, le trajeron a muchos enfermos y todos fueron sanados. Fueron los familiares de estos enfermos quienes los trajeron a Jesús, recordándonos nuestro deber cristiano de apoyar a nuestros seres queridos enfermos. A menudo, cuando las personas se enferman, los amigos y las familias las abandonan, fueron estos familiares y amigos quienes realmente descubrieron que Jesús estaba en la ciudad e hicieron un esfuerzo por traerlos a él para que se curaran.

Cualquier apoyo a una persona enferma necesitada contribuirá en gran medida a impulsar su curación. Recurrimos a Jesús en nuestros momentos de necesidad de salud porque sabemos que el Creador que nos tejió en el seno de nuestra madre, que nos ha sostenido en todas las cosas, puede arreglar y normalizar todo lo que ha ido mal en nosotros. Sabemos que cuando las cosas van mal, como sucede a menudo, Él siempre puede arreglarlas. Esta fe fue la que llevó a estos hombres a actuar como actuaron. También nosotros debemos vivir con este tipo de fe. Siempre es en situaciones desesperadas de salud donde todos los expertos médicos han perdido la esperanza y se han dado por vencidos, estos casos son casos en los que Dios interviene, para ver que volvemos a estar en alegría.

La primera lectura de hoy señala el poder creador de Dios. Dios es nuestro Creador, también es necesario recurrir a Él cuando las cosas van mal. No se dejen amenazar por las creencias comunes sobre la enfermedad en cuestión, o la situación en cuestión; más bien, cuenten con el poder de Dios que puede romper cualquier muro y curar cualquier enfermedad, de la que se haya oído hablar o no. Este poder de Dios es el poder que Paul Miki y sus compañeros reconocieron y pagaron el gran sacrificio con su propia sangre vital.

Señor, reconocemos que tú eres nuestro creador y que solo tú puedes sanarnos de todas las enfermedades. Por eso, como la multitud a tus pies, te suplicamos que sanes a todos los enfermos de nuestras familias y comunidad. A través de tus obras de sanación, aumenta nuestra fe, nuestra esperanza y nuestro amor en ti. Amén.

5ª semana Martes. Tiempo ordinario.
Génesis 1:20-2:4; Salmo 8:4-9;
Marcos 7:1-13.
El hombre: la criatura más grande de Dios.

El hombre es el ser más grande que Dios ha creado, la cumbre de la obra del Creador, Dios, y el centro de la creación. Del relato de la creación que acabamos de escuchar, podemos notar que, inicialmente, el plan de Dios para la creación de todas las cosas es para el hombre, el servicio del hombre, que resultó ser la última criatura que Él creó. Al observar la maravilla de la creación del hombre, el salmista, asombrado, tuvo que decir: "¿Qué es el hombre, para que lo tengas en cuenta, el hombre mortal, para que lo cuides?" (Salmo 8:4). En otro pasaje de las Escrituras, el salmista también exclamó: "Te doy gracias por la maravilla de mi ser" (Salmo 139:14). Es realmente asombroso cómo Dios nos dio la existencia.

Es asombroso cómo nos creó, de diversos tamaños, formas, talentos, habilidades, idiomas y culturas. Él creó todas las cosas y las confió en nuestras manos. Todos los dones son suyos, nos los dio en confianza, y deben usarse de acuerdo con los términos del dador. El don de Dios debe usarse: "ad intentionem dantis" (de acuerdo con la intención del dador). Él nos pidió que creciéramos y nos multiplicáramos, y que cultiváramos la tierra. Se nos recuerda que sigamos las órdenes de Dios; fuimos llamados a someter la tierra. Pero los humanos no cumplieron con las leyes que Dios había dado, y en cambio establecieron leyes humanas que van en contra del mandato de Dios.

Los humanos han desechado los mandamientos puros y transformadores de Dios. Nuestro mundo, en desobediencia a las leyes de Dios, practicó el comercio de esclavos, luchó guerras mundiales, participó y aún sigue participando. involucrarse en la explotación humana, aceptar conceptos extraños de matrimonio, familia, así como puntos de vista distorsionados sobre el género, la justicia mundial y la vida en general. Hoy en día, la eutanasia, el suicidio, el aborto y varios males contra la santidad de la vida están legalizados; hoy, hemos distorsionado la creación hasta hacerla irreconocible.

Sin embargo, hoy se nos dice que la mejor vida posible es aquella vida que reconoce los mandamientos de Dios, que se ocupa de que: "el bien debe (siempre-el mío) hacerse, y el mal evitarse". (San Agustín). Por último, en todo momento, centrémonos en lo que es esencial, por ejemplo; respeto y amor por todos, y ningún pensamiento de daño hacia ninguna persona. No nos centremos en cosas efímeras, como trabajar para ser vistos o notados mientras descuidamos la caridad. Nuestro objetivo debe ser dar gloria a Dios, y nunca el autoengrandecimiento. Debemos honrarlo sobre todo al cumplir sus mandamientos.

Oh Señor, tú nos creaste como seres especiales, creaste el mundo para satisfacer nuestras necesidades, que siempre usemos las cosas, tu mundo como tu regalo, honrándote con ellas, al usarlos en servicio a nuestros hermanos y hermanas. Amén.

5.° día de la semana, miércoles,
Génesis 2:4-9,15-17; Salmo 103(104):1-2,27-30;
Marcos 7:14-23.
Un corazón puro agrada a Dios.

La mayoría de las religiones del mundo hablan de dietas religiosas, de modo que si uno se atiene a las leyes dietéticas, y aun así no lleva una vida digna, a menudo se le considera un fiel seguidor del grupo de fe. Este es el caso de la religión judía y de muchos otros grupos religiosos. Tienen prescripciones alimentarias, y quien es fiel a las reglas alimentarias es juzgado justo, sin importar cómo sea la vida de la persona, pero, por el contrario, quien las practica es considerado puro y santo.

Cristo el Señor vino y refutó estas creencias y prácticas. Declaró enfáticamente que todos los alimentos son aprobados. Más aún, continuó dejando en claro que lo que agrada a Dios es un corazón puro y una buena vida; Nuestras buenas obras, más que la comida que comemos, son la única condición que nos califica para el gozo eterno.

Nuestras buenas obras y nuestra vida positiva son el resultado de un buen corazón; mientras que las malas acciones provienen de corazones malvados y torcidos. Por lo tanto, es necesario que alimentemos nuestro corazón. Necesitamos llenarlo de pensamientos, palabras y acciones santas. Esto se logra con lo que la iglesia describe como la formación de la conciencia. Nuestras conciencias se forman por lo que vemos, el tipo de conversaciones que mantenemos, los libros y la literatura que leemos y el tipo de compañía que mantenemos. A través de la formación de la conciencia podemos proteger nuestro corazón, asegurándonos de que solo se filtren en él pensamientos saludables, podemos controlar nuestras acciones y palabras de manera que agraden a Dios.

Cuando tenemos una conciencia fuerte y saludable, nos será difícil herir a alguien o involucrarnos en conductas inmorales, etc. Con nuestra conciencia no entrenada, nos volvemos propensos a todo tipo de maldad. Por lo tanto, Cristo nos llama a vivir de manera que Dios Padre esté complacido con nosotros. Adán y Eva inicialmente tenían una gran conciencia en la creación, se contaminaron inmediatamente al permitir influencias negativas.

Señor Dios nuestro, purifica nuestros corazones; concédenos que te busquemos con corazones puros, buscando siempre hacer el mandato del Dios trino, para que el mundo te dé un sincero honor a ti, la fuente de todo lo que tenemos y somos Amén.

5º día de la semana, jueves,
Génesis 2:18-25; Salmo 127(128):1-5;
Marcos 7:24-30
Los mansos y humildes son amigos de Dios

La mujer sirofenicia vino a Cristo para buscar el favor sanador de Dios para su hijo gravemente enfermo. Se acercó a Jesús y le dijeron que no era elegible para recibir los favores de Dios. Se le dijo: "Los hijos deben ser alimentados primero, porque no es justo tomar el pan de los hijos y echarlo a los perros de la casa" (Marcos 7:27). Pero ella no se desanimó, más bien, con humildad respondió que incluso los perros de la casa todavía pueden participar de las sobras que caen de la mesa de su amo; esto es el colmo de la humildad.

Al usar el comentario o más bien al dirigirse a ella como perro, el Señor quería probar su fe. Cuando la fe nos guía, nuestro enfoque estará únicamente en lo que deseamos, ya que tales comentarios de cualquier tipo no desplazarían nuestro enfoque. Por lo tanto, ella demostró que tenía una fe fuerte, y el Señor lo envió a casa informándole que su hija estaba bien nuevamente.

Además, otro punto que vale la pena considerar sobre la lectura es que la mujer nos recordó que los favores de Dios son gracias inmerecidas. No los merecemos, pero Él los da libremente por bondad y amor hacia nosotros. Él de su abundancia da libremente. La llama a la gratitud. El Dios que nos sana, que sana a nuestros familiares y amigos en sus momentos de enfermedad merece nuestro agradecimiento sin igual.

La sanación, por supuesto, es la continuación de su obra de creación; cuando nos enfermamos y nos desfiguramos, Él nos sana y nos recrea. Necesita nuestra fe para liberar sobre nosotros las gracias celestiales. El matrimonio se ve en la primera lectura como un proyecto de Dios, así que, así como la mujer miró a Dios, cuando las uniones matrimoniales se agrian, también nosotros debemos mirar a Dios con fe, porque solo Él puede arreglar las cosas cuando van mal.

Oh Dios, somos beneficiarios de tus múltiples bendiciones. En nuestros momentos de necesidad, ayúdanos a recurrir a Ti con fe y humildad. Creyendo que solo Tú puedes bendecirnos y que todo lo que recibimos son gracias puramente inmerecidas que Tú has enviado a nuestro camino. Amén.

5.° día de la semana, viernes,
Génesis 3:1-8; Salmo 31(32):1-2,5-7;
Marcos 7:31-37.

Don de la palabra para un uso adecuado

El evangelio de hoy narra la historia de un hombre que nació sordomudo. No podía hablar ni oír, pero tenía fe en que Jesús podía restaurar sus facultades. Me gustaría que nos imagináramos cómo nos hemos sentido cuando nos encontramos en una situación en la que no conocemos el idioma que se habla y nadie hace ningún esfuerzo por ayudarnos. El sentimiento normal en momentos como este es la sospecha. Sentiríamos que tal vez están hablando de nosotros. Este hombre estaría viviendo con este tipo de experiencia todos los días de su vida y, debido a su condición de salud, puede volverse más agresivo y enojado.

Hoy, Jesús se sintió con el hombre en su condición, tocó su lengua con saliva y lo restauró a la normalidad. Sin embargo, después de la curación, Jesús le pidió que nunca revelara lo sucedido al público. Esta fue una instrucción que el hombre no cumplió debido a que posiblemente estaba abrumado y lleno de alegría; ¿quién no lo estaría? Sin embargo, debemos notar que la instrucción o mandato fue más allá de la mera publicidad de los favores de Dios, sino que fue una advertencia para él para que se ocupara de hacer un buen uso del don de lenguas restaurado en él. Fue Santiago quien nos advirtió sobre el uso de la lengua, que, aunque es la parte más pequeña del cuerpo, la lengua puede causar daños inimaginables cuando se utiliza incorrectamente. Por lo tanto, vale la pena usar bien la lengua, para dar gloria a Dios y pronunciar palabras útiles a quienes nos encontramos. Las guerras entre naciones, los conflictos en los hogares y lugares de trabajo, etc., tienen su origen en la lengua.

En la primera lectura vemos que Adán y Eva usaron mal el don de la palabra. Se comunicaban con la persona equivocada, la serpiente, el temperamento. En su discusión, revelaron que su fuerza residía en su voluntad de distanciarse del fruto prohibido. También nosotros debemos usar bien el don de la palabra, así como nuestros otros dones. Debemos tener en cuenta que cada palabra que pronunciamos puede acercarnos a Dios o alejarnos de él; puede hacernos más amigables con él o alejarnos de Dios. ¿Nuestras palabras ayudan o perjudican a las personas? ¿Son palabras de alabanza a Dios, como las palabras de las multitudes en el evangelio de hoy?

Oh Dios, gracias por darnos la facultad de comunicarnos con los demás, de escuchar y ser escuchados. Ayúdanos a hacer siempre uso de estos sentidos para tu honra y gloria; usándolos para alabarte y para hablar por las personas que sufren cualquier tipo de opresión; convirtiéndonos en voz de los que no tienen voz Amén.

5.° día de la semana, sábado,
Génesis 3:9-24; Salmo 89(90):2-6,12-13;
Marcos 8:1-10.
Mantener nuestros límites
Mejora la seguridad

Uno de mis profesores en mis días de seminario definió la libertad como: "la posesión de la capacidad y el poder de mover tus manos a cualquier distancia, siempre y cuando no toques mi nariz". Siempre hay un límite a nuestra libertad, y la alegría reside en usar nuestro don de la libertad de tal manera que no invadamos los límites de las personas. Si no quieres que las personas toquen tu nariz, no toques sus narices también. Hay descripciones de trabajo para que nadie invada la zona de nadie; para que cada persona pueda ocuparse de sus asuntos.

Como leemos en la primera lectura, después de crear a Adán y Eva, Dios tuvo que ponerlos en un jardín con todo lo que necesitaban; sin embargo, estableció un límite que no debían cruzar. Su alegría dependería de que cumplieran las reglas, de que observaran los límites que Dios había establecido. Dios les dijo: "Pueden comer de todo, de todos los árboles, pero deben mantenerse alejados de este árbol en particular". Ellos fallaron y fueron penalizados. Fueron expulsados del jardín. Perdieron la alegría y la paz. Eran como un inquilino que había perdido el derecho a vivir en una propiedad porque no cumplió con las regulaciones de propiedad.

Más aún, nuestra alegría aquí en la tierra debe depender de nuestra voluntad de hacer la voluntad de Dios en todo momento. Debemos hacer la voluntad de Dios y siempre ayudarnos unos a otros a mantenernos enfocados en el camino correcto. Eva se descarriló y su caída condujo también a la caída de Adán; somos más fuertes juntos y también somos débiles juntos. Puedes influir en las personas que te rodean, tu esposo o esposa, tus hijos o padres, tus parientes o amigos, etc.

En el evangelio, Jesús alimentó a los cuatro mil. Estos hombres estaban dispuestos a ir con el Señor, a diferencia de Adán y Eva, esperaron en el Señor y lo escucharon durante cuatro días. Ellos querían ser dirigidos apropiadamente para evitar los errores de Adán y Eva. El Señor los alimentó con la palabra, así como con el sacramento. Él nos alimenta todavía hoy con sus palabras y sacramento... acerquémonos a él con sinceridad y fe profunda.

Señor Dios nos da sabiduría para que no nos distraigamos como Adán y Eva, que tu palabra y el sacramento de tu cuerpo que participamos nos equipen con el deseo de decirte sí en todo momento, y no a las insinuaciones del maligno Amén.

SEXTA SEMANA LUNES A SÁBADO
6to día de la semana, lunes,
Génesis 4:1-15.25; Salmo 49(50):1.8.16-17.20-21;
Marcos 8:11-13.
Dones de Dios: signos de su amor y cuidado.

La lectura de hoy del Génesis nos presenta a Caín y Abel, quienes fueron bendecidos por Dios con sus diversas habilidades y talentos. Caín cultivaba alimentos mientras que Abel era criador de ganado. En algún momento debían presentar sus dones a Dios. Mientras que Abel dio un regalo consciente de su corazón; dándole a Dios lo mejor de su ganado ya que cree que lo mejor siempre debe reservarse para Dios. Sin embargo, Caín, por el contrario, le dio a Dios un regalo insulso y descuidado.

Dios nos dio todo lo que tenemos, y él sabe cuándo realmente hemos dado lo que debíamos haber dado. Al ver el regalo digno y agradable de Abel, Dios lo bendijo mucho más, y no le guardó bendición alguna a Caín. La lección que esto nos enseña es que cada vez que queremos dar un regalo a Dios, si el regalo es digno y agradable, nos vamos a casa mucho más bendecidos, mientras que el dar descuidadamente atrae la ira divina, ya que presagia falta de gratitud hacia Aquel que es la fuente de todo lo que tenemos y somos.

Caín tenía una actitud muy mala, es como el siervo perezoso de la parábola de los talentos, que en lugar de desarrollar sus propios dones, envidiaba a los otros siervos por sus propias habilidades. En realidad, fue la envidia de Caín y la comparación malsana lo que le hizo elegir no ser generoso con Dios. Fue su envidia lo que le hizo, en lugar de invertir la fuerza que Dios le dio para hacer algo bueno para dar gloria a Dios y prestar servicio a su hermano, aplicar su fuerza hacia la negatividad; matando a su hermano; dejando de ser el guardián de su hermano.

Vale la pena notar aquí que el día en que Caín derramó la sangre de Abel fue el día en que perdió la paz y su privilegio divino. Aquí se nos recuerda la necesidad de honrar todas las vidas. Por lo tanto, en lugar de envidiar el éxito de los exitosos, debemos más bien buscar humildemente aprender de ellos para poder tener éxito nosotros mismos.

Más aún, Cristo en el evangelio se negó a dar a la multitud más señales, ¿por qué? Porque las que recibieron una vez (las señales que hemos estado escuchando desde hace unas semanas) nunca tuvieron ningún impacto en ellos. Los milagros fueron señales para atraerlos a la fe y a las acciones positivas, pero nunca fueron tocados. Abel recibió las bendiciones de Dios, como señales del amor y el cuidado de Dios, y correspondió con fe y gratitud; Caín, por su parte, no vio a Dios en acción en los dones que le fueron dados, y falló en la gratitud. Debemos elegir ser como Abel, apreciar los favores de Dios y ser generosos con Dios y con nuestros hermanos y hermanas necesitados.

Oh Dios, tú nos has dado diversos talentos, habilidades, carreras y profesiones, para el bienestar de todos nosotros. Que valoremos los dones que nos has dado, y usemos nuestros dones juiciosamente para darte honor y gloria, y trabajar para mejorar las vidas de nuestros hermanos y hermanas. Amén.

6ª Semana Martes Año Ordinario
Génesis 6:5-8,7:1-5,10; Salmo 28(29):1-4,9-10;
Marcos 8:14-21
Sé diferente del mundo malvado.

Dios creó todo con un propósito; creó a los humanos como la culminación de su obra de creación, de modo que nuestra alegría y satisfacción solo vendrán de nuestra determinación de hacer siempre su voluntad. Me recuerda el resumen que hizo mi rector sobre las reglas y regulaciones del seminario el día que llegamos al seminario menor: "si guardas las reglas del seminario, el seminario te guardará". Ayer, Caín fue expulsado de su posición de honor y se convirtió en un fugitivo por matar a su hermano. Ahora bien, después de la muerte de Abel, el mal se volvió rampante y la humanidad se volvió más propensa a las malas acciones. Llegó al punto en que Dios se volvió desagradable con los humanos que creó.

En respuesta a la rebeldía de la humanidad, Dios decidió destruir a todas las criaturas. Sin embargo, preservó a Noé. Noé fue informado de que debido a la tasa de maldad, la destrucción era inminente. En esta destrucción venidera, quien se arrepienta estará en el Arca que Noé estaba construyendo como un lugar de seguridad para los justos en la destrucción inminente. Sin embargo, los impenitentes perecerán en la destrucción. La iglesia es el Arca de nuestros días, como tal, si realmente vivimos como Dios desea que lo hagamos, en el juicio, mientras el mundo estará llorando, estaremos en paz a la diestra de Dios.

El evangelio de hoy es una respuesta a cómo podemos vivir en contra de la manera del mundo. Cristo advirtió a sus discípulos contra la levadura de los fariseos y los escribas. La analogía aquí apunta al efecto de la levadura en la masa. Los discípulos fueron advertidos de tener cuidado con las influencias negativas de los escribas y fariseos; evitar sus influencias y su forma de vida. Debemos ser como Noé, que era un hombre bueno y justo en medio de gente malvada y torcida. Estamos llamados a actuar como la levadura, llamados a influir en el mundo y atraerlos al Arca de Dios. Es nuestro deber atraer a los pecadores descarriados de regreso a casa; influir en ellos para que saquen lo bueno de ellos.

Oh Señor, la alegría en ti viene cuando nos atenemos persistentemente a tus leyes. Danos el coraje de defenderte como Noé, incluso cuando el mundo entero se opone a ti. Que siempre tengamos hambre de hacer tu voluntad para obtener el descanso eterno en ti en la eternidad. Amén.

6ª Semana Miércoles Ordinario
Génesis 8,6-13.20-22; Salmo 115(116):12-15.18-19;
Marcos 8,22-26
Él nos cura, para que nosotros curemos a los demás

Un rabino preguntó una vez a sus discípulos cómo podían saber que estaba amaneciendo. A esta pregunta, ellos respondieron uno tras otro así: "Cuando miro hacia los campos y puedo distinguir entre mi campo y el campo de mi vecino, entonces es cuando la noche ha terminado y el día ha comenzado". Otra sirvienta, una segunda discípula ofreció su respuesta: "Cuando miro hacia los campos y luego veo una casa y puedo distinguir que es mi casa y no la casa de mi vecino, entonces es cuando la noche ha terminado y el día ha comenzado". Un tercer estudiante, sin embargo, ofreció una respuesta: "Cuando puedo distinguir los animales en el patio –y puedo distinguir una vaca de un caballo– es cuando la noche ha terminado". Sin embargo, el rabino no estaba satisfecho con sus respuestas y les dio una respuesta mejor, que el amanecer: "Cuando miras a la cara de la persona que está a tu lado y puedes ver que esa persona es tu hermano o tu hermana, cuando puedes reconocer a esa persona como un amigo, entonces, finalmente, la noche ha terminado y el día ha comenzado".

Hoy, el ciego curado en el evangelio en la entrevista inicial después de su curación dijo que estaba viendo hombres que parecían árboles. En este punto, estaba mirando a las personas desde el punto de vista de las cosas (los hombres como árboles). Estaba siendo guiado por el prejuicio. El prejuicio es lo que influye en la mayoría de los males sociales que hoy se ven evidentes en; el racismo, el clasicismo y todas las formas de discriminación, prácticas por las cuales vemos a las personas como cosas. Por lo tanto, todos estamos llamados a superar y desechar todas las formas de estas malas prácticas de la inhumanidad del hombre hacia el prójimo en todos los aspectos. Nuestros tratos. Cuando nuestras visiones sean claras, entonces nos veremos y nos trataremos como seres humanos a quienes debemos amar y apreciar sin importar la edad, el estatus, la tribu, etc.

Los que fueron salvados en el arca de Noé fueron aquellos que apreciaron la bondad y trataron a los demás como seres creados a imagen y semejanza de Dios; quienes no cedieron ante el mal de su tiempo. Dios los preservó del diluvio, ya que restauró la vista a los ciegos en el evangelio para que pudieran hacer todo lo posible para propagar la bondad del Señor hasta los confines de la tierra. Todos somos privilegiados con muchas bendiciones divinas, el don de la vida, el don de la salud, el don de nuestras familias y muchos más. Todos sus dones son dados para que, a través de ellos, podamos reconocerlo en los demás; entonces no veremos hombres que se parecen a árboles, sino hombres y mujeres a la semejanza de Dios, que poseen dignidad y merecen respeto.

Dios amoroso, te suplicamos que sanes nuestra visión para que podamos superar todas las formas de prejuicios. En todo momento, tratemos a las personas como personas, valorándolas más que las cosas, más que los puestos o cualquier otro beneficio humano conocido Amén.

6.° día de la semana, jueves,
Génesis 9:1-13; Salmo 101(102):16-21,29,22-23;
Marcos 8:27-33

Respeta la vida en todas tus relaciones

Hoy, la lectura del Génesis muestra a Dios dando a Noé normas sobre cómo vivir de la mejor manera posible para seguir siendo agradable a Dios y mantener su amistad. Recordemos que una de las causas de la destrucción del mundo en tiempos de Noé fue la evidente falta de respeto por la vida humana. Ahora Dios insiste de nuevo en que toda vida debe ser respetada. Añadió además que quien mate debe ser asesinado. Si no valoras la vida de otro ser humano, también has perdido ese derecho. Aquí se aplica la regla de oro que dice: "haz a los demás lo que quieres que te hagan a ti" (Mateo 5:12). Dios, además, señaló la mejor manera de preparar la carne que comemos. Este pasaje señala el hecho de que cada aspecto de nuestra vida le importa a Dios. Cada acontecimiento, en cualquier momento, en cualquier día, deja un impacto serio en quienes somos. En todas las cosas, entonces, Dios debe guiar. Dios debe reinar en nuestras profesiones, en nuestro tiempo libre y en nuestros maridos, además, debe reinar también en nuestra comida y bebida, todo lo que hacemos debe ser para la mayor gloria de Dios.

En el evangelio, Cristo estaba informando a sus discípulos acerca de su inminente sufrimiento y muerte, que es su sacrificio por la salvación de la humanidad. Lo que compartió fue el plan de Dios para la salvación del mundo. Sin embargo, Pedro, que quería el camino fácil, lo llamó a un lado e insistió en que no lo volviera a decir. Sin embargo, Pedro fue reprendido por sus pensamientos que iban en contra del plan de Dios, la voluntad de Dios para toda la humanidad.

Hacer la voluntad de Dios es la fuente de la alegría. A Noé se le recordó que su alegría dependerá de cumplir con el plan de Dios, la voluntad de Dios. Su plan y voluntad es que toda vida debe ser respetada. Invariablemente, se nos dice que ninguna ley humana tiene poder para legislar sobre la vida, por lo tanto, toda vida debe ser valorada y respetada desde la concepción hasta la muerte natural; esto es únicamente el dominio de Dios. La vida de Cristo fue preciosa y fue tan útil para la humanidad, que fue por su sangre vital que fuimos salvados; y sanados por sus heridas.

Padre Celestial, gracias por el don de la vida, ayúdanos por tu gracia a respetar la vida en todos nuestros tratos, teniendo en cuenta que es la voluntad y el plan de Dios para todas las vidas: respeto y honor Amén.

6.° día de la semana, viernes,
Génesis 11:1-9; Salmo 32(33):10-15;
Marcos 8:34-9:1
Todo logro debe glorificar a Dios.

Dios nos dio el don de la inteligencia, así como otras habilidades y talentos que poseemos, y nos sigue indicando cómo utilizarlos de manera eficaz y juiciosa para resolver nuestros problemas y satisfacer nuestras necesidades humanas diarias. La mayoría de las veces, oímos hablar de descubrimientos. Por ejemplo, aquí en nuestra ciudad y sus alrededores, durante los últimos años hasta hace poco nadie sabía que podíamos generar mucha energía del sol que había golpeado a generaciones que vivieron aquí antes que nosotros en este espacio que ocupamos hoy.

En esta comunidad también se descubrió el petróleo, luego los paneles solares que están aquí y allá hoy, y quién sabe qué volverá a suceder en los años venideros. Dios ha puesto en nosotros una gran sabiduría que nos permite alcanzar grandes hazañas si hacemos un mejor uso de nuestra sabiduría y nuestros dones. Sin embargo, a medida que logramos, utilizando estos dones, debemos asegurarnos de que todos estos logros y realizaciones nos lleven más hacia él, y nunca nos alejen de él. Sus dones son para ayudarnos a satisfacer nuestras necesidades y conectarnos con nuestro Dios creador.

Por lo tanto, nunca debemos construir para desplazar a Dios; trabajar para ocupar el lugar de Dios. Lo que sucedió en la torre de Babel fue solo una imagen clara del deseo desmesurado del hombre de derrocar a Dios. Por lo tanto, es una tontería intentar usurpar el lugar de Dios. Recuerde que es solo el necio el que dice en su corazón: "No hay Dios" (Salmo 14:1). En todo lo que hacemos, en todos nuestros avances y logros, debemos reservar para Dios su lugar prioritario en todas las cosas. Cada vez que queremos lograr algo sin reconocer el lugar de Dios, terminaremos creando monstruos que eventualmente nos destruirán.

Sin embargo, en el evangelio, Marcos arrojó más luz sobre la necesidad de colocar a Dios antes que otras cosas. Estamos llamados a buscar a Dios primero, y luego las demás cosas seguirán su ejemplo. Nunca le des a Dios el segundo lugar, él hace grandes cosas por nosotros cuando le permitimos que nos guíe. Un dicho dice así: "dale a Dios su lugar prioritario, para que las demás cosas que nos rodean tengan el lugar apropiado". Esto es a lo que estamos llamados a hacer hoy.

Oh Dios, gracias por tu don de habilidades y talentos inventivos. El don que nos has dado a nosotros tus hijos a través del cual mejoran sus vidas y las de los demás. Danos tu sabiduría para usar tus dones para honrarte en la forma en que nos cuidamos unos a otros Amén.

6° día de la semana, sábado,
Hebreos 11:1-7; Salmo 144(145):2-5.10-11;
Marcos 9:2-13
Fe y escucha.

En las Escrituras se nos dice: "la fe viene por la escucha" (Romanos 10:17-21). En la primera lectura de hoy, se nos presentó a hombres y mujeres que escuchaban la palabra de Dios, todos los cuales basaban todas sus acciones en la convicción que recibían al escuchar la palabra todopoderosa de Dios. Su fe en Dios cuando enfrentaban dificultades y desafíos de la vida los hizo mirar a Dios, y al elegir nunca ser abrumados por esos desafíos. Basados en las acciones de Dios en el pasado, estaban seguros de que: "Dios en la montaña sigue siendo Dios en el valle, que cuando las cosas van mal, (como sucede a menudo), (Bill y Gloria Gaither). Ese Dios que lo hizo en aquellos días, puede hacer lo mismo por nosotros hoy.

La fe es recordar las obras de Dios en los años pasados, y vivir con la creencia indudable de que como lo hizo en el pasado por los demás, ciertamente lo hará por nosotros. Esta es la fe que estamos llamados a tener, porque es como el pasaje declara enfáticamente: "sin fe, es imposible agradar a Dios" (Hebreos 11:6).
En el evangelio, Jesús se transfiguró, en este evento, estaba discutiendo con Moisés y Elías, (las leyes y los profetas se unieron); la palabra de Dios llegó a los israelitas como ley y profetas, y aquellos que escucharon la palabra de Dios tuvieron gran paz.

Hoy también escuchamos la voz de Dios exigiendo que escuchar siga siendo el camino hacia su alegría. Sobre todo, los discípulos de entonces y nosotros hoy estamos llamados a escuchar siempre a Jesús. A quién escuchamos realmente nos influye, si escuchamos a malas fuentes, estamos equivocados, pero si escuchamos a Jesús, recogemos la sabiduría que necesitamos para vivir vidas de calidad. ¿Quieres alegría, paz y plenitud? Escúchalo, porque solo él, como diría Pedro, tiene palabras de vida eterna.

Padre celestial, aumenta nuestra fe. Que crezcamos en la fe a través de tu palabra que escuchamos, para que podamos aferrarnos a ti sin reservas en todas las cosas. Que podamos dedicar tiempo a tu palabra, y que tu palabra forme en nosotros esa mente que estaba en Cristo, para que siempre sepamos que tú, oh Señor, estás a la cabeza. Amén.

SÉPTIMA SEMANA LUNES SÁBADO

7ma semana Lunes

Eclesiástico 1:1-10; Salmo 92(93):1-2.5;

Marcos 9:14-29

Sabiduría de los Discípulos

Un hombre desesperado cuyo hijo estaba poseído por un espíritu maligno vino a los discípulos de Cristo para buscar ayuda. Sin embargo, los discípulos eran incapaces, por lo tanto, Cristo expresó su sorpresa por que no pudieran, pero aun así fue paciente con ellos, no intentó avergonzarlos por su falta de fe. Más bien siguió adelante y curó al niño enfermo. Más tarde, cuando estaban en un lugar cerrado, se dirigió a su falta de fe.

Los discípulos por su parte no estaban contentos de no poder satisfacer la necesidad del hombre, ahora preguntaron a Cristo su maestro por qué no podían manejar la situación, y Cristo los guió, indicándoles la necesidad de orar y tener una fe profunda en Dios. Es una gran muestra de humildad y sabiduría hacer preguntas cuando no tenemos el conocimiento para hacer bien las cosas. Haga preguntas cada vez que tenga dudas, realmente no hace daño hacer preguntas.

Los grandes maestros, los grandes médicos, los grandes padres y los grandes líderes muestran su grandeza al estar abiertos al aprendizaje al buscar aclaraciones de aquellos que creen que tienen más conocimientos que ellos. En la teología moral, el principio reflejo más importante en la moral dice: "in dubium, non agere". (En caso de duda, suspenda las acciones); sin embargo, cuando suspendemos las acciones, debemos buscar el conocimiento experto y las respuestas correctas; debemos buscar la mejor dirección o acción a tomar.

Cuando tengamos dudas, seamos, por tanto, lo suficientemente humildes como los discípulos para preguntarnos: ¿por qué no hicimos lo correcto? Además, si está en posición de guiar, esté listo como Cristo para ayudar; y hágalo con un sentido de respeto y humildad. Nunca menosprecie a nadie porque crea que tiene el privilegio de tener el conocimiento que a él o a ella le falta. Más bien, use lo que usted tiene más que ellos para elevarlos. Como diría Dalila Lama: "nunca menosprecies a nadie, salvo para elevarlo". Esto es exactamente lo que Cristo hizo por los discípulos. Elevarlos.

Señor Dios, aumenta en nosotros tu sabiduría para guiar todas nuestras acciones. Que tu sabiduría irradie en nuestras palabras y acciones, para que la gente, al ver nuestras buenas obras, te dé honor y gloria. Amén.

7ª Semana Martes Tiempo Ordinario.
Eclesiástico 2:1-11;
Salmo 36(37):3-4.18-19.27-28.39-40
Marcos 9:30-37
El costo de defender la verdad.

Un dicho popular dice: "la persona más odiada es la que dice la verdad". Cristo sufrió por la verdad, incluso antes de él muchos han sufrido por causa de la verdad y hasta hoy, muchos pasan por muchas experiencias increíbles debido a su postura con respecto a la verdad. En el libro del Eclesiástico, escuchamos al escritor animarnos a estar dispuestos a pasar por cualquier cosa y por todo para aferrarnos a la verdad. El escritor nos anima así: "hijo mío, si estás dispuesto a seguir al Señor, prepárate para una prueba" (Eclesiástico 2:1). Ir por el camino de la verdad es un camino difícil, pero muy satisfactorio. Nadie se ha arrepentido nunca de defender la verdad, ¿por qué? Las mentiras pueden sobrevivir solo por un corto tiempo, pero la verdad es eterna, por lo general la verdad triunfa al final.

En la historia, tanto en el pasado como en el presente, las personas enfrentan desafíos por la verdad, y estas luchas nunca se detendrán. Sin embargo, debemos tener en cuenta que es a través de nuestra respuesta a ellos que expresamos nuestra fe o falta de ella. El lugar donde nos encontremos se convierte en un punto de partida para expresar nuestra fe. Puede venir por medio de la oposición en nuestras familias, en nuestros lugares de trabajo, en la iglesia o en la sociedad a filosofías y sistemas de creencias diabólicos que están radicalmente en contra de la fe y la moral.

En el evangelio, Cristo les dijo a los discípulos que él sufriría por causa de la verdad, recordándoles también que esa sería su situación difícil, pero que todo terminaría en gloria. Sin embargo, los discípulos estaban interesados en los beneficios y las ganancias. Él tuvo que aprovechar la oportunidad para informarles a ellos y a nosotros acerca del verdadero servicio y liderazgo. Nos recuerda que liderar es servir; esto corrobora la enseñanza popular sobre el liderazgo que dice: "inquieta yace la cabeza que lleva la corona". Por lo tanto, debemos contar lo que debemos dar en lugar de lo que podemos ganar. El mensaje y la lección es que los apóstoles y seguidores de Cristo deben reconocer que son meros siervos de Dios, que no merecen nada. "Somos siervos inútiles; sólo hemos cumplido con nuestro deber" (Lucas 17:10).

Dios amoroso, gracias por el privilegio de servirte de diversas maneras, en nuestras familias, en la iglesia y en la comunidad. Aumenta en nosotros el espíritu de servicio genuino, para que siempre preguntemos qué podemos hacer para ayudar a servir mejor a tu pueblo, y nunca qué ganancias o beneficios esperamos obtener. Que estemos dispuestos a estar siempre contigo y para ti. Amén

7ma Semana Miércoles año
Eclesiástico 4:11-19; Salmos 119:165, 168, 171, 172, 174, 175;
Marcos 9:38-40
Si todos actuamos en amor, todos somos iguales.

Las palabras de Cristo hoy son una declaración en contra de la competencia malsana entre los creyentes. A menudo vemos a los creyentes decir palabras que parecen proyectar que están en oposición unos a otros, pero hoy se nos pide que nos promovamos unos a otros y que apreciemos cualquier cosa buena que provenga de cualquier miembro del rebaño. Cualquier bien que alguien tenga, siempre es una señal de la presencia de Cristo. Cualquier bien de alguien es una expresión de Cristo que todavía está trabajando entre sus hijos.

Dado que todos tenemos muchas formas de influir en el mundo con nuestra bondad, es necesario que colaboremos unos con otros. Cuando serví como capellán en el hospital, teníamos una práctica en la que cuando ingresaba un paciente que se creía necesitado, se celebraba una reunión en la que participaban todas las partes que se creía que formaban parte del plan de atención para elaborar grandes planes para una mejor salud del paciente. No importa el nombre de nuestra denominación cristiana, todos debemos trabajar en colaboración para honrar a Cristo que nos llamó.

Evitemos la competencia malsana y recordemos siempre que se logra mucho cuando no se quita ningún interés de la búsqueda de vanagloria y alabanza humana. Por lo tanto, todo aquel que trabaja para la gloria de Cristo necesita ser reconocido, si está trabajando verdaderamente para Cristo, es mi hermano, es mi hermana y mi gran amigo; por lo tanto, que quien trabaja por el bien y para Cristo nunca sea nuestro enemigo, debemos identificarlo y trabajar con él.

Señor, ayúdanos a evitar la competencia malsana en nuestras relaciones, que seamos abiertos a trabajar con todos tus hijos para tu gloria y el bien de nuestra comunidad y del mundo en general. Amén.

7ª Semana Jueves
Eclesiástico 5:1-8; Salmo 1: 1-2, 3, 5 y 6
Marcos 9:41-50
No hay demora en la conversión.

El dicho popular dice así: "la postergación es un ladrón de tiempo". Otro también sostiene que: "la postergación es la disculpa del perezoso". El libro del Sirácida de hoy nos desafía a no postergar las cosas. Todo lo que se debe hacer, debe hacerse sin pérdida de tiempo. Nunca debemos dejar para mañana lo que se debe hacer aquí y ahora.

A menudo escuchamos historias de personas que durante muchos años han estado alejadas de los sacramentos, especialmente del sacramento de la reconciliación. Algunas personas posponen la seriedad con Dios hasta la edad de jubilación, hasta que se casan y tienen hijos o cuando alcanzan una cima en su carrera, pero el Sirácida nos ordena que siempre hagamos un esfuerzo regular para ser mejores hijos de Dios día a día.

La conversación tiene que ser aquí y ahora porque nadie está seguro del mañana, todos estamos seguros del ahora, lo que sucederá en el minuto siguiente es desconocido para nosotros. Este es, por lo tanto, un llamado a que usemos bien nuestro tiempo. El tiempo es precioso, es un regalo de nosotros para nosotros, mientras que nuestro uso de él es nuestra muestra de agradecimiento a quien nos lo dio primero.

Señor, gracias por el regalo del tiempo, danos la sabiduría para tener hambre siempre, que valoremos cada día que nos has dado, y los usemos para trabajar por tu reino eterno Amén.

7ma semana Viernes
Eclesiástico 6:5-17; Salmo 119:12,16,18,27,34,35,
Marcos 10:1-12.
Amistad verdadera, amigo en la necesidad.

Un adagio dice: "un amigo en la necesidad es un verdadero amigo". El libro del Sirácida de hoy se centra en el valor de la amistad verdadera. Todos necesitamos un amigo con el que siempre podamos contar. Sonny Okosun diría que cuando las cosas van bien y sin sobresaltos, tendemos a tener muchos amigos, mientras que en la adversidad esos amigos nos abandonan.

En tiempos de necesidad, conocemos a quienes son verdaderamente nuestros amigos, mientras que en la prosperidad, nos sentimos atraídos por nuestros amigos. Por lo tanto, se nos advierte que seamos grandes amigos y parientes, dispuestos a ayudar a quienes cuentan con nosotros. Asimismo, se nos advierte que tengamos cuidado con esos falsos amigos y parientes que nos aseguran que nos respaldan cuando en realidad tienen espadas afiladas esperando herirnos por la espalda.

¿Quién eres? Un amigo de la familia con el que se puede contar, un amigo en el que se puede confiar, o el momento que puede acabar con nuestra esperanza en tiempos desesperados. Jesús fue un mejor amigo, que estuvo dispuesto a darnos todo, incluso su sangre.

Señor Dios, tú fuiste un amigo para nosotros, enseñándonos cómo ser amigos, ayúdanos en todas las cosas a ser mejores amigos y a guardarnos de los falsos amigos. Sigue siendo para nosotros ese mejor amigo que todos necesitamos Amén.

7ma Semana del Tiempo Ordinario Sábado
Eclesiástico 17:1-5; Salmo 103:13-14, 15-16,17-18;
Marcos 10:13-16
Dejad que los niños vengan a mí.

Un dicho dice: "la fuerza de una cadena está en sus puntos más débiles". De la misma manera, la fuerza de una familia, así como de cualquier iglesia o sociedad, dependerá de su población vulnerable de hoy. Hay que cuidarlos adecuadamente si queremos que cuiden también de la comunidad de los años futuros. Recordemos que el cuidado que les demos será exactamente el cuidado que recibiremos.

En el Evangelio, Cristo no acogió con agrado la idea de mantener a los niños alejados de los asuntos de la fe hasta que se conviertan en adultos. Para él, Él querría que fueran iniciados en la fe cuando fueran lo suficientemente jóvenes; él mismo fue introducido a la fe a una edad muy temprana. Como dice el libro de Proverbios: "Enseña al niño el camino que debe seguir, y no se apartará de él" (Proverbios 22:6). Cuando Cristo pidió a los apóstoles que permitieran a los niños acercarse a él, él mismo tuvo que tocarlos y bendecirlos. Tenía una gran agenda para los niños y, a través de las bendiciones, les aseguró un futuro glorioso y exitoso. Debemos orar por nuestros hijos y dejarlos siempre en la presencia de Dios.

Los niños son el futuro de la familia, la iglesia y la sociedad, y debemos guiarlos correctamente para que no descarrilen en la vida. Las bendiciones que damos a los necesitados los preparan para tomar las decisiones vocacionales y profesionales correctas. Debemos enseñarles acerca de la fe ahora, también orar por ellos y con ellos. Por nuestra parte, debemos tratar de estar debidamente informados para estar en la posición correcta para guiar a los jóvenes adecuadamente.

Oh Dios, nos alentaste en la necesidad de enseñar la fe a los jóvenes, equipandolos con tu sabiduría para que podamos enseñar correctamente a nuestros miembros más jóvenes con nuestras palabras y acciones para tu mayor gloria Amén

OCTAVA SEMANA LUNES A SÁBADO
8va Semana Lunes del Tiempo Ordinario
Eclesiástico 17:19-27; Salmo 32:1-2, 5,6,7.
Marcos 10:17-27.
La riqueza como medio nunca es un fin en sí misma.

El libro del Eclesiástico que se lee es un mensaje de esperanza. Nos recuerda que Dios tiene una puerta abierta para los pecadores. Él proporciona avenidas para que los pecadores descarriados regresen a casa. Esto está en línea con las palabras de Ezequiel, quien afirma que Dios no se complace en la muerte del hombre malvado, sino que desea que el pecador regrese a casa. Recuerde que, en la historia de la salvación, él continúa brindando oportunidades para que los pecadores regresen a casa; envía profetas tras profetas porque no quiere que nos ahoguemos en el agua sucia; Dios nos ama, pero odia ver pecado en nosotros; Su corazón es como el corazón del buen médico que hace todo lo que está en sus manos para librar de la enfermedad a la persona que está atendiendo.

Él desea que todos corramos hacia él, el hombre del evangelio. Su correr es un mensaje para todos nosotros acerca de la urgencia de la conversión. La gente corre para alcanzar lo que es importante para ellos. El reino y la vida en Dios son importantes y no admiten ninguna demora. Cuando odiamos el pecado, nos sentimos incómodos y fervientes en nuestro deseo de erradicarlo de nosotros y restaurarnos a la gracia.

La pregunta del hombre que se acercó a Jesús sigue siendo relevante hoy. Todos necesitamos saber lo que Dios quiere y ponernos a hacerlo, es la única manera de ser felices aquí y en el más allá.

Señor, gracias por tu cuidado que no quieres que nos extraviemos. Aumenta en nosotros el anhelo de amarte por sobre todas las cosas y a nuestro prójimo como a nosotros mismos. Que también hagamos lo mejor que podamos para ayudar a los extraviados a regresar a casa con el padre del amor Amén

8va Semana Lunes del Tiempo Ordinario
1 Pedro 1:3-9; Salmo 111: 1-2, 5-6, 9 y 10c
Marcos 10:17-27.
La riqueza como medio nunca es un fin en sí misma.

La riqueza a menudo hace que los ricos vivan con algún tipo de falsa seguridad y autodependencia que podría ser destructiva. El salmista expresó así: "en sus riquezas al hombre le falta sabiduría, es como la bestia que debe ser destruida" (Salmo 49:20). Hoy este hombre rico sintió una carencia. Se dio cuenta de que el dinero que tiene después de todo no satisface todas sus necesidades, a pesar de toda la riqueza, todavía se sentía emocionalmente incompleto. Notó que no se sentía realizado a pesar de todos los enormes paquetes de riqueza a su disposición; Me recuerda la alegoría del griego Midas que rezaba para que todo lo que tocara se convirtiera en oro, una oración que le fue concedida pero que finalmente se convirtió en el comienzo de sus penas eternas. Pasamos noches sin dormir adquiriendo riquezas pensando que no volveríamos a preocuparnos de dónde las obtenemos. Sin embargo, la realidad es que las llamadas seguridades no son seguridades después de todo.

El hombre fue a Jesús para preguntarle qué necesitaba hacer para tener alegría aquí y en el más allá. Se dio cuenta de esa lección con la que la mayoría de las personas ricas difícilmente se conectan, que el dinero no lo es todo; y que hay valores más grandes y duraderos más allá del dinero; en su desesperación, corrió hacia Jesús.

El hecho de que corriera hacia Jesús también es muy positivo aquí, indicando que se encuentra en una situación difícil y preocupante. Cualquiera que sea la razón por la que lo hizo correr, debe estar perturbándolo seriamente. Corriendo hacia Cristo, le preguntó: "Maestro bueno, ¿qué debo hacer para heredar la vida eterna?" (Marcos 10:17-18). Cristo le dijo que fuera y vendiera todo lo que tenía y se lo diera a los necesitados y fuera a caminar con él. Se fue tristemente. Se le conoce como el hombre que vino a Jesús y se fue enojado. Estaba apegado a su riqueza. Más bien, estamos llamados a estar apegados a Cristo. Cristo tiene que ser lo principal y las demás cosas secundarias.

La mejor manera de abordar la riqueza y las riquezas es verlas como un medio y nunca como un fin en sí mismo. El dinero es mejor sirviente que amo. La riqueza es buena cuando nos ayuda a satisfacer nuestras necesidades, servir a los demás y ayudarnos a apoyar proyectos valiosos en la iglesia y en la sociedad en general; también en esto, el dinero es un medio para hacer la obra de Dios. Sin embargo, el dinero se convierte en amo cuando estamos decididos a hacer todo lo que esté en contra de Dios y de la buena conciencia para adquirirlo. Cuando las riquezas se convierten en amo, dedicamos todo nuestro tiempo a adquirir más y nos negamos a sentirnos satisfechos; además, nunca tenemos tiempo para Dios, para las oraciones e incluso para comprometer nuestros recursos en el proyecto de Dios. El dinero debe servirnos a nosotros; ayudarnos a servir a Dios, y no nosotros a servir al dinero.

Oh Dios, que crezcamos en sabiduría, que las riquezas nunca nos dominen. Que los dones que nos has dado nos capaciten para servirte fielmente en los servicios que te prestamos, en tu iglesia y en nuestras comunidades. Que nuestras riquezas nos lleven a Dios y nunca nos alejen de él. Amén.

Martes Semana 8 Tiempo Ordinario.
Eclesiástico 35:2-15;
Salmo 49(50):5-8,14,23;Marcos 10:28-31
Sin corazones puros estamos vacíos ante Dios.

El Eclesiástico enfatiza que para recibir bendiciones del Señor debemos venir preparados, preparar nuestros corazones y tener nuestros dones como muestra de agradecimiento a Dios. Desde el tiempo de Abel y Caín, siempre es evidente que es a través de nuestros dones y sacrificios que expresamos nuestro profundo sentido de agradecimiento a Dios; la fuente de todo lo que tenemos y somos. Primero, junto con nuestros dones y la práctica de la limosna, etc., debemos venir con vidas que estén libres de duplicidad. Debemos mantenernos alejados de cualquier forma de maldad y falta de compasión en todo lo que hacemos, para que nuestros dones sean agradables a Dios. El hecho es que cualquier forma de injusticia es como una telaraña que impide que nuestras oraciones y ofrendas asciendan a Dios. Por lo tanto, la mayor ofrenda que hacemos a Dios sigue siendo una vida sin mancha de pecado e imperfecciones. No importa lo que se haya dado, mientras el corazón del dador esté lejos de Dios, en realidad no se ha dado nada.

Los apóstoles en el evangelio expresaron que habían renunciado a todas las cosas, y Cristo afirmó que si habían dado a Dios todo lo que les era querido porque se dieron cuenta de que Dios es un valor más allá de la familia, los amigos y todo lo que tenemos y somos; dando en honor a Dios, y nunca para llamar la atención sobre nosotros mismos, Dios se convertirá en nuestra recompensa eterna.

Nos volvemos más agradables a Dios cuando dejamos ir todo lo que hay en nosotros que es aborrecible para Él. Los apóstoles tuvieron que dejarlo todo. Dejaron viejas costumbres que son hostiles al crecimiento y la fe en Dios; tuvieron que dejar las malas compañías y cualquier creencia y práctica errónea que tuvieran para aferrarse a Dios. Ese es el camino a seguir, sólo cuando dejamos ir todo lo que impide el crecimiento en la gracia, dejamos entrar a Dios.

Oh Dios, tú eres generoso y nos has llamado a ser generosos, danos la gracia de practicar la justicia con las personas en todos nuestros tratos, en todas las cosas para ver a las personas como personas y otorgarles el valor que tienen, como criaturas a imagen de Dios; cuando presentamos nuestros dones a Dios, que nuestros dones te honren a ti, nuestro Dios, y traigan sobre nosotros tu abundante bendición. Amén. La paz sea con todos ustedes.

Miércoles 8ª Semana del Tiempo Ordinario.
Eclesiástico 36:1, 5-6,10-17; Salmo 79: 8-9,11, y 13
Marcos 10:32-45
El verdadero espíritu de un siervo.

Un verdadero siervo no está interesado en la ganancia que él o ella obtendrá de los servicios que debe prestar. Él quiere asegurarse de que todos bajo su cuidado sean bien servidos antes de tomar su plato para buscar comida para sí mismo. Cristo fue ese líder ideal, él dijo: "Yo he venido para que tengan vida y la tengan en abundancia". Jesús vino por los demás, por el bien de los demás, e incluso murió por ellos.

Oímos a grandes líderes decir cosas como: "No volvería a aceptar un salario hasta que se arreglen los caminos que llevan a este lugar o a aquel lugar". Se puede tomar una decisión debido a que las personas sufren por la mala naturaleza del camino, y como tal, el camino necesita algún arreglo. Maximillan Kolbe es conocido como un "Hombre para los demás". Aceptó que lo mataran y que liberaran a un hombre de la prisión para que este pudiera ir a cuidar de su familia. Hizo un gran sacrificio. Jesús les preguntó a Santiago y a Juan si estaban dispuestos a beber la copa. Busca saber hasta qué punto están decididos a sacrificarse por el bienestar de los demás.

Los verdaderos servidores deben estar dispuestos a dejar todo para servir al pueblo. Su tiempo es sólo tiempo para servir al pueblo, dedican su tiempo a orar por ellos como vemos en la oración de la primera lectura; también hacen lo mejor que pueden para enseñar al pueblo y se esfuerzan por satisfacer todas sus necesidades. Esto es lo que la mayoría de nuestros grandes servidores en la iglesia y en nuestros hogares, así como en la sociedad en general, hacen todos los días.

8ª Semana Jueves Tiempo Ordinario.
Eclesiástico 42:15-26; Salmo 32(33):2-9;
Marcos 10:46-52
La perseverancia en la oración es gratificante.

El Señor, para indicarnos lo importante que es perseverar en la oración, utilizó una historia para enseñar a los apóstoles una lección sobre la perseverancia. Contó la historia del juez injusto que concedió justicia a una viuda porque ella persistió. A través de la perseverancia mostramos que lo que buscamos es importante para nosotros. Porque lo necesitamos desesperadamente, ninguna reacción u objeción de ningún sector nos hará rendirnos.

Somos perseverantes y estamos decididos a llamar a la puerta de Dios porque reconocemos que Dios tiene el mundo entero en sus manos; la primera lectura lo capta así: "Observaba los signos de los tiempos. Anuncia lo que pasó y lo que será, y descubre las huellas de las cosas ocultas. Ningún pensamiento se le escapa, ninguna palabra se le oculta. Él ha impuesto un orden en las magníficas obras de su sabiduría, él es desde la eternidad hasta la eternidad" (Eclesiástico 42: 17ss). Sabemos en general que él determina todo, por lo tanto, nuestra confianza es inquebrantable.

El ciego en el evangelio de hoy que vino a Jesús desde la multitud estaba decidido y sabía lo que realmente quería. Solo tú llevas tus zapatos y puedes clamar mejor a Dios, solo tú conoces el lugar del dolor. Él gritó: "Señor, concédeme ver". La multitud aquí hizo exactamente lo que hacen las multitudes. Se opusieron, la mayoría de los grandes logros ocurren cuando no nos damos por vencidos debido a la voz imprudente de la multitud. La iglesia nos pregunta hoy, ¿a quién clamamos en momentos de necesidad y en esas situaciones de tormento?

La viuda que se encontró con el juez injusto se volvió a Dios y lloró persistentemente y fue escuchada, el ciego a pesar de todas las objeciones lloró persistentemente al único que puede liberarnos y también fue escuchado. Por lo tanto, no importa lo que enfrentemos hoy, necesariamente debemos recurrir a él con persistencia y grandes cosas comenzarán a suceder. Él lo hizo por ellos y todavía puede hacer lo mismo por nosotros. Solo confía en él y entonces verás su gran mano obrando.

Oh Señor, la persistencia es una muestra de nuestra fe en ti. Cuando decimos como Pedro así: "¿A dónde iremos Oh Señor?" reconociendo que nuestra única fuente de esperanza está en ti Oh Dios, danos la fe del ciego y la viuda que buscaron justicia para que en nuestros momentos de necesidad nos aferremos a ti; sabiendo y estando convencidos de que nunca nos fallarás Am

8ª Semana Viernes del Tiempo Ordinario.
Eclesiástico 44:1,9-13; Salmo 149:1-6,9;
Marcos 11:11-26
Dejad legados: recordad que seréis recordados.

Uno de mis poemas lleva por título: "Recordad que seréis recordados". Se nos recuerda que algún día seremos recordados por cualquier encuentro con quien sea hoy, y que debemos vivir siempre con esta conciencia. Eso es lo que también enfatiza hoy la primera lectura del libro del Sirácide. Se recordaba a los padres por transmitir la fe a sus hijos, quienes han seguido velando por que la misma fe se transmita a las generaciones posteriores.

Estos héroes, durante toda su vida, recordaron que debían ser recordados. ¿Qué legados estamos dejando a nuestros hijos hoy? ¿Legados de honestidad, laboriosidad, respeto a las personas, temor de Dios y respeto por los derechos de las personas y por la vida humana? ¿O les estamos dejando sin nada? Recibí un legado de mis padres: "en todas las cosas pon a Dios primero y todo lo demás ocupará su lugar correspondiente". En casa practicamos diariamente la oración, una tradición que todos tratamos de poner en práctica en todo lo que hacemos hoy. ¿Cómo recordamos a nuestros padres, abuelos, etc.? ¿Cómo te gustaría que te recordaran cuando ya no estés? Ciertamente, nos guste o no, debemos ser recordados.

En el evangelio de hoy, Cristo maldijo una higuera que no podía dar fruto y más tarde, cuando pasaron por allí nuevamente el mismo día, los discípulos señalaron que el árbol ya estaba seco. Sin embargo, Cristo usó ese evento para enseñarles acerca del poder de nuestras palabras. Cuida tus palabras, todo lo que le pidas a Dios con fe, Dios ciertamente te lo dará. Ayer viste que Bartomeu usó el mismo poder en sus palabras; pidió: "para que pueda ver" y obtuvo lo que buscaba. Dejemos que la fe guíe nuestra búsqueda y los resultados llegarán.

Otra cosa que debería estar en la base de nuestras oraciones es el perdón. Los héroes de los que se habla eran expertos en el perdón: David perdonó a Saúl, José perdonó a los hermanos que lo vendieron y ese mismo perdón es lo que Cristo enfatiza como un gran ingrediente para hacer que nuestras oraciones sean presentables ante Dios. Cuando pedimos perdón, siendo pacientes con los demás, Dios también nos tiene paciencia. Si no perdonamos, hacemos que Dios haga oídos sordos a nuestras súplicas.

Oh Dios, danos la sabiduría para saber siempre que debemos ser recordados, y siempre tratar de dejar nuestros nombres en los corazones de aquellos a quienes servimos en nuestras familias, iglesia y la comunidad en general. Que nos esforcemos por ser modelos para los jóvenes que, en su propio tiempo, trabajarán para dejar huellas en las arenas del tiempn, Dios los bendiga!

8va Semana Sábado.
Eclesiástico 51:17-27; Salmo 18(19):8-11;
Marcos 11:27-33
Oremos siempre por el don de la sabiduría

Acabamos de concluir la solemnidad de Pentecostés, antes de Pentecostés y en la paga de Pentecostés, todos oramos por uno de los siete dones del Espíritu Santo, el don de la sabiduría nos guía para elegir el camino del honor, mientras nos alejamos de los caminos que conducen al dolor y la perdición. Es el don de la sabiduría lo que llevó a los santos como Charles Lwanga y sus compañeros a ver a Dios como el valor más grande por el cual pueden vender todas las cosas para poseerlo. En el libro de la sabiduría, cuando leemos la oración por la sabiduría que se le atribuye a Salomón, una de las frases dice: "sin la sabiduría que viene de ti (Dios), los humanos serán considerados como nada". También vimos cómo el escritor del Eclesiástico tuvo que orar por esa virtud tan importante, el don de la sabiduría.

Toda cultura exalta a las personas más sabias, los empleadores buscan empleados sabios y los padres se alegran de que sus hijos muestren riqueza de sabiduría. Todos necesitamos sabiduría cada día para tomar decisiones que le den a Dios su lugar prioritario. Las personas sabias son conocidas por hacer preguntas sabias. Hacen preguntas para aprender mejor con el fin de vivir mejor. Las preguntas del ciclo interior de Cristo, los apóstoles, eran todas preguntas de aquellos que tienen dudas sobre el camino correcto y que están decididos a seguirlo una vez que se les aclara. Pero las preguntas de los escribas y fariseos eran todas trampas; buscaban oportunidades para desacreditar a Jesús.

La sabiduría nos lleva a mejores formas de vida, buscando humildemente la aclaración cuando es necesaria, nos equipa para aceptar la verdad cuando surge y nos dispone a elegir no hacer lo que hacen todas las demás personas, sino siempre ir por lo que es correcto y verdadero; la acción correcta que se debe tomar. Según Tomás de Aquila, la sabiduría nos guiará para que siempre nos aseguremos de que: "Hay que hacer lo que Dios quiere y evitar el mal" (Tomás de Aquino). La sabiduría nos dota de valor para insistir en lo que sabemos que es correcto y que es la dirección correcta que hay que tomar. Una vez guiados por la sabiduría de Dios, nunca podemos descarrilar.

Oh Dios, que tu sabiduría esté con nosotros, para ayudarnos y acompañarnos para que podamos tomar decisiones que te traigan gloria y bendiciones a tus hijos en todo el mundo. Oh Señor, guíanos con tu sabiduría, Amén.

NOVENO DÍA DE LA SEMANA LUNES A SÁBADO.
Novena Semana Lunes.
Tobías 1:3,2:1-8; Salmo 111(112):1-2,3b-6;
Marcos 12:1-12
Aprovechemos nuestras oportunidades.

Un dicho popular dice: "No sabes el valor de lo que tienes hasta que lo pierdes". A menudo, los niños testarudos que daban por sentado a sus padres se dan cuenta del valor de sus padres cuando los han perdido. Las personas se arrepienten de haber desperdiciado oportunidades que podrían haber usado para alcanzar alturas en el pasado cuando esas oportunidades dadas por Dios ya no están disponibles para ellos. Por lo tanto, estamos llamados a nunca dar por sentadas las oportunidades que tenemos ahora. Tienes hermanos y hermanas, tienes padres, también tienes primos, sobrinos y sobrinas, tíos y tías; cuídalos; mucha gente que no tiene lo que tenemos nosotros llora día tras día buscando estos favores que a menudo damos por sentados. Ustedes tienen un trabajo que vale la pena y deben valorarlo. Cualquier oportunidad que tengamos debe ser valorada y apreciada.

¿Qué hay de las oportunidades de los grandes maestros de la fe que Dios nos ha dado en los pastores y diáconos que han servido en nuestras iglesias? ¿Qué hay del hecho de que durante muchos años nuestras iglesias nunca han carecido de un sacerdote, y siempre hemos tenido Misas? Debemos valorar todos estos favores de Dios, y hacer todo lo posible para mejorar nosotros mismos a partir de esta serie de oportunidades. Nunca malgasten sus oportunidades porque si las pierden, tal vez nunca más se presenten.

El evangelio de hoy habla del amo que plantó una viña e invitó a los administradores, poniendo la viña bajo su custodia; sirvientes, que se negaron a jugar de acuerdo con los términos del servicio. Estos arrendatarios mataron a los sirvientes del amo, e incluso al hijo del amo; su intención era apoderarse de la viña a largo plazo. Sus acciones enfurecieron al amo que ahora dio orden de que los expulsaran de la viña y recibieran el castigo adecuado por sus crímenes. La historia fue creada por Cristo para señalar la manera en que los escribas y fariseos rechazaron las oportunidades salvíficas que se les dieron; y debido a su rechazo del evangelio, ahora han sido expulsados del redil.

El mensaje también es para nosotros, recordándonos que debemos valorar todas las oportunidades que tenemos hoy. Todos somos administradores de Dios, hagas lo que hagas en la iglesia, en la comunidad, en tus lugares de trabajo, etc.; pon tu corazón en ellas, úsalas para conectarte con Dios y serás feliz por siempre. También notamos cómo Dios siguió ofreciendo a los inquilinos una serie de oportunidades que fueron todas rechazadas. Él nos está extendiendo segundas oportunidades, permítenos usarlas bien y ser mejores a partir de ellas.

Oh Dios, nos has dado varias oportunidades para servirte a ti y a nuestros hermanos, danos sabiduría y coraje para ser temerosos de Dios en nuestras decisiones: haciendo siempre lo que mejorará las vidas de todos los que están bajo nuestro cuidado y, a su vez, darte toda la gloria y el honor. Amén

Martes 9ª semana del Tiempo Ordinario.
Tobías 2:9-14 ; Salmo 111(112):1-2,7-9;
Marcos 12:13-17
Nuestras buenas obras son entradas al Reino.

Tobías estaba sufriendo después de enterrar a su ser querido. Estaba agotado y cuando llegó a casa, fue a su patio a dormir. Sin embargo, desafortunadamente, los excrementos frescos de los gorriones cayeron en sus ojos y progresó hasta la ceguera. En este punto Tobías quedó totalmente ciego e incapacitado. Tobías ahora expresó su agradecimiento a quienes lo cuidaron en su momento de dolor y pena. Cuando vemos a nuestros amigos o familiares luchando, como Ahikar, todos debemos dar una mano. Más aún, como Tobías, cuando la gente nos ayuda, siempre debemos estar rápidos para agradecer. Cuando Ahikar ya no pudo apoyarlo, la esposa de Tobías ahora apoyaba mucho al esposo. Las esposas maravillosas ayudan a sus esposos a superar cualquier desafío que enfrenten.

No son los que abandonan a sus cónyuges cuando las cosas ya no son color de rosa: "las esposas o los esposos de las buenas épocas". Recuerden siempre que están llamados a ayudarse mutuamente. Las parejas también deben ayudarse espiritualmente; cuando Ana regresó con regalos del trabajo que hizo, el esposo se aseguró de que todo lo que entrara en su casa no fuera robado ni fruto de ningún soborno o duplicidad. Asegúrese de que su esposa o esposo haga negocios genuinos y piadosos. Desalienten a los demás de los negocios sucios, insalubres e injustos; cuando cada hogar haga esto, nuestra sociedad seguirá teniendo cordura.

El evangelio también comparte que todos debemos contribuir con nuestra cuota para el desarrollo del lugar donde vivimos: impuestos. Cuota para nuestra iglesia, para nuestro condado, para nuestras familias y para los pobres que nos rodean. Ahikar, Jesús y Ana pagaron sus cuotas, nosotros también estamos llamados a hacer lo mismo. También debemos pagar con nuestra defensa de la fe, defendiendo la verdad independientemente de la posición del mundo.

Oh Dios, haznos generosos y amables con las necesidades que nos rodean. Que seamos tus manos para nuestros hermanos y hermanas en todo tipo de necesidad; consolándolos con ese mismo consuelo que envías a nuestros caminos

Miércoles 9ª Semana del Tiempo Ordinario.
Tobías 3:1-11,16-17; Salmo 24(25):2-9;
Marcos 12:18-27
Cuando Dios guía: Grandes cosas suceden.

La ceguera de Tobías lo preocupaba y se volvió hacia Dios. Con humildad, reconoció que había ofendido a Dios consciente o inconscientemente. Dios exalta a los humildes, pero reprocha a los orgullosos. Más aún, Dios camina derecho por caminos no rectos. La enfermedad de Tobías fue una forma en que Dios quería conectarlo con Sara, quien también enfrentaba sus propios grandes dolores, se había casado siete veces y en todos los matrimonios había perdido a los siete maridos.

Pasar por todo esto no fue solo la parte dolorosa de la experiencia para Sara, sino que ahora la sirvienta del padre la insultaba, lo que le dolió aún más, por lo que sintió que no había razón para vivir y contempló el suicidio. Sin embargo, rechazó la idea del suicidio porque lastimaría mucho al padre. Aquí es importante señalar que cuando tenemos a personas que sufren a nuestro alrededor, debemos hacer un esfuerzo para ayudarlas a levantarse y nunca menospreciarlas. La lección de la decisión de Sarah de nunca suicidarse es que en cada decisión que tomamos en la vida, debemos considerar cómo afectarán a largo plazo a los demás, a los familiares y amigos y a la comunidad en general. En mis años como sacerdote, he aconsejado a jóvenes que, debido a un encuentro triste u otro, sentían que no tenían necesidad de vivir. Sarah abandonó su malvada idea de hacerse daño a sí misma porque entiende que Dios sigue guiando y siempre puede abrir caminos en los que perdemos todas las esperanzas.

Por lo tanto, en su momento de dolor, Sarah y Tobías esperaron en Dios, quien al final les trajo ayuda a ambos, sanó a Tobías y liberó a Sarah de las cadenas demoníacas que obstaculizaban sus matrimonios anteriores. Dios ahora le dio a Sarah a Tobías. Tuvieron una vida feliz juntos porque Dios reinó en su unión. Tenemos éxito donde otros han fracasado cuando elegimos ser guiados por el poder de lo alto. El poder del que se habla aquí es el poder detrás de la resurrección, el poder que los escribas y fariseos eran ciegos para entender. Que este poder nos guíe a través de todos los desafíos/guerras que enfrentamos en la vida como lo hizo con Tobías y Sara Amén. Dios los bendiga.

Jueves IX semana del Tiempo Ordinario.
Tobías 6,10-11;7,1.9-14;8,4-9; Salmo 127(128):1-5;
Marcos 12,28-34
Solo importa el amor.
PALABRAS DEL SANTO PADRE

El Santo Padre Francisco sobre el amor dice:
"Por eso Jesús dice: 'El amor más grande es éste: amar a Dios con toda la vida, con todo el corazón, con todas las fuerzas, y al prójimo como a ti mismo'. Porque es el único mandamiento que es digno de la salvación gratuita de Dios". A lo que Jesús añade: "En este mandamiento están todos los demás, porque convoca, crea todo lo que es bueno, todos los demás. La fuente es el amor; el horizonte es el amor. Si has cerrado la puerta y has quitado la llave del amor, no eres digno de la salvación gratuita que has recibido". (Santa Marta, 15 de octubre de 2015)

Sólo el amor es la base del juicio al final de nuestras vidas. El amor se demuestra con palabras y acciones. Por amor a Dios, mártires como Charles Lwanga y sus compañeros eligieron la muerte para mostrar su amor a Dios.

Por amor, las madres y los padres se niegan a sí mismos beneficios como vacaciones, etc. para ver que sus hijos estén mejor ocupados Cuidar. Para demostrar amor, debemos como Jesús y los santos en la gloria hacer sacrificios significativos. El amor es siempre una palabra de acción. Tobías por amor pasó por alto la historia pasada de Sara, sino que solo veía lo que la gracia de Dios puede hacer en ella. El amor nos mueve a orar por quien amamos. Con amor llamamos a un corazón tibio a que vuelva a la vida.

El que ama a sus hermanos y hermanas siempre orará por ellos. También debe tomar acciones para expresar el amor. Jesús lloró ante la muerte de Lázaro y la gente exclamó: "miren cuánto los amaba". El amor se demuestra, no solo se habla de él. El Papa emérito Benedicto en el corazón de Covid 19 tuvo que viajar de Roma a Alemania para ver a su hermano mayor moribundo, ¿no es eso amor en acción?

Salgamos hoy a amar como Cristo amó, y como Cristo nos ha ordenado cuando dijo: "Un mandamiento nuevo les doy: que se amen los unos a los otros como yo los he amado". Salgamos a amar porque: "Dios es amor". Que todos los santos en la gloria oren por nosotros. Paz con vosotros.

Oh Señor, por amor a nosotros, que has dado todo de ti, ayúdanos a estar dispuestos como tú a sacrificarnos por el bien y el bienestar de los demás, a imitación del amor que tú nos has mostrado primero, tú que nos amaste primero. Amén.

9ª Semana Viernes Tiempo Ordinario
Tobías 11:5-17;
Salmo 145(146):2,7-10;Marcos 12:35-37
Regreso de Tobías a casa y
La restauración de la vista de Tobías.

Tobías se quedó ciego y le dolía no poder ver el rostro de su hijo y no poder volver a tener esa experiencia. Después de un largo viaje, Tobías, su hijo que ahora está casado con Sara, regresó a casa con un bálsamo curativo para la restauración de la vista de su padre Tobías. Aprendemos de Tobías aquí la necesidad de cuidar a nuestros padres ancianos. Los grandes hijos e hijas dedican tiempo a cuidar a sus amados ancianos. Tobías regresó a casa para cuidar a los padres que lo criaron en el camino de la verdadera fe en Dios. Estaba muy preocupado por la ceguera de su padre. Los favores mostrados a nuestros padres débiles y ancianos son grandes rutas hacia las bendiciones divinas. Si alguna vez has tenido ancianos, trata de no perder nunca tus bendiciones por ser cruel con ellos.

Durante la enfermedad de Tobit, él se aferró a Dios. Su fe nunca vaciló. Tenía la esperanza de que Dios siempre puede sacar algo bueno y glorioso de ese triste e inesperado incidente. A principios de esta semana, escuchamos que Tobit le preguntó a su esposa Ana la fuente de sus riquezas, cuando debido a su ceguera ahora dependía de ella. Él, siendo un hombre honesto, trató de evitar ensuciarse las manos con cualquier cosa que demuestre duplicidad, y se aseguró de que los miembros de su familia siguieran su ejemplo.

El salmista diría que aquellos que esperan en el Señor no carecen de bendiciones. Tobit esperó en el Señor y finalmente fue bendecido. Al igual que Tobit, si esperamos en el Señor, las bendiciones del Señor estarán sobre nosotros.

Oh Dios danos el coraje de siempre mirarte en nuestros momentos de necesidad, como Tobías, que tengamos presente que Dios sigue trabajando, y puede aliviar nuestros dolores en el momento justo, que seamos guiados por la convicción de que: "El tiempo de Dios es el mejor. y que siempre que Dios interviene sigue siendo el momento correcto y el mejor". Amén

9ª Semana del Tiempo Ordinario Sábado.
Tobías 12:1,5-15,20; Tobías 13:2,6-8;
Marcos 12:38-44
Dando nuestras ofrendas por la razón correcta

En la teología de la ofrenda en la Iglesia, hay un acrónimo que se asocia con todas nuestras ofrendas: "Según la intención del donante" (Ad Intentionem dantis). Cada ofrenda debe tener una intención genuina para que sea agradable a Dios. Abel al dar de la manera en que lo hizo, vino con la intención correcta, a diferencia de su hermano vino a agradecer a Dios que sigue siendo la fuente de todo lo que tiene y es. Caín, por el contrario, dio poco porque pensó que Dios no le había dado lo suficiente como le había dado a Abel. Cuando estamos ante el Señor con nuestras ofrendas, debemos tratar de poseer la intención correcta; dando nuestras ofrendas en honor y alabanza de Dios, nuestro primer benefactor.

Caín dio descuidadamente porque no estaba dando en agradecimiento, sino que solo dio para que se supiera que él también dio. Pero el regalo de Abel era de corazón, y Dios que ve el corazón recibió con agrado su regalo.
Hoy Tobit estaba animando al hijo a abrazar siempre la práctica de la gratitud. Tobit dijo: "Hijo mío, debes pensar en pagar la cantidad que debes a tu compañero de viaje; dale más de la cantidad acordada. "..."Toma la mitad de lo que trajiste, en pago por todo lo que has hecho, y vete en paz." (Tobías 12: 1). Tobías nos anima a todos a estar agradecidos a Dios por los favores que nos ha mostrado. Debemos agradecer a Dios, y a todos a través de quienes Dios nos ha mostrado favores. Agradezca a mamá y papá, tíos y tías que han sido nuestra columna vertebral; esté siempre agradecido, realmente vale la pena estar agradecido.

Cuando apreciamos a nuestros benefactores, estamos allí y luego los motivamos a hacer más por nosotros y por otras personas que pueden estar en cualquier tipo de necesidad en el futuro. Tobías agradece a Rafael a través de quien Dios le envió ayuda; Él siguió ese consejo del anciano padre, y tuvo que decir: "gracias". Los grandes padres pasan tiempo enseñando a sus hijos a ser agradecidos; también ejemplifican ser agradecidos entre ellos diariamente. La viuda en el evangelio dio más que otros porque creía que Dios es la fuente de todo lo que tenía y también que la mayor alabanza se debe a Dios y solo a él. Esto también debemos hacer nosotros.

Oh Dios, has sido tan bueno con nosotros de múltiples maneras, danos el corazón de la viuda agradecida, siempre dispuesta a agradecerte y a apreciar a todos aquellos que han sido instrumentos en tus manos para ayudarnos en nuestros momentos de necesidad. En todas las cosas, que podamos decir como David: "No a nosotros, oh Señor, sino a tu nombre da toda la gloria". (Salmo 115) Amé

DÉCIMA SEMANA LUNES A SÁBADO.
10ª Semana Lunes, Tiempo Ordinario,
2 Corintios 1:1-7; Salmo 33(34):2-9;
Mateo 5:1-12

Consolados para consolar

Tengo un poema que escribí hace 15 años titulado: "¿De aquí a dónde?" Cada vez que lo leo recuerdo una experiencia en la que perdí todas las esperanzas. Entonces, la única esperanza que me quedaba era la última esperanza que nunca falla, la esperanza en Dios. Estaba en una encrucijada y tenía que correr al Señor en el Santísimo Sacramento presentándole mi pregunta que era: Señor; ¿de aquí a dónde? Sin embargo, tan pronto como salí del Santísimo Sacramento hubo un llamado, y fue la respuesta de Dios a la pregunta. Un llamado que me consoló dándome mayores razones para la alegría. La fuerza que obtuve entonces es lo que me ayuda a aconsejar a quienes encuentro que enfrentan un desafío u otro.

Todos nosotros, en algún momento u otro, hemos llegado a un punto en el que parece que todos los caminos están cerrados. Cuando las personas pierden sus trabajos, cuando se enfrentan a un diagnóstico médico inesperado o cuando se enfrenta a una muerte en la familia, a menudo pensamos que el mundo se ha acabado, que todos los caminos están cerrados. Sin embargo, cuando llegamos a este punto, el Señor viene en nuestra ayuda, cuando solo tenemos motivos para rendirnos y renunciar, el Señor nos ofrece múltiples razones para mantener el testigo. Él envía ayuda en nuestro camino que nunca imaginamos para hacernos darnos cuenta de que Él tiene el control, también nos ofrece modelos que debemos adoptar para consolar a quienes atraviesan una u otra dificultad.

Pablo en la primera lectura de hoy deja claro que la razón por la que Dios nos consuela es para que seamos ayudados y para que a su vez tengamos la oportunidad de brindar consuelo a otros que lo necesitan. Afrontamos los desafíos y nunca nos abrumamos para poder sentirnos con los demás y ofrecerles consuelo en sus momentos de dolor. Siempre es consolador escuchar palabras de consuelo de alguien que puede haber sufrido dolores como los que enfrentamos hoy. Somos propensos a mostrar misericordia a los que sufren cuando somos capaces de recordar lo dolorosa que fue nuestra propia experiencia. Que la misericordia que experimentamos en nuestros momentos de do**lor** nos mueva a ser misericordiosos con los que sufren a nuestro alrededor Amén

10° Martes, Semana del Tiempo Ordinario.
2 Corintios 1:18-22; Salmo 88(89):2-5,21-22,25,27
Mateo 5:13-16
Insistir en hacer la voluntad de Dios.

Es un conocimiento común en todo el mundo que la mayoría de los crímenes ocurren en la noche cuando la oscuridad cubre todo, y cuando los perpetradores creen que la oscuridad hará que sea imposible que sean vistos o atrapados. Sin embargo, con el uso de reflectores de seguridad, mientras tratan de ocultar sus actividades clandestinas de la luz, la luz del reflector está allí para decirles que solo pueden esconderse, pero siempre pueden ser vistos.

Mientras que la oscuridad es sinónimo de malas acciones, la Luz, sin embargo, se asocia con grandes y nobles acciones, y los hijos de Dios se distinguen por involucrarse siempre en todo lo brillante y maravilloso, en grandes, dignas y nobles acciones. Grandes acciones que en generaciones tras generaciones; Sus alabanzas serán cantadas como dignos embajadores de Dios.

A menudo, cuando escuchamos las historias de los santos en la gloria, la mención de sus elevadas acciones siempre se expresa para mayor gloria de Dios. Sus acciones fueron todas a la luz pública. Vivieron e influyeron en las vidas de otras personas a través de sus palabras y acciones, y atrajeron a los incrédulos al lado de la fe. Ningún santo se convirtió en santo en aislamiento, ellos dieron testimonio de sus convicciones entre las personas.

Como un grupo de personas iluminadas, los primeros creyentes vivían juntos, compartían todo lo que tenían entre sí de acuerdo con las necesidades de todas y cada una de las personas. Sus vidas eran faros de luz en medio de un mundo oscurecido. Su luz, su bondad, el amor que reinaba en medio de ellos y el sentido de cuidado que tenían unos por otros fue la fuerza que atrajo a los incrédulos al redil. Es el bien que hacemos lo que resulta ser la luz a través de la cual disipamos el mal en nuestro mundo. Los cristianos no debemos ser como el resto del mundo, por lo tanto, estamos llamados a ser transparentes.

En la primera lectura de hoy, Pablo nos recuerda que nuestra vocación como cristianos exige que seamos coherentes con nuestras convicciones. Nuestro sí debe seguir siendo nuestro sí, y nuestro no debe seguir siendo lo que es. En materia de fe en Dios, no hay compromiso. Debemos insistir en lo correcto de lo que estamos convencidos. Debemos ser siempre verdaderos embajadores de Cristo que están decididos a aferrarse a la verdad y se oponen radicalmente a toda forma de mentira.

Oh Dios, llénanos con el poder del Espíritu Santo; concédenos que siempre seamos luces a través de nuestras palabras y acciones, disipando la oscuridad en el mundo. Que vivamos como Cristo, y que nuestras acciones Oh Señor, te traigan honor y gloria sin mezcla San Antonio de Padua, ruega por nosotros Amén

10ma Semana Miércoles.
2 Corintios 3:4-11; Salmo 98(99):5-9;
Mateo 5:17-19

Benditos son los que enseñan la fe a los demás

Todos escuchamos historias de personas que les enseñaron una cosa u otra y que hoy en día causan revuelo. Por ejemplo, hace años, cuando yo estaba estudiando la maestría en Regis Denver, tuve una profesora que me enseñó a escribir, la Dra. Joan Fitzpatrick. También recuerdo al padre John Kiernan, de bendita memoria. Me animó a decir la primera misa en español cuando llegué a los Estados Unidos por primera vez. Por eso, siempre que me elogian por algún esfuerzo significativo en el uso del idioma, me saco el sombrero y le doy las gracias. Los profesores, en cualquier nivel y de cualquier manera, son valiosos.

Más aún, fueron nuestros padres quienes, a través de su labor pedagógica, nos ayudaron a conocer nuestra fe y a hacer muchas otras cosas maravillosas que hacemos hoy. Cuando nos ayudaron a conocer al Señor, desempeñaron de manera digna su función como nuestros primeros maestros en la fe. Cuando estamos preparados de manera completa y adecuada para enfrentar los desafíos que presenta la vida, no cometemos errores graves y lamentables. Agradecemos y recordamos a nuestros maestros en las escuelas y en las clases de formación de la fe; sus esfuerzos realmente contribuyeron a lo que somos hoy.

Una gran enseñanza impartida conduciría a una vida convencida y digna. El profeta Oseas diría: Mi pueblo perece por falta de conocimiento (Oseas 4:6). Sin embargo, en las bienaventuranzas, Cristo nuestro Señor, el gran maestro, notó que las personas carecían de guía, vio a la gente como ovejas sin pastor, y sabiendo que el conocimiento de Dios, el verdadero conocimiento es poder, los sentó y comenzó a enseñarles. Les enseñó porque si se niega a enseñarles, estarán en peor situación. Dios envió profetas porque sabía que sus hijos necesitaban maestros, Jesús enseñó a sus discípulos, Jesús enseñó a sus apóstoles, Jesús también nos enseñó a nosotros y todavía nos está enseñando hoy. Más aún, nos ordena ir más allá y enseñar a todas las naciones. Usted y yo debemos cuidar a los ignorantes y enseñarles lo correcto. Es nuestra obra espiritual de misericordia enseñar a los ignorantes.

Esto debe comenzar desde nuestros hogares. Los padres, maestros, sacerdotes y religiosos deben estar a la altura del deber, buscar a los extraviados; Educarlos como lo hizo Pablo con los corintios, debemos decirles que su alegría, paz y plenitud solo pueden estar en Jesús que murió y resucitó de entre los muertos. Debemos enseñarles con palabras y con nuestras acciones.

Oh Señor, inspíranos para conocerte más, danos el coraje de guiar a las personas hacia ti a través de nuestras palabras y acciones, que seamos tu luz para expulsar la oscuridad de los corazones y de nuestro entorno. Amén.

10ª Semana Jueves.
2 Corintios 3:15-4:1,3-6; Salmo 84(85):9-14
Mateo 5:20-26
Somos Agentes de Reconciliación

Un sacerdote que enseñó en el seminario durante muchos años habló de lo que él llama: "palabras que nunca van al cielo". Estas son palabras malsanas e impotentes. En el evangelio se nos advierte que desistamos de usar esas palabras malsanas; son palabras malsanas e inútiles. En cada encuentro con las personas debemos recordarles que tengan cuidado con lo que decimos y cómo lo decimos. La mayoría de los conflictos y las guerras tienen su origen en las palabras pronunciadas. Más aún, hay paz y armonía en nuestros hogares, en nuestras reuniones de la iglesia y en todos nuestros tratos, todo depende de las palabras pronunciadas. Por lo tanto, se nos anima a utilizar palabras que unan a las personas al tiempo que honran y alaban a Dios. Como tal, bajo ningún concepto debemos dirigirnos a las personas o grupos de maneras que los hagan sentir menospreciados. La regla de oro debe guiar nuestras elecciones y decisiones.

Más aún, el evangelio enfatiza que, sin importar lo que haya sucedido, como agentes de reconciliación debemos asegurarnos de que se produzca la sanación. Hasta que nos reconciliemos unos con otros, nuestra adoración y culto siguen siendo infructuosos y sin ninguna ventaja. En la verdadera reconciliación, el ofensor se da cuenta de que tuvo la culpa y ahora está dispuesto a enmendarse, se acerca al ofendido como el hijo pródigo y trabaja para ver que se restablezcan la paz y el orden. En la reconciliación, el ofendido reconoce que de muchas maneras ha ofendido a Dios y recibe su perdón. En la misma línea, así como estamos abiertos a acercarnos a Dios en busca de misericordia, también debemos estar dispuestos a perdonar a quienes nos ofenden.

El perdón y la reconciliación se presentan aquí como una condición para encontrar a Dios. Si hay malentendidos y peleas entre las personas, antes que nada, debemos suspender todo y procurar que prevalezca la justicia y se restablezca la paz.

Señor, Dios nuestro, tú eres un Dios misericordioso, perdona nuestros pecados y que seamos misericordiosos y perdonadores como tú. Que apreciemos tu perdón; que nos demos cuenta de que, si nos aferramos a las heridas del pasado y elegimos no perdonar nunca, nunca seremos perdonados. Amén.

10ª Semana Viernes Tiempo Ordinario
1 Corintios 4:7-15; Salmo 116:10-11,15, 17-18;
Mateo 5:27-32
Afligidos pero no aplastados

En la primera lectura, Pablo animó a los creyentes a que la fe cristiana no es un camino fácil. En el libro del Sirácida leemos: "Hijo mío, si estás dispuesto a seguirme, prepárate para una prueba" (Eclesiástico 2:1). Aquí se nos recuerda que, al defender la verdad, podemos arriesgarnos a ser incomprendidos, rechazados o incluso mutilados. Muchos santos que murieron por la verdad son hoy celebrados en todo el mundo como héroes. La verdad por la que murieron ahora es celebrada, lo que indica que murieron, pero no en vano. Sí, durante los tiempos en que sufrieron, fueron afligidos, pero a través de la fuerza que Dios les dio, no fueron aplastados. Una vez que estés decidido a defender a Jesús y a defender la verdad, tus amigos te abandonarán, tu familia te malinterpretará y tendrás enemigos por todas partes; pero en todo, Dios te está guiando y protegiendo, asegurándose de que no seas aplastado.

En el momento de la crucifixión, después de la muerte de Cristo, lo sepultaron, cerraron la tumba y todos se fueron tristemente; creyeron que ya no había esperanza. Sin embargo, el poder de la resurrección demostró que estaban equivocados, mostrando al mundo que la verdad nunca será vencida. En nuestro camino cristiano, podemos estar enfrentando nuestros propios desafíos; si usted enfrenta alguno ahora, recuerde como san Pedro nos animaría: "vuestros hermanos en todo el mundo están sufriendo las mismas cosas" (1 Pedro 5:9). Sin embargo, Dios no los decepcionó y tampoco lo decepcionará a usted. No fue fácil para ellos, y nunca será fácil para nosotros, porque nada bueno ha llegado fácilmente.

El camino de la fe es un camino del corazón; Dios ve lo que sucede en el corazón; como tal, el evangelio de hoy nos dice que debemos purificar nuestros corazones, para que nuestras acciones sean piadosas, dejando impactos positivos en las vidas de todos los que encontramos; el testimonio cristiano auténtico y valiente comienza desde el corazón; y si no es el resultado de nuestro ser interior, no es genuino.

Oh Señor, danos tu valor para que, como tus santos, siempre podamos defenderte como los santos de antaño. Purifica nuestros corazones para que nuestro pensamiento genere buenas obras que te traigan honra, bendiciones y favores para nosotros tus hijos Amén.

10ª Semana Sábado Tiempo Ordinario.
1 Corintios 5:14-21; Salmo 103:1-2,3-4,9-10,11-12;
Mateo 5:33-37
Haced votos a vuestro Señor y cumplidlos

Nuestro camino en la fe comenzó con una promesa que hicimos en el bautismo: nos comprometimos a vivir para el Señor como verdaderos embajadores suyos a lo largo de la vida. Hicimos promesas durante las ordenaciones, en las bodas y durante los programas de consagración total de hombres y mujeres religiosos. En la lectura del evangelio, el Señor nos recuerda quue si hacemos votos al Señor, a la iglesia o entre nosotros, debemos asumir el deber de cumplir con nuestra parte del trato.

A menudo, cuando vemos cómo algunas personas se comportan de manera descuidada con su unión matrimonial, uno se ve obligado a creer que cuando deberían haber dicho: "en lo bueno y en lo malo", en realidad dijeron: "en lo bueno y en lo malo". No fueron serios con las promesas y los votos que le hicieron a Dios. Estamos llamados a evaluarnos y valorarnos a nosotros mismos en relación con todos los votos que hemos hecho. Debemos tratar de cumplir nuestras promesas en casa, en el lugar de trabajo, en la iglesia y en todos nuestros tratos. Cuando lo decimos, hagámoslo en serio en todas las cosas y en todo momento.

Jesús, que murió por nosotros, es el Señor que cumplió su promesa; él es el cumplimiento de la promesa que Dios le hizo a su pueblo. Nosotros, que somos hijos de Dios, también debemos cumplir nuestras promesas. Respetemos nuestros votos matrimoniales y las leyes eclesiásticas; respetemos nuestras políticas laborales y las promesas que nos hacemos unos a otros en nuestras familias; recuerden que Dios se complace con aquellos que cumplen sus promesas; sin embargo, está triste y disgustado con nosotros cuando nos negamos a cumplir los contratos y los votos que le hemos hecho a él y a los demás.

Oh Señor, danos la gracia de cumplir nuestros votos y promesas; que respetemos nuestras palabras y en todas las cosas seamos honorables en todos nuestros tratos con los demás. Amén.

UNDÉCIMA SEMANA LUNES A SÁBADO.

11ª Semana Lunes

2 Corintios 6:1-10 ; Salmo 97(98):1-4;
Mateo 5:38-42

Probar nuestra fe como personas especiales

En la primera lectura Pablo animó a sus conversos en Corinto, recordándoles que habiendo comenzado a seguir a Jesús, nunca debían mirar atrás en ningún momento. Pablo les recuerda a ellos y a nosotros que debemos alejarnos de cualquier tipo de vida que pueda desprestigiar el evangelio de Cristo. Como cristianos, debemos brillar ante el mundo; nuestras acciones y palabras deben mover a las personas a dar gloria a Dios; debemos hacer que las personas nos den recomendaciones saludables que a su vez conduzcan a la gloria de Dios.

Nuestras formas de vida deben ser tales que nadie dude de dónde venimos. Los primeros creyentes a través de sus palabras y acciones; La manera en que se amaban a sí mismos y vivían sus vidas como seguidores de Cristo llevó a la gente a referirse a ellos sin ninguna duda como seguidores de Cristo. La historia de San Francisco de Asís también señala lo que significa el testimonio convencido. A través de las palabras y acciones de Francisco que impactaron grandemente a la comunidad; irradiando a través de Asís, nadie tuvo dudas de que Francisco realmente estaba operando a través de la fuerza del espíritu de Cristo.

El evangelio de hoy también hace eco de que demostramos nuestro valor como cristianos por nuestra capacidad de aferrarnos a la bondad, no recurrir al mal porque alguien más sea malo. Debemos como Cristo para seguir haciendo el bien, siempre debemos cancelar el mal con buenas acciones. Más aún, en reacción al mal y al trato perverso de las personas malvadas, debemos evitar los encuentros que nos harían propensos a su maldad, pero sobre todo debemos seguir haciendo lo que es bueno, lo que daría gloria a Dios.

Martin Luther King y Mandela no devolvieron el daño, más bien, usaron el poder de la palabra para hacer saber al mundo que las malas acciones nunca beneficiarán a ninguna persona; y que el bien reinará supremo al final. Desafiaron a la gente malvada confrontando las malas acciones, mientras esperaban que los pecadores se convirtieran al Señor. Esto también es lo que hizo Cristo; a aquellos que deseaban su muerte, en cambio oró por ellos: "perdónalos porque no saben lo que hacen" (Lucas 23:34).

Oh Dios, danos tu gracia para vivir en todo momento como tus hijos evitando aquellas cosas que podrían poner en duda y cuestionar nuestras convicciones cristianas. Que nuestras acciones hagan que quienes nos encuentren en cualquier momento y cualquier día hagan eco para mayor gloria de Dios de las palabras pronunciadas sobre Cristo cuando colgaba de la cruz: "verdaderamente éste es hijo (niño de Dios)", reconociéndonos a todos como verdaderos hijos de nuestro amado

11.º Martes del Tiempo Ordinario.
2 Corintios 8:1-9 Salmo 145(146):2,5-9;
Mateo 5:43-48
Tratando con los enemigos con amor.

Cristo el Señor en el evangelio de hoy nos llama a abrazar el amor de nuestros enemigos. Si recordamos que hace unos años el presidente francés fue abofeteado y el culpable fue condenado a varios meses de prisión por el delito. En las discusiones sobre lo sucedido y sus consecuencias, algunos argumentaron que el castigo infligido al culpable estaba justificado, pero hay otros que afirmaron que no era suficiente, por lo que exigieron medidas más severas. Sin embargo, hoy el Evangelio exige que se trate a los enemigos con amor. A veces tenemos malentendidos en nuestros hogares, en nuestras oficinas, en nuestras iglesias y en la política. Las naciones tienen desacuerdos entre sí que, incluso después de muchos años, todavía guardan rencor y desean lo peor para quienes sean sus enemigos. Pero el Evangelio nos llama a orar por quienes nos han ofendido, a desearles lo mejor y a mostrar siempre preocupación por ellos.

Es difícil para nosotros, pero ese es el camino hacia la alegría y la plenitud, y solo la gracia de Dios puede ayudarnos a perdonar, porque: "perdonar es divino". Jesús perdonó a quienes lo ofendieron y oró por ellos; Español Esteban oró y perdonó a sus perseguidores. Hace muchos años, el Papa Juan Pablo II tuvo que perdonar a quien intentó matarlo. Todos estos ejemplos nos indicaron el camino del Evangelio. El enfoque era el mismo que propuso Gandhi cuando enseñó que: "ojo por ojo y el mundo entero se quedaría ciego".

Cuando perdonamos, hay una sanación emocional que llega a quien ha perdonado, y también llega la paz mental para el ofensor que siente que ha sido perdonado de corazón; solo imagine cómo se sintió Pedro cuando Jesús lo había perdonado por todos sus pecados. Lo mismo sucede con nosotros cuando perdonamos o somos perdonados. Aferrarse al rencor es como aferrarse a un hierro muy caliente y luego lastimarse con él, mientras que perdonar es como soltar el objeto caliente que hemos aferrado. Cuando perdonamos, nos estamos liberando a nosotros mismos y a quienes nos encontramos.

Oh Dios, nuestro Señor perdonador, somos pecadores ante ti, y debido a tu amor, sientes con nosotros y tomas medidas para mejorar nuestras vidas. Danos la gracia de perdonar cuando nos sentimos ofendidos, y la humildad de buscar el perdón cuando somos los ofensores; ¡que tu amor, oh Señor, nos guíe!

11.° miércoles del Tiempo Ordinario.
2 Corintios 9:6-11; Salmo 111(112):1-4,9;
Mateo 6:1-6,16-18
Dar generosamente a Dios y a todos los necesitados.

Dar generosamente es una práctica digna. Hoy, tanto la primera lectura, el salmo como el evangelio subrayan el hecho de que hay bendiciones en dar. Ayer hablamos de un gran atributo de Dios, el atributo del perdón. Dijimos que participamos de la divinidad cuando perdonamos las ofensas que se nos hacen. Sin embargo, hoy se nos presenta otro atributo de Dios: el atributo de la generosidad. Somos simplemente beneficiarios de la bondad y del corazón generoso de Dios.

El atributo de la generosidad tiene su raíz en el hecho de que damos tal como se nos ha dado. Un himno tradicional popular: "Aramos los campos y esparcimos", expresa el hecho de que Dios es el mayor dador. El escritor hace eco en el estribillo: "todos los buenos regalos que nos rodean son enviados desde el cielo, entonces agradece al Señor, oh agradece al Señor por todo su amor". Cuando entendamos que no hay nada que tengamos que no hayamos recibido, comenzaremos a ver una oportunidad de devolver de lo que hemos recibido como una oportunidad de agradecer a Dios, el dador de todos los regalos. Daremos generosamente porque hemos recibido gratuitamente. Cuando entendamos que todos hemos recibido del gran dador mismo, nos negaremos a ser tacaños, ya que sabemos que todo lo que damos, él lo ve y siempre puede proveer para nosotros más allá de nuestras necesidades.

Cuando nos demos cuenta de que Él tiene todo en sus manos, incluso nuestras cuentas y fuentes de ingresos, apoyaremos generosamente los proyectos de la iglesia, daremos generosamente a quienes nos rodean y están en extrema necesidad. Más aún, comenzaremos a dar regalos siempre con la intención correcta, es decir, para agradecer a Dios y apreciar su amor por nosotros, y nunca para atraer una atención indebida o elogios mundanos de los espectadores.

Dios, dador de todo lo que tenemos y somos, te agradecemos por darnos todo lo que necesitamos a pesar de nosotros. Danos, oh Señor, un corazón generoso para estar dispuestos a dar a los necesitados y a apoyar proyectos que te traerán honor y gloria al mismo tiempo que mejoran la calidad de vida de las personas; en todo momento, que estemos dispuestos a compartir nuestros bienes y riquezas con otros que están en mejor situación.

11ª Semana Jueves.
2 Corintios 11:1-11; Salmo 110(111):1-4,7-8 ;
Mateo 6:7-15
Tenemos una deuda de perdón.

Después de enseñar a los apóstoles el Padre Nuestro, el Señor volvió a enfatizar la necesidad del perdón. Para él, el perdón es el alma de nuestras oraciones. El salmista en el Salmo 130 comenta: "Si tú, Señor, llevaras cuenta de nuestros pecados, ¿quién, Señor, ¿podría mantenerse en pie?". El pasaje se relaciona con nuestras imperfecciones y la voluntad de Dios de aceptarnos de regreso, que Dios nos busca y quiere que regresemos a la casa del Padre a pesar de nuestros pecados. Él tiene una política de puertas abiertas, que está dispuesto a darnos la bienvenida de regreso sin importar lo que hayamos hecho. Ningún pecado reemplaza el perdón de Dios siempre que haya un arrepentimiento sincero de corazón; el perdón es, por lo tanto, un regalo de Dios.

Más aún, el perdón se proyecta y se nos presenta como una deuda que nos debemos unos a otros. Nos lastimamos unos a otros en un momento u otro, por lo tanto, necesitamos perdonar y ser perdonados. Nos convertimos en verdaderos creyentes en la medida en que estamos dispuestos a dejar ir las heridas y dejar entrar a Dios. El perdón puede entonces compararse con alguien que es invitado a una mesa de comida suntuosa y deliciosa, donde todos los invitados son llamados a aprender cómo poner una mesa similar para otros que él o ella necesitarán invitar en el futuro.

Cuando un maestro dedica mucho tiempo y énfasis a un tema, ese tema en particular es querido para su corazón; y considerado necesario para los estudiantes. Jesús el Señor habla nuevamente sobre el perdón debido al hecho de que cree que es esencial para el progreso en la comunidad; las familias progresistas y las personas progresistas perdonan; saben que perdemos mucho cuando nos aferramos a las heridas, pero ganamos enormemente cuando reina el perdón; Renovamos nuestra unión con Dios y también recuperamos a nuestros hermanos y hermanas

Dios nos perdona cuando pedimos perdón, para que podamos perdonar a nuestros hermanos y hermanas que nos lo pidan. Si apenas perdonamos, difícilmente seremos perdonados. Él deja ir nuestros pecados graves, enviándonos a todos a perdonar los pequeños pecados de los demás. Vayamos ahora a seguir enseñando y viviendo este mandato de perdón.

Oh Señor, nuestro Dios perdonador, haznos perdonadores como tú lo eres. Amén

11.ª Semana Viernes Tiempo Ordinario.
2 Corintios 11:18,21-30; Salmo 33(34):2-7;
Mateo 6:19-23
La vigilancia es una señal de un verdadero liderazgo.

Pablo observó que se estaba formando un grupo de predicadores que difundían enseñanzas erróneas que iban en contra de la verdadera fe que él había predicado a los nuevos conversos. No se quedó callado, sino que tuvo que intervenir; insistiendo en que sólo se debía predicar la verdad, mientras que las enseñanzas erróneas debían desecharse. Hay que abrazar la humildad y desechar todo matiz de orgullo. Dios exalta a los humildes y humilla a los orgullosos.

Al igual que Pablo en su discurso a la iglesia de Corinto, los padres, padrinos y abuelos deben estar siempre atentos a lo que sus hijos están aprendiendo de todas las influencias que reciben de la sociedad en general. Si nos quedamos callados, eso puede parecer una aprobación de la mala acción. Por supuesto, por eso debemos ser tábanos para enfrentar y condenar todos los males y las malas acciones tan pronto como se descubran. Si no las guiamos correctamente, están destinadas a descarrilar.

Por lo tanto, recordemos siempre que cada vez que nos quedamos callados y apartamos la mirada mientras se hacen las cosas mal, podemos estar abriéndonos a las malas influencias, de ahí la necesidad de una vigilancia integral como la que ejemplificó Pablo en la primera lectura. Es nuestro deber como líderes ver que la meta de todos sea el cielo, y nunca buscar atractivos mundanos. La paz solo llega cuando nuestros corazones están puestos en Dios y nunca en cosas endebles y endurables. ¡La paz sea con todos ustedes!

11° Sábado, Semana.
2 Crónicas 24:17-25; Salmo 89:4-5,29-30,31-32,33-34;
Mateo 6:24-34
No os preocupéis; confiad en Dios

El miedo y la ansiedad son grandes mentirosos; el miedo mata la confianza en nosotros, haciéndonos sentir abrumados ante los desafíos. Con la presencia del miedo tendemos a ver una puerta cerrada; y una creencia en la imposibilidad de las intervenciones divinas. Con el miedo nos resulta difícil confiar, lo que es una clara señal de adoración a Dios y mammón. Tememos comprometernos con la presencia del miedo; por lo tanto, elegimos más bien quedarnos en la valla. Cuando tenemos miedo, tendemos como niños pequeños a abstenernos de dar los pasos audaces necesarios que podrían llevarnos al progreso.

Sin embargo, Dios quiere que poseamos una fe pura; la fe en que el Señor que cuida las flores y embellece las flores de los campos ciertamente no nos dejará sin adornos. Él es el Señor que cuida de todos los gorriones y ciertamente cuidará de nosotros si nos aferramos a él con fe total. El Señor cuida de los lirios, ¿qué hay de nosotros a quienes creó de manera especial que todas las criaturas de la tierra?

El camino de la fe es un camino que tiene espinas y cardos; pero el que nos llamó es más grande que los desafíos que podamos encontrar. Sin embargo, el miedo nos diría que no hay un rayo de luz y esperanza al final del túnel; pero la fe ve más allá de lo que el ojo puede ver al ver el hecho de la intervención de Dios al final de todo.

Oh Señor, danos el coraje de defenderte en todo momento y en todas las cosas. Que nuestros miedos sean superados para que nuestra fe aumente de tal manera que nuestra lealtad siempre sea para ti; y nuestro servicio y dedicación solo sean para ti. Amén.

DUODÉCIMA SEMANA LUNES A SÁBADO
12º Lunes, Semana del Tiempo Ordinario.
Génesis 12:1-9; Salmo 32(33):12-13,18-20,22
Mateo 7:1-5
El autoexamen es primordial.

A menudo somos buenos para juzgar a los demás. Un sacerdote una vez compartió conmigo que incluso en las confesiones algunas personas tienden a exculparse de cualquier error, mientras que atribuyen la culpa a otras personas. Tratamos de culpar a todos los demás, mientras nos negamos a aceptar cualquier pizca de culpa. Como Adán que culpó a su esposa Eva, y Eva que culpó a la serpiente, culpamos a nuestros hijos, a nuestros cónyuges, a nuestros sacerdotes y obispos. También culpamos a nuestros padres o maestros, y a cualquier otra persona a la que podríamos culpar fácilmente.

Sin embargo, la verdadera curación es siempre introspectiva. Debemos examinarnos a nosotros mismos. Tiene que comenzar con nosotros. Al comienzo de cada Misa, reconocemos individualmente que hemos pecado en el rito penitencial, decimos: "mea culpa, mea culpa, mea máxima culpa". (Por mi culpa, por mi culpa, por mi mayor culpa). No echamos la culpa a nadie más, pero sí a nosotros mismos.

Hasta que no estemos insatisfechos con permanecer en el lugar equivocado o con hacer las cosas mal, no puede haber conversión. Israel en la primera lectura no cambió a pesar de las oportunidades de Dios, porque se había acostumbrado a sus pecados y no estaba dispuesto a cambiar. Una situación que enfureció a Dios.

Para ser sanados y superar nuestras faltas, debemos reconocer que hemos ofendido. Debemos reconocer también que elegimos hacerlo, que somos culpables y que estamos decididos a alejarnos de esos pecados. Si cada uno puede trabajar en sí mismo, el mundo entero se volverá bueno. Como bien diría la Madre Teresa: ``Si cada uno de nosotros barriera su propia puerta, el mundo entero estaría limpio". Quita las vigas de tus ojos, sólo entonces podrás ver con claridad para ayudar a alguien más.

Oh gran Dios, tú eres bondad más allá de la comprensión, concédenos la humildad de aceptar nuestras faltas cuando nos equivocamos. Que trabajemos para superar nuestras faltas para convertirnos en mejores personas en lugar de ser mejores jueces que intentan quitar las motas de los demás, dejando las vigas en nosotros.

12° Martes Ordinario
Génesis 13:2,5-18 ; Salmo 14(15):2-5 ;
Mateo 7:6,12-14
En todo: sé justo.

La ley del bumerán dice que lo que recibimos es sin duda lo que damos a los demás. Otro dicho dice: "si tú eres alto y yo soy bajo, la misma distancia que tú tardas en ver mis ojos mirándome es la misma que yo tardaría en ver los tuyos desde mi punto de vista". Una gran relación humana es aquella en la que todos son tratados con justicia, con amor, respeto y preocupación.

Este es un mensaje claro que también vemos en el "Discurso Tengo un Sueño" de Martín Lutero hace muchos años. Él anhelaba una gran sociedad en la que las personas no fueran juzgadas por el color de su piel sino por el contenido de sus caracteres; donde todos fueran respetados y tratados de manera justa. El mensaje es que en cada decisión que tomamos en relación con los demás debemos ponernos en su lugar; "Coloca ese hierro candente en tus palmas antes de ponerlo en las palmas de alguien.
A menudo, cuando aconsejo a un niño que insultó o fue cruel con sus padres, suelo preguntarle: "Cuando tengas a tus hijos algún día, ¿te gustaría que tu hijo te trate como tú tratas a tus padres?" Y la respuesta siempre es no. Luego les pregunto más: "Si uno vive en una casa de cristal y desde allí tira piedras, ¿qué recibe a cambio?" Y la respuesta siempre es: "piedras".

En consecuencia, como ninguno de nosotros quiere que nos tiren piedras, nunca tiremos piedras a otras personas. Si das algo, prepárate para que te lo devuelvan. En casa, en las escuelas, en el trabajo y en todas partes, sé bueno y recibirás algo bueno a cambio. Nuestras buenas acciones son solo ecos, recibimos lo que enviamos a los demás. Esa es la exigencia de la regla de oro.

El enfoque de Abraham en la primera lectura es lo que significa la justicia: desearles lo mejor a los demás. A pesar del malentendido entre sus sirvientes y los de Lot, pidió Lot eligió el bando que prefería, y se contentó con lo que le tocara; sin embargo, como eligió cualquier lugar que le resultara ventajoso para su hermano Lot, ese espacio considerado improductivo y poco prolífico se convirtió en un espacio enormemente bendecido por las bendiciones de Dios, pues Dios puede convertir un desierto en una tierra de cultivo productiva, y puede convertir una tierra de cultivo en un desierto improductivo. Hay bendiciones que nos llegan cuando aceptamos opciones que promueven la paz y el respeto mutuo; opciones que aborrecen la avaricia y la búsqueda de una acumulación malsana de riqueza.

Oh Dios, danos la fuerza y la gracia para pensar y trabajar siempre desinteresadamente por los demás; que siempre demos a los demás el lugar de honor como Abraham lo hizo con Lot. Que demos gloria a Dios para que él a su vez nos eleve como lo hizo con Abraham. Amén

12° Miércoles Ordinario.
Génesis 15:1-12,17-18; Salmo 104(105):1-4,6-9;
Mateo 7:15-20
El cristianismo se vive.

Si decimos que somos cristianos debemos mostrar lo que somos en realidad. Un cristiano impracticable no es cristiano en absoluto, esta es la visión que guió a Santiago al decir que: "la fe sin buenas obras está muerta". Nuestras acciones realmente hablan más que las meras palabras. Hoy Cristo usa la imagen de un árbol y el fruto de un árbol para informarnos que la fecundidad es realmente esencial en relación con nuestros llamados. Los primeros seguidores de Cristo que fueron llamados cristianos por primera vez en Antioquía recibieron el nombre cuando aquellos que vieron que vivían en imitación de Cristo reconocieron que eran verdaderamente seguidores de Cristo. El árbol fue juzgado por los frutos que dio.

Existe un adagio popular en latín traducido al español como: "te conviertes en un trabajador trabajando". De la misma manera, nos convertimos en cristianos en la medida en que reflejamos la vida de Cristo en todo lo que hacemos. Cuando David pudo vencer al gigante Goliat, David fue visto desde entonces como un guerrero. Abraham fue conocido por su acción, su fe pura y comprometida, su fe en Dios. Cuando Lázaro murió, fue recordado por ser un gran amigo del buen hombre Jesús, y cuando Dorcas murió en los Hechos de los Apóstoles, sus buenas acciones fueron lo que la gente pudo recordar de ella. Estas fueron personas que dieron frutos. Dieron frutos de bondad amorosa, verdad y cuidado por los demás.

¿Cuáles son los frutos que estamos dando hoy? ¿Realmente proyectan lo que Dios quiere que seamos? Que seamos cristianos como niños en nuestros hogares, que vivamos de manera diferente a la forma incorrecta en que lo hacen otros niños, que honremos a nuestros padres y nos alejemos de lo que haría enojar a Dios con nosotros. Como cristianos, nuestras palabras y acciones convencerían a todos de dónde venimos. Seríamos generosos con los que están en extrema necesidad y ofreceríamos ayuda a los menos privilegiados. Agradeceríamos a quienes nos favorecieran y estaríamos dispuestos a perdonar como lo hizo Cristo. Por lo tanto, que nuestras vidas convenzan al mundo que nos rodea de que real y verdaderamente somos verdaderos hijos de Dios y verdaderas ramas de la verdadera vid, Jesús el Señor.

Oh Señor, a través de nuestras buenas obras y palabras, permítenos testificar al mundo de tu bondad y misericordia. ¡Dios los bendiga a todos!

12º Jueves Año Ordinario.
Génesis 16:1-12,15-16; Sal 106:1b-2, 3-4a, 4b-5;
Mateo 7:21-29
Esperando en el Señor.

La esterilidad de Sara la preocupó tanto que presionó a su esposo Abraham para que fuera a ver a la esclava. Ella quería el niño por todos los medios. Ya no estaba dispuesta a esperar en el Señor. La desesperación de Sara la hizo sugerir lo que era ofensivo para Abraham. Antes de este relato, recordaríamos que fue Eva quien sugirió a Adán que comiera el fruto prohibido. La mayoría de los hombres confían mucho en sus esposas y es muy sabio apropiarse de esta confianza de tal manera que las pongamos en caminos que no sean lamentables en el futuro.

Un sacerdote amigo mío diría que el hombre es la cabeza de la familia, mientras que la esposa es el cuello; en la analogía, es el cuello el que determina la dirección que toma la cabeza. Como verdaderos ayudantes, hagan lo mejor que puedan para que prevalezcan la verdad y la justicia. Dejen que sus sugerencias los conduzcan a un cuidado auténtico y responsable de la familia; a la generosidad con los proyectos parroquiales, al cuidado de los padres ancianos y al ofrecimiento de apoyo solidario a los miembros de la familia necesitados, así como a los miembros de la comunidad. Ellas apoyan a sus maridos en la realización de toda clase de buenas obras.

Además, se nos hizo comprender que el niño es un gran regalo de Dios. Una vez más, nunca debemos olvidar que incluso cuando podemos creer que toda esperanza está perdida con respecto a los desafíos de la vida; aún necesitamos darnos cuenta de que Dios que nos llamó siempre es capaz de guiarnos hacia un final exitoso. Además, debemos darnos cuenta de que sea lo que sea que el Señor nos permita hacer, él también tiene formas de ayudarnos a superarlo. Debemos notar también que, sea lo que sea que Dios permita, tiene una razón.

Oh Señor, bendice a todas las familias; que tu sabiduría nos guíe hacia ti; el camino, la verdad y la vida Amén

12° Viernes Ordinario.
Los Primeros Mártires de la Sede de Roma
Génesis 17:1,9-10,15-22; Salmo 127(128):1-5
Mateo 8:1-4
Las Mejores Actitudes en la Oración.

A menudo, cuando las personas están afligidas por una enfermedad, pueden enojarse con todos e incluso con Dios mismo. Pueden expresar su enojo con los ministros que vienen a orar con ellos; tal vez han estado orando durante años y no notan una mejoría significativa. Creen que la curación es su derecho, por lo que Dios les ha negado sus derechos. Sin embargo, hoy escuchamos que la curación es prerrogativa de Dios, quien solo tiene el poder de hacer todo lo que quiere.

Se nos muestra hoy que la curación es una gracia de Dios y no nuestros derechos, siempre es un privilegio inmerecido de Dios, solo suyo. El leproso vino a Cristo y le dijo: "si quieres..." tuvo una gran actitud. Aquí el planteamiento es que está abierto a lo que Dios decida en su caso. La afirmación: "Si así te place…" es la misma que la de Cristo: "no se haga mi voluntad sino la tuya"; refleja humildad y confianza total en Dios, dos ingredientes esenciales en cualquier gran oración.

La verdadera oración debe demostrar que tenemos fe en que Dios siempre es poderoso y puede hacer lo que quiera, y en su momento, porque el momento de Dios es siempre el mejor momento. Muestra también que estamos abiertos a lo que Dios permita. Todos los que cuentan con Dios y están abiertos a acoger todo lo que Él quiere no se van a casa decepcionados. Por supuesto, Dios quiere nuestro bien todo el tiempo, por eso dijo: "claro que quiero, ser sanado". Acerquémonos a nuestro Señor que quiere sanarnos, acerquémonos a él con humildad y seremos bendecidos rotundamente Amén

12.ª Semana Sábado.
Génesis 18:1-15; Lucas 1:46-50,53-55;
Mateo 8:5-17
El Señor es nuestra esperanza y nuestro sanador.

Dios siempre se encarga de que nuestras esperanzas no se vean frustradas. Al leer la primera lectura de hoy, me emocioné al escuchar la risa de Sara ante el anuncio de la posibilidad de dar a luz a una edad muy avanzada. No podía creerlo porque, naturalmente, se había vuelto imposible. Sí, toda esperanza de tener un hijo se había esfumado. Sin embargo, fue en ese momento cuando la gracia tomó el control. Él es Dios y solo Él tiene la última palabra en todas las situaciones; Él es quien camina derecho sobre una línea torcida.

Cuando serví como capellán en un hospital hace unos años, un día en particular, en relación con un paciente en particular cuya condición había superado la imaginación y la experiencia de los médicos, un médico dijo: "Padre, el caso de este paciente es un milagro, nunca había visto algo así antes". Por supuesto, siempre que Dios interviene, esa es la historia; escuchamos a la gente decir: no puede ser sino Dios.

Por lo tanto, no importa cuánto nos preocupemos, las cosas solo pueden suceder en el tiempo de Dios; esto me recuerda el significado del nombre de una de mis hermanas, Ogechi, escrito completamente Ogechikamma (que significa: el tiempo de Dios es el mejor tiempo). Abraham y Sara, que perdieron la esperanza, vieron su sueño hacerse realidad en el tiempo de Dios. ¿Qué es lo que has esperado tanto para su realización? Espera en Dios, en su tiempo surgirá la esperanza; nunca te rindas. Panam Percy nos animaba en su canción de esta manera: "No te rindas, no se acabó; cuando te rindas, entonces se acabó". (panam percy paul). Nunca veas el rendirse como una opción.

Por lo tanto, esperar en el Señor es tener la magnitud de la fe; el tipo de fe que exhibió el centurión que vino a Cristo; la fe que Cristo mismo elogió. Creía que las palabras de Cristo por sí solas eran suficientes para la curación de su hijo. Así como sanó al hijo del centurión, él también puede intervenir en tu situación y en la mía, sólo tenemos que acudir a él con fe. Como leemos en el evangelio citando a Isaías: "él tomó nuestras enfermedades y cargó con nuestras dolencias". Recuerda, lo hizo entonces y todavía puede hacer lo mismo por ti y por mí hoy, nunca ha cambiado.

Oh Señor, aumenta nuestra fe para que en los momentos de tormento, sólo miremos a la inmensidad de tu poder para salvar y nunca nos dejemos abrumar por la visión de los desafíos que enfrentamos. Oh Señor, danos una fe vibrante, y en todas las cosas guíanos Oh Señor.

DECIMOTERCERA SEMANA LUNES A SÁBADO

13ª Semana Tiempo Ordinario Lunes.

Génesis 18:16-33; Salmo 103:1b-2, 3-4, 8-9, 10-11; Mateo 8:18-22

Abraham intercede por la ciudad de Sodoma

Sodoma era una gran tierra; recordemos que fue ese lado precioso el que Lot escogió dejando las zonas áridas por Abraham. Este gran y especial lugar se convirtió en un lugar inútil a causa del pecado de las personas que ocupaban la tierra. Una tierra puede llegar a ser bendecida o maldecida, convirtiéndose en un lugar destinado a la destrucción total o en una tierra bendecida y atractiva como resultado de la vida de sus habitantes. Hoy, una tierra que todos deseaban adquirir; esa tierra que rebosaba de recursos se ha convertido en un lugar con el que nadie querría identificarse.

Lo que sucede con las naciones sucede también a nivel individual; tu elección y la mía, así como la forma en que vivimos, pueden convertirse en canales de las bendiciones de Dios para quienes nos rodean. Tu elección de vocaciones, tu salud y estilo de vida, tu uso de talentos y habilidades, y tus descubrimientos tienen un impacto en las vidas de todos los que conocemos. De la misma manera, nuestro mal uso de nuestros talentos, dones y habilidades tiene consecuencias adversas drásticas en la comunidad; nuestro mal uso de las oportunidades que se nos presentan nos afecta a todos.

En una tierra bendecida (Sodoma antes de su destrucción) hay oportunidades disponibles; los recursos humanos y naturales son abundantes; esta era la imagen anterior de Sodoma; pero la pecaminosidad y la impiedad del pueblo trajeron la ira de Dios; y se encaminaban a la destrucción. Fue entonces cuando Abraham vino a suplicar que Dios mostrara misericordia sobre ellos. Tenemos el deber de orar por aquellos que se desvían; Abraham oró para que tal vez con el tiempo los sodomitas cambien sus caminos. Nosotros también tenemos el deber de orar por la intervención de Dios en las vidas de los descarriados; no los juzgues; es responsabilidad de Dios.

Oh Dios, danos la gracia de usar nuestra oportunidad para buscar tu rostro; que te amemos con toda nuestra vida; y rehúsese a poner nada más por encima de usted; que nuestras almas encuentren descanso en usted y en usted Amén

13ª Semana Martes, Tiempo Ordinario
Génesis 19:15-29; Salmo 25(26):2-3,9-12;
Mateo 8:23-27.
Paz en momentos de tormento.

En la primera lectura notamos que debido a los males de las personas que vivían en la tierra de Sodoma y Gomorra; la gente se volvió excesivamente diabólica e impenitente, Dios decidió destruir la tierra y a la gente. Solo vea cómo una tierra que fluía leche y miel; La mejor parte de la tierra que Lot eligió se ha convertido en una tierra maldita a causa de los pecados de la gente que la ocupa. El libro de Proverbios dice que la justicia exalta a una nación, un pueblo y una familia, etc., pero el pecado hace caer a una nación (Proverbios 14:34). Sin embargo, antes de destruir la tierra, el juez justo tuvo que separar lo bueno de lo malo; eligiendo destruir lo malo y preservando lo bueno. El pasaje también nos recuerda que todos seremos responsables de las decisiones de hoy, y seremos alabados o culpados.

El evangelio también presenta el caso en el que el Señor estaba en la barca con los discípulos y la barca estaba siendo atacada por una fuerte tormenta. Las tormentas ocurren cuando apartamos la mirada del Señor. La esposa de Lot, en lugar de seguir al Señor, tenía su corazón puesto en la tierra pecadora de Sodoma y Gomorra. El pecado de Sodoma y Gomorra clamaba a Dios. El pecado de la tierra era que justificaban toda forma de hábitos pecaminosos y en lugar de usar la sabiduría que Dios les había dado para mantenerse alejados de los pecados, creando formas y medios de dedicar su tiempo a Dios, en lugar de eso exploraron más formas de pecar contra Dios y sus mandamientos. El camino sabio es idear más formas de decir sí a Dios en lugar de buscar más formas de ofender a Dios y ser una mala influencia para quienes nos rodean.

Dios necesitaba que la familia de Lot saliera de inmediato porque cualquier otro tiempo que vivieran allí, también podrían corromperse. Él nos está enseñando que la mejor manera de mantenernos alejados de las malas conductas y las influencias negativas es mantenernos alejados de esas compañías dañinas, para que no nos contaminemos. Debemos hacer un esfuerzo por estar siempre en la barca de Jesús, la barca de la justicia; la barca de los redimidos del Señor.

Señor, danos la sabiduría para seguir tus mandamientos y enseñar a otros a hacer lo mismo. Que nuestras obras y palabras nos acerquen a ti y que nos mantengamos alejados de los caminos del pecado para que podamos disfrutar de la paz eterna contigo cuando nuestro viaje termine aquí en la tierra Amén.

13° Miércoles del Tiempo Ordinario.
Génesis 21:5,8-20; Salmo 33(34):7-8,10-13;
Mateo 8:28-34
La vida y las personas primero

En la primera lectura de hoy acabamos de escuchar que la promesa de Dios a Abraham para la esposa Sara ahora se cumple. Sin embargo, cuando llegó el niño, Isaac con la inocencia de cualquier niño salió a jugar con Ismael, su hermanastro; otro hijo nacido de Abraham a través de su esclava. Hay lecciones en esto; En primer lugar, la decisión de tener un hijo a través de la esclava fue consecuencia de una decisión unánime entre Abraham y Sara, quienes sintieron que Dios estaba tardando en responder sus oraciones.

Ahora notamos que se están arrepintiendo de sus acciones. Hay un dicho popular: "el amor verdadero espera". Dios quería probar su amor; necesitaban esperar en Dios, pero lo querían rápido y ahora. Sin embargo, cuando Dios intervino, ahora se dieron cuenta de que la elección hecha de ir en contra del plan de Dios se había convertido en su propio dolor autoimpuesto. La siguiente lección se relaciona con lo que a menudo vemos en nuestra sociedad. Por lo general, notamos que los niños son inocentes, como tal, independientemente de las influencias negativas y los prejuicios que tengan, hay adultos que los adoctrinan en ellos.

El consejo de Tobit al hijo Tobías lo dice todo sobre un mejor consejo para sus hijos: "Ten cuidado, hijo mío, en todo lo que hagas, sé bien disciplinado en toda tu conducta. No hagas a nadie lo que no quieres que te hagan a ti. Da tu pan a los que tienen hambre y tu ropa a los que están desnudos. Español Todo lo que tengas en abundancia, dedica una parte a la limosna. Bendice al Señor Dios en todo; pídele que guíe tus caminos y lleve a término tus sendas y tus propósitos" (Tobías 4:14-15,16,19).

Hace unos diez años, tenía una feligresa, una señora que les decía a los niños y a toda la familia que nunca me saludaran después de la misa los domingos, su enojo era porque predicaba la homilía durante 15 minutos, mientras que ella no quiere eso. Ella afirmaba que el lapso de atención de la mayoría de las personas es de diez minutos, y que hasta que yo cambie y reduzca el tiempo, ella nunca esperará para saludarme, al igual que su familia. Esta es solo una de las formas en que adoctrinamos erróneamente a los niños a quienes se supone que debemos enseñar y guiar.

Algunas mujeres adoctrinan erróneamente a sus hijos; les piden que nunca respeten a sus padres, que nunca se relacionen con sus primos y que traten a sus abuelos con disgusto, los influyen en actitudes incorrectas hacia los extraños, etc. La mayoría de estas malas directivas son razones por las que muchos hogares carecen de paz hoy en día y por las que el mundo carece de paz; sí; alguien encendió el fuego porque no hay humo sin fuego. La enemistad entre Sara y Hageo, luego Isaac e Ismael, por eso tenemos guerras en el mundo.

Cuando vivimos con prejuicios, comenzamos a valorar las cosas más que a las personas. Entonces ya no vemos sentido en la relación "yo y tú" de Martin Buber, sino que escogemos mantener la relación: "yo y eso", entonces el costo de las cosas ahora nos importa más que el valor de las vidas, el valor de las personas. En el evangelio, Cristo por el bien de los endemoniados echó al diablo en los cerdos; Él valora a las personas más que a los cerdos, pero la comunidad, debido a sus supuestas ganancias de la granja de cerdos, hubiera preferido a los cerdos a esas vidas que fueron restauradas.

Este tipo de mentalidad es a menudo lo que guía algunas políticas gubernamentales, políticas de inmigración, políticas e intereses internacionales, políticas médicas y de seguros, etc. Hoy Cristo nos dice, valoremos la vida y tratemos la riqueza como un medio para un fin; viendo la vida entonces como un fin en sí misma Amén

13° Jueves del Tiempo Ordinario.
Génesis 22:1-19; Salmo 114(116):1-6,8-9;
Mateo 9:1-8
Valorar a Dios más que cualquier otra cosa

Dios suele poner a prueba a sus siervos elegidos para que demuestren realmente quiénes son; y de nadie que no haya sido probado y comprobado podemos decir con certeza que él o ella es realmente un héroe en la fe. Es a través del paso por las vicisitudes de la vida que demostramos nuestros valores. Todos los que sirvieron a Dios en las Escrituras muestran quiénes son en su respuesta cuando fueron tentados. La primera lectura fue lo que siguió cuando Abraham recibió un hijo del Señor. Isaac es el hijo que había anhelado y que tardó en llegar. Cuando nació Isaac, Dios quiso poner a prueba a Abraham, pues se esperaba que sacrificara a su hijo para Dios.

La intención de Dios era realmente descubrir el nivel de fe de Abraham; si tenía su corazón puesto en el regalo recibido o si todavía estaba centrado en el dador del regalo: Dios. A menudo oímos hablar de familias que anhelaban tanto tener hijos, que estaban tan comprometidas con la iglesia, iban a misa todos los días y participaban en las actividades de la iglesia, pero que debido a que tenían hijos ya no tenían tiempo para Dios.

Dios quería saber si Abraham se había centrado en el regalo que había recibido hasta el punto de olvidarse del dador. Sin embargo, a través de la respuesta que dio, no cuestionó la decisión de Dios, sino que estaba dispuesto a dar lo más valioso de sus cosas (su hijo) a Dios. Cuando Dios descubrió que Abraham estaba dispuesto a darle todo, incluso a su único hijo; su hijo prometido, se le hizo una promesa de que se convertiría en el padre de todas las naciones.

Los dones de Dios se dan para ayudarnos a acercarnos a él, a ser más amigables con Dios. Cuando nuestros dones se han convertido en fuentes de distracción para nuestra fe en Dios, hemos comenzado a abusar de los dones que recibimos. Ustedes eran regulares a las cosas en la comunidad de fe, eran tan dedicados a la adoración, tenían la práctica de la lectura diaria de las Escrituras, tenían tiempo para peregrinaciones, etc. debido a la situación de necesidad en la que se encontraban; pero ahora deciden dejar estas buenas cosas antiguas porque ahora nuestros corazones están en los dones. En lugar de encontrar excusas para un compromiso débil en la fe debido a los hijos que hemos recibido, por el contrario, deberíamos traerlos a Dios como lo hizo Abraham con Isaac.

Debemos enseñarles a tener fe, y también comprometernos con la fe. Notaremos que Abraham usó esta oportunidad para presentarle la fe a su hijo; nuestros padres, especialmente nuestros padres, deben transferir las tradiciones a sus hijos; la mayoría de las veces, las aberraciones que tenemos en la sociedad actual son consecuencia del hecho de que nosotros como padres nunca les transferimos las tradiciones; y cuando fallamos, pueden sentirse fácilmente atraídos por todo y cualquier cosa en la tierra. Es nuestro deber y el nuestro decirles que lo correcto es bueno y lo izquierdo inaceptable.

En mi idioma, un adagio lo resume así: "okenye di mkpa odinga, umuaka erie udele kpoya okuko" (en las familias y en la sociedad se necesitan mayores para ayudar a los más jóvenes a distinguir entre las aves comestibles y los buitres). Con la presencia de los mayores, las generaciones más jóvenes reciben la debida orientación.

El evangelio nos muestra lo que hacen aquellos que son guiados apropiadamente, los amigos del paralítico fueron nutridos apropiadamente en la fe, seguramente debieron haber tenido familias que estaban arraigadas en la fe; ahora, al encontrarse con su amigo que estaba postrado en cama, se volvieron hacia Jesús el Señor para que lo tocara y lo sanara. Jesús vio su fe y los alabó, y también curó a sus parientes enfermos. La fe se trata de mirar a Jesús en nuestro momento de necesidad. Eso es todo lo que Dios necesita de ti y de mí.

Oh Señor, aumenta nuestra fe, para que en todas las cosas, podamos aferrarnos tenazmente a ti, nuestra única ayuda en los tiempos pasados, y nuestra esperanza duradera para los años venideros Amén

13° Viernes del Tiempo Ordinario
Génesis 23:1-4,19,:1-8,62-67;Salmo 105(106):1-5;
Mateo 9:9-13
He venido por los pecadores, no por los justos

Un sacerdote que llegó a una nueva parroquia me contó que un feligrés suyo vino a señalarle a algunos feligreses a quienes debería evitar, de los cuales debería mantenerse alejado y con quienes debería colaborar en la parroquia. Él, el feligrés, quería informar al sacerdote sobre quiénes son los santos en la iglesia en contraposición al resto que, a su juicio, son pecadores de los que debería distanciarse por completo, ya que son proclamados pecadores.

Una gran Iglesia cuida de sus miembros débiles; búsquelos como Cristo los busca, busque mejores maneras de traerlos a casa. El dicho dice: "la fuerza de una cadena está en sus puntos débiles: las articulaciones". La cadena es tan fuerte como su eslabón más débil. Somos mejores iglesias o familias si tenemos una agenda para dar a los débiles manos de ayuda para levantarlos y nunca dejarlos en su estupor.

De hecho, tenemos a todas estas personas moralistas en todas partes, aquellos que se perciben a sí mismos como los santos mientras que otros son los pecadores; quienes en su evaluación deberían ser enviados lejos. El sacerdote, sin embargo, se dio cuenta de que él está destinado a ser el hombre del pueblo. Nuestra misión es fortalecer a los fuertes que por ahora no necesitan ninguna ayuda, también debemos despertar la fuerza en los débiles y los que se han alejado. Debemos hacer un esfuerzo para atraerlos a casa, Dios necesita a todos los hijos pródigos en casa, y la responsabilidad de darles la mano de ayuda que necesitan está en nosotros. Todos debemos ser hermanos guardianes unos de otros.

Hoy estamos llamados a ir y cuidar a los débiles, y ver cómo podemos juntos traerlos de vuelta a la casa del padre. La obra de conversión de los pecadores es de todos nosotros, habla con los que conoces, haz tiempo para enseñarles y siempre ora por ellos. Jesús oró para que los pecadores se convirtieran y salió a buscarlos; nosotros somos esos pecadores que Cristo buscó, nosotros también tenemos el deber de ir a todo el mundo y proclamar la buena noticia. No debemos juzgarlos, sino ayudarlos con nuestras palabras y acciones.

Señor, danos tu gracia para ser pacientes con nuestros hermanos débiles, aumenta en nosotros la pasión de usar nuestra pequeña fuerza para ayudarlos en casa, en todas las cosas, que estemos dispuestos a ayudar y nunca a obstaculizar Amén.

13° Sábado Ordinario.
Génesis 27:1-5,15-29; Salmo 134(135):1-6;
Mateo 9:14-17
Trabaja para alcanzar tus bendiciones

Esaú perdió las bendiciones del padre y quedó en la tristeza eterna. La bendición fue usurpada por el hermano Jacob, y con la bendición, Jacob sobresalió en todos los esfuerzos de su vida. Esto nos recuerda la necesidad de que los padres bendigan a sus hijos. ¿Qué es lo que habría hecho que Esaú perdiera la bendición reservada para él como el primer hijo de sus padres? ¿Podría ser que Esaú diera por sentado que, siendo el primer hijo, no importa lo que haga y cómo viva, sus bendiciones estarían reservadas para él? O tal vez era un hijo terco e irresponsable que hizo que la madre dijera: si a este lo hacen cabeza, la familia se acaba, por lo tanto, siendo una madre que conoce a todos los hijos, tuvo que influir en el proceso para asegurarse de que no se convirtiera en el rey. También la exégesis conecta su pérdida de privilegio con la palabra de su boca. Recordemos: Cuando tuvo hambre, tuvo que vender a Jacob su hermano su primogenitura por un plato de avena.

El mensaje es que debido al descuido, podemos perder los tesoros que Dios tiene guardados para nosotros, tanto temporales como eternos. Dios nos ama y tiene mucho guardado para aquellos que lo aman, y si nos aferramos a él fielmente, las alegrías eternas serán nuestras recompensas. Esaú lo perdió todo porque no reconoció los valores de los que ha estado rodeado. Aprecien sus posiciones privilegiadas en la familia, en la iglesia, en su lugar de trabajo, en su comunidad, etc. Cualquier descuido puede llevarnos a perder los privilegios que teníamos. Recordemos que la semana pasada leímos cómo la esposa de Lot perdió todo por mirar hacia atrás y albergar la felicidad del pecado; perdió las glorias del reino.

El evangelio de hoy comparte y profundiza sobre el verdadero ayuno. Enseña que el verdadero ayuno debe tener buenas intenciones, ayunamos para tener voluntades fuertes. Ayunamos para fortalecer nuestra voluntad y evitar aquellas cosas que podrían llevarnos al descarrilamiento. Nos prepara para poseer disciplina para aferrarnos a nuestros valores y nunca comprometerlos; para cuidar nuestras palabras y acciones; recordemos que fueron palabras descuidadas las que arruinaron a Esaú; a través de sus palabras, él estuvo dispuesto a comer la comida ahora a expensas de su primogenitura, un valor que una vez perdido no se puede recuperar.

Oh Señor, los ojos, los oídos y nuestras mentes no han podido ver, oír o comprender las bendiciones que tienes guardadas para nosotros, danos sabiduría y coraje para aferrarnos a ti hasta el final. En todas las cosas, que busquemos tu rostro, porque solo en ti hay alegría y paz sin fin. Amén.

DECIMOCUARTA SEMANA LUNES A SÁBADO

14a Semana Lunes,

Génesis 28:10-22; Salmo 90(91):1-4,14-15;

Mateo 9:18-26

Un Dios Fiel Exige Fidelidad

La semana pasada leímos acerca de cómo Jacob recibió las bendiciones que le correspondían a su hermano Esaú debido al descuido de Esaú y a sus prioridades mal ubicadas. En la lectura de hoy vemos a Jacob como un siervo fiel que caminaba con el Señor, que ahora llegó a un punto en el que se cansó y tuvo que poner su cabeza en un árbol para dormir y descansar un poco. Ahora, mientras estaba soñando vio Ángeles de Dios que subían y bajaban; esto muestra cómo Dios nos cuida; ¿puedes imaginar todo lo que sucede mientras duermes por la noche? Sin embargo, cuando despertó, Dios le hizo una promesa de que él era el Dios de sus antepasados, Abraham e Isaac y le estaba otorgando a él y a sus descendientes después de él la tierra en la que estaba parado.

Más aún, Jacob fue quien renombró la tierra conocida como Luz a Betel, lo que indica el cumplimiento de la promesa de Dios, ahora él se ha convertido en el dueño de la tierra. Muchas veces las bendiciones de Dios vienen con un cambio de nombre, ya sea para una persona, un pueblo o una tierra. Esto demuestra que Dios está en pleno control de los asuntos de Jacob.

Además, Jacob le dijo a Dios que si lo acompañaba en su viaje, sería fiel a Dios toda su vida, esto también nos recuerda la promesa que hicimos en nuestro bautismo. Jacob tuvo el privilegio de compartir las bendiciones de Abraham e Isaac, porque siguió su camino de aferrarse a Dios; era un hombre fiel. Llamó a Dios para que lo guiara en su viaje, todos también estamos en tránsito, somos parte de la iglesia peregrina y podemos alcanzar nuestro destino cuando estamos enfocados en Cristo. Vimos que Jacob tenía algo espectacular en él y eso hizo que la madre trabajara para ver que él era el que recibió las bendiciones del padre.

Como él, todos estamos invitados a las bendiciones de Abraham e Isaac, pero nosotros, como estos hombres fieles, debemos ser tan fieles como ellos, entonces estaremos calificados para compartir estas bendiciones. Somos parte del plan de Dios. Él quiere alegría y paz para todos y cada uno de nosotros.

En el evangelio de hoy, escuchamos que la agenda de Dios incluye a todos; nos ama individualmente y se preocupa por nosotros como tales; conoce nuestros nombres. Nos conoce a todos y atiende las necesidades de cada uno de nosotros. Somos preciosos para él individualmente. Se preocupa por el soldado que buscó la cura de su hijo, y también tuvo tiempo para la mujer que sufría de hemorragias, todos y cada uno son importantes para él. Por lo tanto, debemos acercarnos a Abraham, Isaac y Jacob con fe. En sus necesidades, llame a Jesús con fe, y lo que él ha hecho por otros, ciertamente lo hará por usted. Más aún, como él se preocupa por nosotros, también nosotros debemos cuidarnos unos a otros. Esa también es una forma de ser fieles a Dios; porque él dijo que todo lo bueno o malo que nos hagamos unos a otros, se lo hacemos a él.

Dios, nuestro Padre, danos el coraje de buscar siempre tu rostro. Que en todas las cosas nos enfoquemos en tus promesas y nos mantengamos alejados como Jacob, de todo lo que pueda impedirnos alcanzarlas. Que seamos fieles como Abraham, Isaac y Jacob para que también podamos compartir las promesas hechas a ellos y a sus descendientes para siempre. Amén.

14ª Semana Martes,
Génesis 32:23-33; Salmo 16(17):1-3,6-8;
Mateo 9:32-37.
Encuentro con Dios

Hoy, Jacob oró expresando su dependencia de Dios. Sin embargo, antes de su encuentro con el Padre Nuestro, se aseguró de que sus dos esposas, y toda su familia, así como todas sus posesiones, fueran llevadas al otro lado del río. Ahora bien, mientras estaba solo, tuvo un encuentro con el Señor; luchó con un ángel del Señor hasta el amanecer, y como era poderoso, ese ángel le rompió la articulación de la cadera. Mientras luchaban, Jacob reconoció que era el Señor, e insistió en que no dejaría al hombre con el que luchó (el Señor mismo) hasta que fuera bendecido. Lo que hizo Jacob es lo que hacemos nosotros en la oración: perseverancia. En la oración debemos aferrarnos tenazmente a Dios, dejándole claro, como diría Pedro en su declaración de fe, citada a menudo: "¿A dónde iremos? Señor, tú tienes palabras de vida eterna" (Juan 6:66-69).

No tenemos ningún otro lugar a donde ir. Jacob fue bendecido y su nombre fue cambiado como señal de la transformación que Dios ha obrado en su vida. Fue llamado Israel, en lugar de su nombre anterior, Jacob. Para encontrarse con Dios, Jacob tuvo que dejar a toda su familia al otro lado del río. El mensaje aquí es que para que tengamos tiempo de calidad con Dios, debemos desechar todo tipo de distracción, ya sea de la familia o de los amigos. El encuentro con Dios tiene que ser personal; la fe debe ser algo que provenga de corazones individuales, aunque también debe reflejarse en cómo nos relacionamos con quienes son queridos para nosotros: amigos y familiares.

Fue mientras estaba solo, que Jacob pasó tiempo para conocer más acerca de su Dios y su fe. Nosotros también debemos hacer preguntas relevantes para saber más sobre Dios, sobre la fe que tenemos, especialmente cuando tenemos dudas.
En el Evangelio, Cristo curó al endemoniado, y la multitud, "los fariseos", afirmaron que fue hecho por el poder del príncipe de los demonios; lo que ves aquí es el puro efecto de la mentalidad de la multitud.

La mayoría de los que se unieron a esta afirmación lo hicieron para estar donde están otros; pero el verdadero cristiano evitaría la mentalidad de la multitud; sino que seguiría el camino de Jacob; caminando solo en lo correcto; aferrándose al Señor en todo momento. Siguieron al buen pastor en todo momento; siguiéndolo en todas las cosas para ir a donde Cristo hubiera ido, hacer lo que Cristo hubiera hecho y decir lo que Cristo hubiera dicho. Más aún, también están dispuestos a ser la luz para otros que viven en la oscuridad; llevándolos a la alegría, la paz y la esperanza.

Oh Señor, concédenos que en nuestros momentos de necesidad, seamos persistentes como Jacob, que estemos atentos a cualquier tipo de distracciones, amigos o familias; y estar decididos a defenderte y a dar testimonio de ti con nuestras palabras y acciones hasta los confines de la tierra Amén

14° Miércoles, Ordinario.
Génesis 41:55-57,42:5-7,17-24;
Salmo 32(33):2-3,10-11,18-19 ;
Mateo 10:1-7.
Los planes de Dios son definitivos; no pueden ser interrumpidos.

Todos conocemos bien la historia de José y sus hermanos. El daño que la envidia puede generar en una familia o entre hermanos. José era el hijo menor y más amado de Jacob (Israel). Soñó que su estrella sería más grande que la de sus hermanos, y la interpretación fue que él sería más grande que sus hermanos; un sueño que los llevó a la envidia, lo que los llevó a venderlo, que fue como se encontró en Egipto. En Egipto, sufrió durante años, y después de todo lo que sufrió en la casa de Faraón, se vio ascender a la prominencia. Fue vendido debido a la envidia por su regalo; (soñando) y también fue llevado a la prominencia a través del mismo regalo mientras estaba en Faraón.

Mientras José era líder en Egipto, había escasez de alimentos en Israel, mientras que había abundancia de alimentos en Egipto, notamos que dondequiera que Dios lleva a su siervo es donde van las bendiciones; una familia a la que entra es bendecida, y un pueblo que encuentra es bendecido. Debido a la escasez de alimentos en Israel; sus hermanos que lo creían ya muerto vinieron en busca de comida. No lo reconocieron, pero él los reconoció. Sin embargo, Él no siguió el camino de la venganza, sino que trabajó para establecer una plataforma para reunirse con su familia; los hizo ir a traer a toda la familia.

Aprendemos de él que no importa lo que haya sucedido en nuestras familias, debemos esforzarnos por ver que nuestras familias estén unidas. No existe una familia perfecta, pero con un poco de esfuerzo, nuestras familias se vuelven más fuertes y unidas. Cuando José los interrogó (a los hermanos) antes de revelarse, Rubén les recordó a los hermanos que están sufriendo por lo que le hicieron a sus hermanos; debemos recordar que cualquier cosa que hagamos hoy seguramente tendrá sus consecuencias.

Por eso, nunca envidies al otro, ese don que quieres extinguir podría ser lo que te salve mañana. Recuerda que lo que se siembra se cosecha. Además, en todo, José todavía estaba interesado en ver cómo podía usar su privilegio para mejorar las vidas de su linaje. Nunca esperes a que tus hermanos te rueguen antes de extender una mano amiga; toma la iniciativa. Dios toma la iniciativa para ayudarnos a todos. José era parte del plan de Dios para la salvación futura de sus hijos, y no importaba lo que hicieran los hermanos, el faraón o su familia, el plan de Dios seguía siendo irreversible e irrevocable. ¿Qué gana usted con que el sueño muera?

Por último, la elección de sus discípulos y apóstoles que se nota en el evangelio fueron sus planes; era su plan que los discípulos siguieran un plan; Vayan primero a las ovejas perdidas de Israel. Dios se preocupa por todos, pero nos ama por igual, pero individualmente; comenzaría con aquellos que podrían trabajar con él para alcanzar a todos los demás. José quería a todos sus hermanos, por lo tanto, retuvo a uno para que el resto pudiera ser atraído, esto suena demasiado como el plan de Dios que se menciona en el evangelio de que, a través de las ovejas perdidas de Israel, todas las demás ovejas pérdidas son atraídas a la casa del padre.

Oh Dios, ayúdanos a evitar la envidia de los hermanos de José, más bien, fomentemos las cosas buenas que vienen al camino de nuestro hermano, tengamos en cuenta que somos bendecidos cuando ponemos nuestro pequeño esfuerzo para ver los sueños y planes de Dios para sus hijos hacerse realidad dondequiera que estemos, Amén.

Ncuadamente les trajo consecuencias más duras. Es absolutamente incorrecto quedarse callado cuando deberíamos haber hablado para lograr resultados deseables.
Es un error que los padres que crían a sus hijos se nieguen a condenar los males de sus hijos en sus hogares, todo en nombre de ver que se sientan felices; los profetas y sacerdotes no pueden apartar la mirada de la difícil situación del pueblo; por eso hoy se nos encarga hablar para asegurarnos de que el pueblo sea guiado correctamente y de que se honre a Dios. Nuestro mayor deber hacia cualquier persona que amamos es confrontarla con la verdad. Nuestro silencio a menudo se considera como un consentimiento total a que ocurra el mal, pero no debemos dejar de darnos cuenta de que el hecho es que el silencio es consentimiento.

Cuando los profetas que deberían haber hecho declaraciones severas contra los males del pueblo fallaron, el pueblo se volvió vulnerable a los ataques y las manos destructivas del enemigo. Siempre debemos hablar para salvar vidas.

Oh Señor, viniste a salvarnos como a tus hijos, danos la gracia de buscar siempre hacer tu voluntad y obtener tus bendiciones aquí y en el más allá. Amén.

14.º Jueves del Tiempo Ordinario.
Génesis 44:18-21,23-29,45:1-5; Salmo 104(105):16-21
Mateo 10:7-15
José perdona a sus hermanos.

Después de todo lo que sucedió, José nunca se centró en las heridas que sus hermanos le hicieron pasar. En cambio, José vio todas las formas en que Dios preservó su vida y lo puso en el centro de atención para que fuera el instrumento para preservar la vida de toda la familia de Jacob. En base a esto, José todavía tenía debilidad por sus hermanos. Dios siempre camina derecho por caminos torcidos, la gente puede querer humillarte y Dios usará esa humillación para llevarte a alturas jamás imaginadas. Él es quien puede convertir todas tus penas en alegría.

Esa persona a la que tienes el privilegio de ayudar hoy, puede eventualmente ser la única persona que pueda salvar tu vida en el futuro, por eso ten cuidado con cómo tratas a las personas, incluso a los miembros de tu familia. Sin embargo, si no ayudaste cuando debías haberlo hecho, puedes retrasar el destino, pero en general nunca puedes negar el destino. Sin embargo, si la persona llega a la cima a pesar de todos los obstáculos, la misma persona puede determinar tu propio futuro.

La vida es más grande que la lógica, nunca menosprecies a ninguna persona ni la subestimes; porque tú no eres Dios, y no tienes conocimiento de todos los potenciales ocultos de Dios en ellas. Ten la mente de José, siempre ayuda y nunca obstaculices.

Estamos en deuda de ayudar en agradecimiento por lo que Dios ha hecho por nosotros. En el caso de José, Dios lo preservó y lo protegió cuando lo pusieron en la cisterna, lo protegió durante los años en que fue vendido, lo preservó de las falsas acusaciones de Potifar y de las trampas perversas y lo protegió mientras estuvo encarcelado. Dios incluso lo hizo prominente en la prisión. La luz siempre brillará sin importar dónde.

Recordamos también que fue en la prisión donde su don de soñar e interpretar sueños le abrió puertas y lo hizo querer por el rey. Al recordar todo esto, se dio cuenta de que todo lo que necesitaba hacer era perdonar a los hermanos. Incluso se volvió más agradecido a Dios que lo había guiado hasta allí y que era la única fuente de su prominencia y grandeza.

El evangelio nos dice que nuestro llamado es predicar que el reino de Dios está cerca; José vivió la vida que el reino exige de nosotros: la vida de amor y perdón. El reino exige que nos amemos unos a otros y que estemos siempre dispuestos a pedir y dar perdón. Estamos llamados a estar siempre disponibles para ayudar y nunca obstaculizar el progreso de los demás. Cristo nos dice que esa es la ley y los profetas. Dios los bendiga a todos.

14º Viernes del Tiempo Ordinario.
Génesis 46:1-7,28-30; Salmo 36(37):3-4,18-19,27-28,39-40;
Mateo 10:16-23.
Precio del discipulado.

Cristo el Señor aseguró a sus seguidores que no va a ser una misión fácil; seguir a Jesús no está destinado a ser fácil; debe esperarse ya que nada grande es fácil y barato. Son enviados como: "ovejas en medio de lobos". La imagen es para hacerles saber cuán desafiante es la tarea a la que han sido llamados. Más aún, nos ordenó perseverar, que las recompensas esperan a quienes perseveran hasta el final. Los seguidores de Cristo serán como José, que fue apartado de sus familias, pero si mantenemos la vista puesta en el objetivo y nos negamos a distraernos, sin duda triunfaremos y, sobre todo, obtendremos recompensas eternas.

José estaba lejos de su amado padre y perdió el vínculo con su hogar y sus hermanos; sufrió porque dijo la verdad; una verdad que más tarde salió a la superficie. El camino que recorrió es también el mismo camino que recorrió nuestro Señor y el camino que todos los santos han recorrido y el mismo camino que se nos ha marcado a todos los que estamos llamados a seguir a Jesús. A pesar de lo que enfrentemos, si perseveramos hasta el final, aferrándonos a la rectitud y deseando hacer la voluntad de Dios, si nos aferramos a aquel que nos llamó, nuestras penas de hoy se convertirán con el tiempo en alegrías de los años venideros.

Oh Señor, danos perseverancia en todas las cosas, que seamos conscientes de que solo tú, oh Señor, estás a la cabeza y puedes, como lo hiciste con José, hacer que el peor escenario conduzca a un dividendo mayor aquí y en el más allá. Amén.

14ª Semana Sábado.
Génesis 49:29-32; 50:15-26a; Salmo 105:1-2, 3-4, 6-7;
Mateo 10:24-33
El plan de Dios para ti.

En la vida, la gente puede haber deseado lo peor para ti, pero resultó que todo lo que Dios tiene reservado para ti son bendiciones y favores inimaginables. Muchas veces las bendiciones de Dios vienen disfrazadas, debemos ser pacientes y las veremos materializarse. Los hermanos de José nunca tuvieron buenos planes para él.

Pero todos sus planes fueron revertidos por Dios, quien convirtió la era de tristeza en una era de alegría y plenitud. De un corazón herido a un corazón sanado; de la era de la esclavitud a la alegría. Ahora, cuando los hermanos se dieron cuenta de que era muy malo vender a su hermano, se culparon unos a otros por sus diversos roles. Sin embargo, José los perdonó de corazón, enfatizando que esto fue planeado por Dios como una forma de atraernos hacia él.

Sí, así es la vida, a menudo las experiencias difíciles por las que nos hacen pasar las personas son revertidas por Dios en algo mucho más glorioso. Lo hizo con José, y todavía está trabajando contigo y conmigo.
Esa también fue la manera del maestro; él pasó por momentos difíciles, pero fue a través de sus heridas que el mundo fue sanado. Nosotros también, como el maestro, debemos asegurarnos de que a través de nuestras heridas otros sean restaurados a la alegría y la paz.

Oh Señor, ayúdanos a discernir tus planes para nosotros; que nos demos cuenta de que todo lo que pasamos es parte de tus planes para salvarnos, y a través de nosotros para salvar a otros
Amén

SEMANA 15 LUNES A SABADO

Semana 15 Lunes Año

Éxodo 1:8-14,22; Salmo 123(124);

Mateo 10:34-11:1

Ponte de pie con el Señor y permanece en paz

Después de la muerte de José, la vida ya no fue la misma para Israel; la vida en Egipto se hizo insoportable para el pueblo. La presencia de José era indicativa de la presencia de Dios entre su pueblo; no les faltó nada mientras José estuvo con ellos pero comenzaron a enfrentar una serie de experiencias difíciles como resultado de la iniquidad de los egipcios; una vez que los dejó, la alegría se fue. El mensaje sigue siendo que debemos valorar en todo momento las bendiciones que vemos a nuestro alrededor hoy; valorar los diversos dones que encontramos alrededor de nuestros padres, nuestros hermanos ahora y no cuando los perdemos; Puede que la vida nunca sea la misma, pero aun así debemos aferrarnos a Dios. Valora a tus hermanos, a tus padres, a nuestros obispos y a nuestros sacerdotes que nos cuidan muy bien. El dicho de que nos damos cuenta del valor de lo que tenemos cuando lo perdemos es real, pero ese no debería ser el caso.

¿Cuál puede ser la causa del problema que ahora enfrenta Israel; Algunos exegetas postulan que tal vez cuando José se fue, Israel volvió al camino de la maldad, por lo que las cosas comenzaron a sucederles de manera diferente a como eran las cosas cuando José estaba con ellos. Otros piensan que tal vez Dios ha regresado para castigarlos por la maldad que infligieron a José, su hermano menor; sin embargo queda el mensaje claro, si miran a Dios en este su momento de tormento; ciertamente los sacará de la esclavitud y se encargará de que recuperen su alegría; y ser restaurados a su antigua gloria.

El diablo trabaja para llevarnos de regreso al camino equivocado; a la falta de paz y eso puede pasar cuando no logramos aferrarnos a la verdad. Por lo tanto, debemos aferrarnos a la verdad en nuestras familias y en todos nuestros tratos con la gente; y velar por que nada te haga comprometer tu posición por la verdad. Quienquiera que esté involucrado, la verdad debe mantenerse; ese es el camino que todos podemos seguir; para que permanezcamos bajo la gracia de Dios. La pérdida de la gracia puede hacernos propensos a las obras del maligno; pero la abundancia de la gracia nos mantiene bajo la protección divina.

Tenemos desacuerdos en los hogares cuando en lugar de aferrarnos a Jesús somos atraídos por los señuelos del pecado; pero no importa lo que represente la gente; insistir en Jesús. En todos los tratos debemos ver que la amistad con él reemplaza cualquier otra conexión, incluso los lazos familiares. En todas las cosas debe prevalecer la verdad; la verdad debe ser nuestra mayor.

15º Martes del Tiempo Ordinario.
Éxodo 2:1-15;
Salmo 68(69):3,14,30-31,33-34;
Mateo 11:20-24

Recordar las obras de Dios nos mueve a actuar con valentía.

El malvado Faraón, para exterminar a toda la familia israelita, ordenó que todos los hijos de madres hebreas fueran ejecutados, como parte de sus planes para reducir la población hebrea. Sin embargo, Dios preservó la vida de Moisés, el que había destinado para salvar a Israel en la casa de los faraones. Moisés creció y sintió las dificultades de su pueblo; no se distrajo con el placer de la casa del rey, que tenía el privilegio de disfrutar. Sin embargo, Moisés sintió las dificultades de su pueblo. Quien no siente los sufrimientos de los que sufren no puede ser un ser humano y nunca debería estar cerca de un papel de liderazgo; Moisés era realmente humano, un líder por excelencia; sintió que su pueblo no estaba bien tratado y estaba dispuesto a enviarlo a su fin.

La libertad de su pueblo era de mayor valor para él que el placer y la exaltación en la casa del Faraón. Debemos sentirnos con los que sufren, especialmente nuestros familiares, ya que la caridad comienza desde casa; también debemos llevarla al exterior, a todos los que están en necesidad en cualquier lugar y en cualquier momento. Procure siempre utilizar sus posiciones elevadas para lograr la elevación de los demás.

Al igual que Moisés, debemos armarnos de valor para hablar cuando la gente está sufriendo; no miremos hacia otro lado porque nos sintamos cómodos en nuestra zona de confort cuando la gente está sufriendo. Si en su lugar de trabajo nota injusticia y maltrato de cualquier tipo, hable; Si en la familia observas injusticias y todas las prácticas que son perjudiciales para la vida de los miembros de la familia, jóvenes o mayores, debes alzar la voz como Moisés. Dicen que el mal sigue sin detenerse cuando los hombres y mujeres buenos se quedan callados o se niegan a hacer algo. Superemos el miedo como lo hizo Moisés, de que siempre nos levantaremos para condenar el mal dondequiera que levante su fea cabeza.

El conocimiento de Moisés sobre cómo Dios le salvó la vida lo habría hecho desarrollar el coraje para siempre alzar la voz contra la injusticia en cualquier momento y cualquier día; su pueblo sufría y en su tiempo, trabajó para ver el fin de las dificultades que enfrentaba su pueblo. Más aún, en el Evangelio de hoy, Cristo estaba triste porque las ciudades donde realizó la mayoría de sus milagros no dieron buenos frutos en la forma en que vivían. Los milagros que hemos experimentado en nuestras vidas, como Moisés y aquellos a quienes Cristo sanó, deberían hacernos apreciarlo. Debemos mostrar esto a través de la forma en que tratamos a los demás y la forma en que enfrentamos con valentía las estructuras y prácticas injustas como lo hizo Moisés.

Que Dios nos ayude a vencer nuestros temores y nos infunda valor para insistir en que se haga el bien y se evite por completo el mal.

15° Miércoles Tiempo Ordinario.
Éxodo 2:1-15 ; Salmo 68(69):3,14,30-31,33-34;
Mateo 11:20-24
Luego vino Moisés.

Todo problema tiene fecha de caducidad. Hoy vemos a Dios interviniendo en los asuntos de su pueblo, asegurándoles el fin de sus muchos años de dolores y esclavitud. Israel ha sufrido en manos de los egipcios que se sintieron totalmente condenados y abandonados por Dios; luego vino Moisés. Él siempre nos usaría para salvar a nuestras familias, nuestras comunidades, nuestro país y el mundo entero, y querría que como Moisés dijéramos sí: "digo sí señor". Cuando tuvimos el pico del covid19 los años pasados, quién creyó que podríamos llegar a un punto en el que podamos abrir nuestras iglesias y relacionarnos como seres humanos normales. El nuevo vocabulario de la covid: "nueva normalidad" reinó, dando la impresión de que vamos a vivir con esto por mucho tiempo, si no para siempre. La pandemia llegó y poco a poco se ha convertido en una historia hoy.

Sean cuales sean las situaciones que enfrentemos en cualquier momento, es sabio esperar en Dios, haciendo todo lo que esté a nuestro alcance para salir de ellas. Al enfrentarlas, debemos tener presente: "esto también pasará".

Israel también llegó a un punto en su sufrimiento en el que no tenían idea de cómo serían rescatados; de la nada salió Moisés. Moisés, mientras servía a Jetro en un día en que cuidaba el rebaño de Jetro, vio la zarza en llamas mientras nada se quemaba, un sitio que Dios dispuso para atraer a Moisés y revelarle la misión para la que lo había apartado.

Moisés temía y se sentía incapacitado en la misión que Dios quería que ejecutara, pero Dios le aseguró que Él es quien lo llama y lo apoyará con la fuerza necesaria incluso para la tarea más agitada y desafiante de enfrentar al dictador Faraón. Sea cual sea la posición en la que Dios nos ponga, Él quiso que estuviéramos allí y podría haber elegido a otra persona si así lo hubiera querido. Sin embargo, como Moisés, debemos confiarnos en sus manos y grandes cosas comenzarán a suceder.

Él nos eligió a pesar de nuestros antecedentes, educación, etc.; en el evangelio, Cristo oró: "Te bendigo Padre... porque escondiste estas cosas de los sabios y entendidos y las revelaste a los simples niños". Dios elige a quien Él quiere y nos equipa hábilmente para lo que sea que Él nos haya elegido. Él eligió a Moisés desde un comienzo muy humilde hasta una altura envidiable en Israel; tu historia y la mía también pueden ser similares.

Oh Dios, nos creaste para ser útiles para ti en nuestras familias, en nuestra iglesia, en la sociedad y en el mundo en general, estamos incapacitados, equípanos Oh Señor para enfrentar las tareas que pones bajo nuestro cuidado para que cuando veamos los resultados del hecho de que tu gracia obra en nosotros, exclamemos con David: "No a nosotros, Oh Señor, no a nosotros, sino a tu nombre da toda la gloria". (Salmo 115) Amén.

15º Jueves del Tiempo Ordinario.
Ex 3:13-20; Sal.105: 1,5,8-9, 24-25, 26-27;
Mateo 11:28-30.
Descripción del trabajo de Moisés.

En la primera lectura, Moisés buscó lo que Dios esperaba de él. Dios envía a las personas en misiones y define lo que quiere de ellas. Moisés preguntó: "Si voy a los hijos de Israel y les digo: El Dios de vuestros padres me ha enviado a vosotros, y ellos me preguntan: ¿Cuál es su nombre? ¿Qué les responderé?" (Éxodo 3:13), es sabio hacer preguntas cuando se tiene duda, preguntar a Dios en oración qué hacer y qué dirección tomar.

Moisés se esforzó mucho por saber más acerca de quién es Dios. Educaría mejor a los hijos de Israel si realmente supiera quién lo había llamado y qué quería Dios que hiciera por él. Los grandes siervos de Dios siempre tendrán la humildad de buscar aclaraciones cuando tengan dudas.

¿Qué esfuerzos estás haciendo para saber quién es Dios, para ser más amigable con Dios y atraer más amigos hacia él? Moisés debía decir entonces a los israelitas: «Yo soy me ha enviado a vosotros». Yo soy es el que salvó a Abraham, intervino en la vida de Isaac y de Jacob; y sigue siendo el único que actúa ahora. Él es el que ha venido a salvar a Israel. Él también es el que puede salvaros a vosotros y a mí hoy.
La razón de la referencia a la intervención de Dios en la historia pasada de los patriarcas es para que los israelitas en ese momento de dificultad recuerden que si Dios lo hizo en el pasado, también lo puede hacer hoy. Cuando uno está enfermo y oye hablar de un médico que ha tratado de manera creíble problemas similares a los que uno está padeciendo actualmente, se acerca al médico con valentía y sin ninguna duda. Las historias de las intervenciones pasadas de Dios reducen las dudas en nosotros sobre lo que Dios puede hacer incluso ahora. Dios aseguró a Israel que había visto todo lo que habían pasado y había venido a salvarlos.

El hecho es que no importa lo que estemos experimentando hoy; Dios nos está dando el mensaje de esperanza; los tiempos difíciles han terminado, los momentos tristes están pasando. El mensaje de esperanza de Dios a través de Moisés al pueblo de hoy es también lo que quiere que nos demos unos a otros. A ese hermano o hermana enfermo, ofrézcale razones para que nunca se rinda, dígale: "No se rindan, no se acabó, cuando se rinden, se acabó". Diles que no importa cuántos años hayan sufrido, Dios puede intervenir en cualquier momento que lo desee. Debemos hacer que aquellos que se encuentran en cualquier situación angustiosa se den cuenta de que solo en Dios podrán alcanzar el descanso y la paz.

Israel, en sus momentos de dolor, clamó a Dios, y Dios envió a Moisés para guiarlos a la libertad. Solo Él puede sacarlos de la esclavitud. En el Evangelio, escuchamos alto y claro que también podemos superar cada dificultad corriendo hacia Jesús a pesar de los problemas, por lo tanto, nunca huir de Él a causa de los desafíos. Cristo nos manda: "Venid a mí todos los que estáis cansados y agobiados, y yo os haré descansar" (Mt 11:28-30). Míralo, pues, y resplandece (Sal 34:5).

Oh Señor, concédenos la sabiduría para darnos siempre cuenta de que no nos abandonas en los momentos de tormento, sino que esos momentos siguen siendo los mejores, Dios está muy presente para levantarnos y devolvernos la alegría y la paz. Amén. Que tengas un día bendecido.

15.º Viernes del Tiempo Ordinario.
El tiempo de Dios es el tiempo justo.
Éxodo 11:10-12:14; Salmo 116: 12-14, 15, 16b.c., 17-18-18
Mateo 12:1-8.

En el tiempo justo, el tiempo de Dios, llega la libertad de Dios. Dios estaba decidido a liberar a Israel de sus largos años de esclavitud en Egipto. Sin embargo, aunque Dios quería liberarlos, el faraón, el rey sin corazón, seguía empeñado en destruir a toda la nación de Israel y obstaculizar su libertad. Imagínense que una nación que busca preservarse a sí misma, que busca ser libre, está decidida a destruir a otra nación y mantenerla perpetuamente esclavizada y deshumanizada. Egipto es libre y no quiere ser esclavizado, pero son ellos los que esclavizan a los israelitas, queriendo que la esclavitud sea perpetua. ¿Por qué las mismas personas que aman vivir libres esclavizarían a otros?

Tienen alegría y niegan la misma alegría a Israel. Tienen su nación, donde se sienten como en casa; y viven en un entorno que promueve el crecimiento y el desarrollo. Viven en un lugar donde tienen un entorno propicio para alcanzar sus sueños, pero impiden que Israel tenga los mismos privilegios que ellos disfrutan; los mismos privilegios que Dios les ha dado. Este es el corazón de todos los dictadores y opresores; y todavía abundan en nuestro mundo de hoy.

La palabra de Dios de Moisés dice: "Deja ir a mi pueblo". Debe verse como un llamado de Dios al Faraón y sus cohortes para que se aseguren de que lo que ellos mismos desean para sí mismos, también deben trabajar para verlo realizado para otros. Fueron llamados a adoptar la regla de oro: "haz a los demás lo que quisieras que te hicieran a ti". Por lo tanto, si no es bueno para ti, no se lo des a nadie más. Dios quería que se dieran cuenta de que mientras un pueblo estuviera bajo unas condiciones tan impías en las que no se tratara a todos por igual, no se podría lograr la paz ni el progreso.

Ahora bien, como los egipcios no estaban dispuestos a cambiar sus malos caminos, Dios amenazó con infligirles los mismos males que habían hecho pasar a Israel. Mataron a todos los niños pequeños de Israel y querían reducir la población de Israel para que les fuera más fácil exterminarlos en el futuro. No tenían buenas intenciones para los israelitas. Pero Dios cambió sus posiciones; y ahora Egipto se convirtió en el oprimido e Israel estaba en el lado ventajoso. Por lo tanto, con sangre en los dinteles como Dios ordenó, Israel estaba marcado para la salvación y aquellos que estaban decididos a matar a Israel estaban totalmente condenados; ahora se les servía la comida envenenada que habían preparado para Israel.

El faraón hizo leyes draconianas que sentaron las bases para su maldad. Cristo en el evangelio enseñó que las grandes leyes tienen el propósito de salvar vidas y servir al pueblo. Las grandes leyes deben honrar la imagen de Dios en todas las personas, hacerlas felices y realizadas, que este sea nuestro enfoque de las leyes.

Oh Dios, ayúdanos a ponernos en el lugar de los demás, que nunca sometamos a otros a una situación deshumanizante que nosotros mismos nunca quisiéramos que se nos presentara como lo hizo Faraón con los hijos de Israel, Amén.

15ª Semana Sábado, Tiempo Ordinario.
Miqueas 2:1-5; Salmo 136:1&23-24, 10-12, 13-15;
Mateo 12:14-21
Dios libera a sus hijos.

Después de 430 años de esclavitud en Egipto, Dios estaba decidido a liberar a su pueblo. Su sueño de volver a casa era algo que el Faraón y sus seguidores no deseaban en ningún momento. Sus esfuerzos por salir de inmediato eran una muestra de lo ansiosos que estaban por salir de Egipto; una tierra donde sufrieron mucho como resultado de sus acciones que no estaban en consonancia con la voluntad de Dios y sus planes para su pueblo.

Israel, todos sus años en Egipto, anhelaba el día en que sus años de dolor llegaran a su fin; sin embargo, los egipcios, en su absoluta maldad, trabajaron fervientemente para mantenerlos esclavizados para siempre. Siempre es voluntad de Dios que sus hijos sean libres y quien obstruye el plan de Dios siempre termina arrepintiéndose. Cuando Dios libera, generalmente crea una situación en la que los esclavizados son ahora liberados, mientras que el opresor es obligado a sufrir lo que él había hecho pasar a la gente.

Debemos ponernos en los zapatos de los demás; ver si lo que la gente pasa como resultado de mis decisiones es lo que yo quisiera. Si no lo querrías, nunca intentes dárselo a alguien más o la ley del bumerán se impondrá. Hagamos en todas las cosas todo lo que esté a nuestro alcance para mejorar la calidad de vida de las personas; alcemos la voz cuando haya casos evidentes de injusticia y maltrato; y trabajemos siempre para sembrar semillas de bondad amorosa en todo lo que hagamos. Sobre todo, desistamos de identificarnos con políticas que promuevan el trato diferencial de las personas; tratemos a cada uno como imágenes de Dios; no lastimemos a nadie y bendigamos a todos los hombres.

Oh Señor, tú aborreces el trato injusto a las personas; danos la gracia de trabajar siempre por una sociedad justa y equitativa; que defendamos la justicia para todos en todas nuestras deliberaciones; que en todas las cosas, la regla de oro dé forma a nuestras creencias y acciones Amén

DECIMO SEXTA SEMANA LUNES A SÁBADO

16ª Semana Lunes Tiempo Ordinario.

Éxodo 14:5-18; Éxodo 15:1-6;

Mateo 12:38-42.

Los egipcios se oponen al plan salvífico de Dios.

Cuanto más amor de Dios hay sobre un pueblo, más aumenta la tasa de oposición y odio contra él. Habiendo concedido a los israelitas el permiso para volver a casa, después de todas las plagas que Dios envió para castigar a los egipcios, Israel ahora reanudó el viaje de regreso. Estas plagas fueron las que obligaron al Faraón a pedirles que se fueran inmediatamente. Sin embargo, cuando se iban, el Faraón se dio cuenta de que si se iban, los egipcios invariablemente perderían su trabajo y sus servicios. Hicieron la guerra a los israelitas, para ver cómo recuperarlos de nuevo. Sin embargo, esto hizo que los israelitas murmuraran contra Moisés y Dios. Lo culparon por haberlos obligado a salir de Egipto a un lugar que no conocían, ahora querían regresar.

Moisés, que conocía al pueblo y sus reacciones, lo mantuvo bajo control. Sin embargo, siempre estuvo motivado por el hecho de que Dios es la fuerza que lo guía en la lucha. Tenía una fe firme en lo que Dios puede hacer. Mientras el pueblo se agitaba, Moisés les dio palabras de esperanza: "No teman: "Los egipcios que ven hoy, ahora verán más". Estas palabras son palabras de fe de Moisés, quien desde su nacimiento puede dar fe de las diversas formas en que Dios había intervenido en su vida personal, así como en Israel en general.

De todo lo que Dios había hecho ya en su viaje hasta ahora, no tenían motivos para dudar. En todo momento de la vida, recordemos siempre las grandes obras que Dios ha hecho, esto siempre nos ayudará a superar las dudas innecesarias. Nos ofrecen razones para permanecer quietos ante las dificultades, ya que estamos convencidos de que Dios nos está guiando. Siempre debemos recordar que, sin importar lo que enfrentemos, Dios es un Dios de imposibilidades y puede hacer que sucedan grandes cosas, incluso más allá de nuestra imaginación.

Los signos de Dios siempre deben hacernos crecer en la fe. Los escribas que hoy le pedían señales a Cristo solo buscaban maneras de satisfacer su curiosidad. Los milagros en la Biblia son señales de Dios (como cuando Dios salvó a los suyos de Egipto). Cuando Dios hace que suceda un milagro, se nos exige que hagamos algunas acciones que cambien nuestra vida. Los milagros son como las señales de tránsito: una vez que nos encontramos con una señal, estamos obligados a hacer algunas cosas. Los milagros nos llaman a dejar nuestras viejas formas de operar que nunca nos habían ayudado a adoptar formas mejores y útiles. Las señales que se le presentaron al Faraón eran para que cambiara sus malos caminos; las señales en el Nuevo Testamento también eran el llamado de Dios para que las personas se alejaran de las viejas formas de vida no saludables, para que tomaran acciones positivas para estar con Dios y para oponerse a todo lo que se oponga a su voluntad.

Oh Señor, permite que las señales que nos rodean aumenten nuestra pasión y celo por ti. Que nunca busquemos señales solo por buscarlas, que las señales que nos muestras cada día nos lleven a Cristo como la estrella que guió a los Magos que vinieron a ti después de tu nacimiento. Amén.

16° Martes de la Semana del Tiempo Ordinario.
Éxodo 14:21—15:1; Éxodo 15:8-9, 10 y 12, 17;
Mateo 12:46-50
Nuestras obras muestran quiénes somos.

Hoy escuchamos a Cristo asegurarnos que no tiene favoritos. Él comparte con nosotros que no es la conexión familiar, o cuán relacionados biológicamente estamos con él lo que cuenta, sino que lo que le importa son nuestras buenas obras: escuchar y cumplir las palabras de Dios. A menudo nos encontramos con personas que expresan lo familiarizados que están con su iglesia local, afirman cómo están relacionados con un pastor, cuánto tiempo han sido miembros de la iglesia o son amigos de sus sacerdotes y otras historias para justificarse por ser una parte fuerte y muy importante de la iglesia.

A veces vemos personas que prefieren asientos especiales en la iglesia para que la gente reconozca lo indispensables que creen que son. Yo soy el padre del obispo, la mamá y el papá del sacerdote. He sido presidente del consejo parroquial durante muchos años, etc. Cuando decimos todo esto, nos gustaría recibir un trato especial ya que nos percibimos como algo importante. Sin embargo, hoy el Señor nos dice que lo más importante para él es la vida que vivimos, nunca cuánto nos conocen ni a quién conocemos. Si afirmamos que conocemos a Cristo, o que estamos relacionados con Cristo, ¿estamos viviendo como Cristo vivió?

Cristo preguntó: ¿Quiénes son mis hermanos y mis hermanas? ¿Quiénes son mis padres, mis madres y mis amigos? Y a la pregunta respondió: "Aquí están mi madre y mis hermanos. Todo el que hace la voluntad de mi Padre que está en los cielos, ese es mi hermano, mi hermana y mi madre" (Mt. 12:50). Al igual que Cristo, también debemos evitar el favoritismo y vincularnos solo con aquellos que defienden lo que es correcto y justo. En la primera lectura, vemos que Dios luchó del lado de Israel porque en ningún momento Israel pensó en dañar a los egipcios; todo lo que pidieron y buscaron fue su libertad.

Dios estaba disgustado con Egipto porque ahora jugaban a ser Dios y no tenían temor de Dios ni respeto por otras personas; deseaban que todo tipo de mal viniera a los israelitas que todos estos años habían trabajado duro para convertir Egipto en una gran ciudad. Para los egipcios, entonces, todo lo que es bueno debe ir a los egipcios, mientras que ellos están decididos a ver a todo Israel desaparecer. Dios siempre está del lado de aquellos que son tratados injustamente, que claman a Él. No desees el mal a nadie para que no se vuelva en tu contra.

Oh Dios, ayúdanos a estar siempre del lado de las personas correctas, que hacen lo que te agrada y que tienen el fuerte coraje de convencer incluso a los miembros de la familia de que solo somos uno cuando lo que nos mantiene unidos es aferrarnos a la voluntad de Dios. Como tú, oh Dios, que luchemos por aquellos que son tratados injustamente; que nos aseguremos de que en todas las cosas, "se haga el bien y se evite el mal". Santo Tomás de Aquino; que todos sean tratados justamente.

16a Semana Miércoles.
Éxodo 16:1-5,9-15; Salmo 77(78):18-19,23-28;
Mateo 13:1-9.
El estilo de liderazgo de Moisés.

Los hijos de Israel no esconden sus sentimientos. Vencidos por el hambre, clamaron a Moisés. Un gran líder debe saber cómo lidiar con los sentimientos del pueblo. En su queja parecía que Dios alimentó a Moisés mientras ellos estaban excluidos; pero ese no es el caso, Moisés estaba en la barca con ellos; y sufrió también lo que ellos sufrieron. Sin embargo, como gran líder, Moisés se olvidó de sí mismo, y se ocupó de lo que puede hacer para abordar las necesidades del pueblo.

Cuando un verdadero líder se encuentra con problemas. Necesitan confiar en el poder de las rodillas; oren a Dios por ayuda desde arriba. Cuando Israel sufrió bajo el Faraón, cuando se quejaron, el Faraón decidió agravar sus problemas, en lugar de atender sus necesidades, lo que hacen los malos líderes; Él los hizo castigar por hablar, tenía un corazón de dictador. En lugar de ayudarlos, urdió planes malvados para reducir su número. Los hizo llorar más en lugar de aliviar sus aflicciones.

La solución al llanto de un bebé es siempre llegar a la raíz del problema y administrar una solución duradera. Esforzarse por atender la necesidad que puede variar, a veces simplemente cargar al niño lo calma, en otras ocasiones alimentarlo lo resolvería. El estilo de liderazgo de Moisés fue ejemplar, cuando el pueblo se quejaba, él iba a buscar la ayuda de Dios. Si eres un líder y el pueblo tiene una crisis de comida, problemas de trabajo, etc. y no tienes la capacidad para lidiar con eso, no eres apto para el trabajo. Moisés incluso en el desierto tuvo una salida, clamó a Dios, y el maná fue enviado, siendo el líder, solo Moisés pudo señalar al pueblo que la ayuda había llegado del cielo. Al igual que Moisés, Joaquín y Ana contaron con Dios, y su gracia les permitió criar a una hija maravillosa: María, la madre del Señor Jesús.

La parábola evangélica del sembrador habla evidentemente de los distintos tipos de personas que encontraríamos en la misión. Las distintas condiciones de corazón de aquellos con quienes nos encontraríamos. Los grandes aprendices, los que aprenden despacio, los que tienen dificultades, etc. Moisés dirigió a un gran pueblo que tenía diferentes enfoques para ver las cosas y diferentes formas de entender, y le corresponde a él guiarlos y enseñarlos. Lo mismo ocurre con cada líder.

Como líderes, debemos trabajar en grandes estrategias para atender sus preocupaciones. Si los categorizamos, que sea con la intención correcta de satisfacer adecuadamente sus necesidades individuales. El liderazgo siempre tiene que ver con la atención a las necesidades. Es un llamado según mi profesor, el padre Panteleon Iroegbu (QEPD): "ayudar y no obstaculizar".

Oh Dios, ayúdanos a darnos cuenta de que, sea cual sea la posición que ocupemos, solo tú siempre puedes guiarnos, que vivamos con la sabiduría de clamar a ti como Moisés, cuando nos volvamos a ti con fe, haz brillar tu luz sobre nosotros y bendícenos. Amén.

16ª Semana Jueves Tiempo Ordinario.
Éxodo 19:1-2,9-11,16-20; Daniel 3:52-56;
Mateo 13:10-17
Dios nos envía maestros por su amor por nosotros.

Desde el Antiguo Testamento, Dios que quiere que sus hijos sean bien guiados envía maestros y profetas. Sin embargo, es su expectativa que nosotros, que recibimos a estos maestros, prestemos atención a los maestros que él nos envía. Muchas veces escuchamos sobre el rechazo de los mensajeros y la oposición a los mensajes que se nos envían; esto sucede porque a menudo no nos damos cuenta de que Dios es quien nos envía al mensajero para que podamos escuchar mensajes que podrían transformar nuestras vidas. Hoy escuchamos a Dios invitando a los israelitas al monte para una reunión con Moisés. El motivo de la reunión era que Dios había querido dejar claro al pueblo que Moisés era el enviado de Dios; Por eso nadie debe oponerse a él, sino que todos deben escucharlo y obedecer lo que él pida como voluntad de Dios para sus hijos. Nunca permitas que la familiaridad en cualquier grado con el mensajero te impida aferrarte a la verdad.

No nos conviene oponernos a las palabras de Dios; la fe viene por el oír, y necesitamos escuchar más acerca del Señor, para crecer más en la fe. Más aún, Moisés sabe que los israelitas son difíciles de convencer, y oró a Dios que ahora creó esta oportunidad para hacer que el pueblo reconociera a Moisés como enviado de Dios, y como tal debe ser escuchado. A Dios le duele mucho si no nos conmueven sus palabras; y también es desastroso porque podemos convertirnos fácilmente en presa del enemigo y del mundo.

En el evangelio de hoy, el Señor se agradó del afán de sus discípulos de escucharlo; todos querrían enseñar a un estudiante dócil y tratarían de evitar al estudiante orgulloso. Debido a que los discípulos querían aprender, Jesús siempre les enseñaba con palabras sencillas, pero usaba parábolas cuando estaba con los escribas y fariseos; ¿Por qué? Él sabía que no eran seguidores genuinos. Cuando habían venido, su intención no era aprender a crecer, sino atrapar a Jesús en lo que decía o hacía mal. Cuando escuchamos a Jesús en la Misa o cuando leemos las Escrituras, ¿qué buscamos? Deberíamos estar tratando de conocerlo más y obtener alegría y paz eternas cuando hayamos terminado nuestra estadía aquí abajo.

Oh Señor, danos oídos atentos, que tu palabra que escuchamos nos equipe con sabiduría para amarte por sobre todas las cosas y buscar hacer en todas las situaciones lo que Jesús hubiera hecho; Jesús, cuyo alimento era hacer la voluntad de Dios, vive y reina por los siglos de los siglos Amén.

16ª Semana Viernes Tiempo Ordinario
Éxodo 20:1-17; Salmo 18(19):8-11;
Mateo 13:18-23
Los mandamientos hablan del amor de Dios.

Hoy, como muestra de amor por nosotros sus hijos, Dios nos deja un mandamiento. Es un gran regalo de Dios, dado para que sus hijos vivan una vida mejor. Una vida mejor solo puede llegar cuando le damos a cada persona lo que le corresponde, y los mandamientos nos guían sobre cómo hacerlo. El salmista en uno de los salmos dice: "amantes de tu ley, oh Señor, tengan mucha paz". (Sal 119:165). Las leyes fueron dadas para que los israelitas supieran el camino correcto a seguir en sus tratos con Dios y en su relación entre ellos. Tenemos paz en nuestros hogares, iglesia y lugares de trabajo cuando todos hacen lo que esta ley manda. La paz reina cuando las personas se tratan entre sí en todas partes con una mentalidad de solidaridad, empezando por nuestros hogares.

La paz se da cuando tratamos a cada persona de la misma manera que nos gustaría que nos trataran a nosotros (regla de oro). Esta es la esencia de los mandamientos. Los mandamientos se dan para que entre nosotros el respeto mutuo se convierta en la orden del día. Por lo tanto, en cualquier cosa que hagamos, Dios tiene que ocupar el lugar prioritario.

El don de los mandamientos es como la instrucción primaria que todos recibimos al crecer. La regla para cruzar la calle. La regla dice: "siempre mira a ambos lados antes de cruzar la calle". Dios nos dio el regalo para que podamos mirar antes de saltar. El regalo no es para hipotecar nuestra libertad, sino para guiarnos en un mejor uso del don de la libertad. Sobre todo, en lo que respecta a las reglas, hay consecuencias, por lo que si las cumplimos encontramos paz y alegría y si no nos enfrentaremos a arrepentimientos que pueden tener consecuencias eternas si uno no cambia antes de la muerte.

Esto me recuerda una historia popular africana: un niño recibió un regalo de caracoles y tubérculos de ñame de su madre que estaba de viaje, y se le indicó que asara el ñame antes de intentar asar el caracol, ya que el agua del caracol puede apagar el fuego; sin embargo, el niño desobedeció y asó primero el caracol, con lo que perdió el fuego. Al final, el niño murió de hambre como consecuencia de descuidar las instrucciones de la madre. Lo mismo sucede con nosotros si escuchamos y seguimos la ley del amor que nos dio Dios.

El evangelio de hoy quiere que seamos esos buenos oyentes de la palabra, que escuchan y acogen las palabras de Dios. Aquellos que reciben sus leyes y las siguen. Los frutos que podemos dar son paz total y plenitud porque: "los amantes de las leyes de Dios tienen gran paz".

Oh Señor, haz que amemos tus leyes, para tener una gran paz, esa paz que el mundo no puede dar. Amén.

16ª Semana Sábado Tiempo Ordinario.
Éxodo 24:3-8 ; Salmo 49(50):1-2,5-6,14-15;
Juan 11:19-27
Un Dios paciente y amoroso.

En el Éxodo de hoy vemos la celebración de una ceremonia de aceptación de los mandamientos dados por Dios a Israel. Moisés, después de sacrificar un holocausto e invitar a algunos jóvenes israelitas a inmolar los novillos, tuvo que leerles los mandamientos. El pueblo, por su parte, reconoció que cumpliría todo lo que Dios le exigiera. Nosotros también aceptamos las palabras de Dios al comienzo de la proclamación del evangelio en cada Misa mediante la señal de la cruz en nuestra frente, labios y corazón. Esto también lo hacemos cuando decimos: "gracias a Dios" al final de las lecturas de las Escrituras.

Sin embargo, nuestra mayor aceptación de la palabra de Dios son nuestras acciones; que la palabra que recibimos nos lleve a una mejor vida. La existencia de cizaña en medio de la verdadera semilla de trigo señala el hecho de la coexistencia del mal y el bien en el mundo. El don de la palabra es una forma en que el paciente Dios ofrece una oportunidad para que las personas malvadas reconsideren y regresen a la bondad; como esta coexistencia no va a ser para siempre, tal expira; termina en el tiempo del juicio.

Él dice a los discípulos que querían que se arrancaran los cardos o la cizaña que los permitieran como pudiéramos en un intento de arrancarlos y dañar la buena semilla. Dios estaba siendo paciente esperando que con el tiempo el maligno pueda cambiar para mejor. El tiempo antes del juicio es un tiempo de gracia, cuando todavía tenemos el tiempo para ser salvos.

Pablo sobre la paciencia de Dios nos ordenó así:
"Tengan en cuenta la paciencia de nuestro Señor como una oportunidad para ser salvos" (2 Pedro 3:15). Si Dios todavía tiene esperanzas de que incluso la cizaña puede convertirse en trigo; Él es muy paciente con nosotros y espera que podamos mejorar con las oportunidades que nos envía. Si Dios nunca se dio por vencido contigo, no te rindas tú ni tampoco con ninguna persona.

Oh Dios, nos diste la gracia de trabajar siempre para mejorarnos utilizando Concédenos tu gracia para dirigir de regreso a la casa del Padre a aquellos que se han extraviado; trabajando para ver que tu paciencia con nosotros se ponga en un mejor uso: la salvación en Dios Amén.

DECIMOSEPTIMA SEMANA LUNES A SÁBADO.
17ª Semana Lunes Tiempo Ordinario.
Éxodo 32:15-24,30-34; Salmo 105(106):19-23;
Mateo 13:31-35
Acuérdate de la bondad de Dios.

Moisés fue a consultar al Señor, y el pueblo sintió que tardaba más en volver, se descarrilaron. Empujaron a Aarón para que los alejara del verdadero culto al Dios verdadero, uno de los mandamientos leídos la semana pasada. Debían esperar en el Señor, pero no lo hicieron; pero como nos dirá el profeta Isaías: "los que esperan en el Señor, renovarán sus fuerzas". (Isaías 40:31). Entre los Igbo de África Occidental hay un dicho: "oge Chi ka mma" traducido: (El tiempo de Dios es el mejor). Aarón y el pueblo querían otro plan distinto al plan de Dios. Al igual que Abraham, que no pudo esperar pacientemente a que Dios cumpliera la promesa de un hijo que le había hecho, optó por tomar atajos; una elección que trajo consigo a Ismael. Una elección de la que más tarde, a partir de las historias, se arrepintió.

Las personas se meten en este tipo de líos alejándose de Dios, cuando no logramos ver el panorama general. Para ver el panorama general, comenzaríamos a mirar hacia dónde Dios comenzó a guiarnos y a la serie de sus múltiples intervenciones en nuestras vidas. Cuando contamos con ellas, permaneceremos eternamente agradecidos y mucho más determinados a aferrarnos a él. Cuando lo más grande está frente a nosotros, también viviremos con la convicción de que, sin importar lo que enfrentemos ahora, el mismo Dios que lo hizo por Abraham, Jacob e Isaac sigue siendo el que lleva la delantera. Cuando miramos intensamente el panorama general, vivimos con grandes esperanzas sobre lo que Dios siempre puede hacer.

Murmuramos y nos quejamos como Israel cuando actuamos con visiones miopes. En lugar de quejarnos o murmurar y luego alejarnos de la rectitud, debemos recordar las maravillas de Dios y alabarlo por todas ellas. Cuando vivimos en alabanza a Él siempre, Él causará más acontecimientos en nuestras vidas que nos llevarán a alabarle.

El plan de Dios se desarrolla como la progresión en el crecimiento de la semilla de mostaza, desde una pequeña semilla hasta un gran árbol que brinda refugio a los pájaros del aire. Más aún, el evangelio nos anima a ser fructíferos. Si la semilla de la palabra vive en nosotros, atraeremos a la gente hacia Él, como las ramas lo hacen con los pájaros. También debemos dejar un impacto positivo en nuestro mundo como lo hace la masa en el suelo.

Oh Dios, recurrimos a Ti, ayúdanos siempre a ver el panorama más amplio. Que en todo momento el recuerdo de tus maravillas del pasado nos impulse a esperar pacientemente en Ti; que vivamos constantemente bajo la conciencia de que: "El tiempo de Dios es siempre el mejor". Y que lo que Dios no puede hacer no existe; porque contigo, Oh Señor, todo es posible. Amén.

17.ª Semana Martes Tiempo Ordinario.
Éxodo 33:7-11,34:5-9,28; Salmo 102(103):6-13 ;
Mateo 13:36-43
Moisés: un líder que ora.

En cuanto Moisés se dio cuenta de que el pueblo se había descarrilado, oró a Dios para que los perdonara. Pidió que, aunque el pueblo había pecado, Dios pudiera castigarlo a él en lugar del pueblo. Hoy, ha instalado una Tienda, un lugar para encontrarse con Dios. La instaló de tal manera que, a diario, él y el pueblo pudieran ir allí para encontrarse con Dios. Hemos escuchado: "todos los que buscaban al Señor salían a la tienda de reunión que estaba fuera del campamento" (Éxodo 33:11). Como una forma de resolver su problema de descarrilamiento, alentó la práctica de la verdadera adoración. En nuestros hogares, también debemos tener nuestros lugares sagrados, tiempos y temporadas sagradas donde/cuando nos reunimos para buscar el rostro de Dios.

Moisés, como líder, escucha a Dios e informa al pueblo sobre los deseos y planes de Dios para ellos; como líder, intercedió por el pueblo, como se evidencia en la lectura de hoy, donde suplicó así: "... aunque es un pueblo de dura cerviz; ... perdona nuestra iniquidad y nuestro pecado, y tómanos como tu herencia" (Éxodo 34:28). Como líder, se identifica con las faltas del pueblo y comienza a suplicar en su favor. Por su bienestar, ayunó y oró durante cuarenta días y cuarenta noches. Los grandes líderes sufren por el pueblo, mientras que los malos prefieren su placer en detrimento de aquellos a quienes están llamados a servir. Los grandes líderes siempre buscan el rostro de Dios.

Cristo, nuestro buen líder, después de enseñar, también tuvo un tiempo privado, un tiempo sagrado con sus discípulos en un lugar sagrado. Ahora, en este momento sagrado, les explicó lo esencial de sus parábolas. Comparte que él es el sembrador de la buena semilla y siembra en el mundo; cuando aceptamos la palabra, somos la buena semilla; Sin embargo, las malas hierbas son agentes del diablo, y son sembradas por el enemigo, el diablo.

El mensaje es que seamos cuidadosos y muy cautelosos con los dones que recibimos de Dios; guardemos celosamente los dones de la palabra de Dios en nosotros. San Pedro nos ordena que seamos cuidadosos: "vuestro enemigo, el diablo, ronda como león rugiente buscando a quien devorar" (1 Pedro 5:8-9). El poder para vencer, por lo tanto, proviene de la fuerza obtenida de nuestros momentos sagrados con Dios. Si caminamos con el Señor, en el juicio los ángeles no nos expulsarán; preferiríamos recibir un abrazo glorioso de Dios y de todos nuestros santos en gloria. Este es nuestro llamado.

Oh Dios, mientras te escuchamos todos los días, concédenos que tu palabra dé fruto en nosotros. Que tu palabra, la buena semilla, esté intacta en nosotros, que tengamos valor para resistir las artimañas del diablo; entonces, en el juicio, tus ángeles nos juzgarán dignos de tu amistad eterna. Amén.

17ª Semana Miércoles Tiempo Ordinario.
Éxodo 34:29-35; Salmo 98(99):5-7,9;
Mateo 13:44-46
Perderlo todo por la perla preciosa.

San Pablo nos enseña que ganar a Cristo es nuestra mayor ganancia: "para mí, vivir es Cristo y morir es ganancia" (Fil. 1:21). En lengua igbo hay un adagio que dice: "ahu ihe ka ubi ere oba" (si uno encuentra algo de mayor valor que su tierra de cultivo, lo más sensato sería que tuviera que vender su tierra de cultivo para conseguir aquello de mejor valor). En economía también tenemos la idea conocida como "escala de preferencia". En la escala de preferencia, adoptamos la práctica de elegir las cosas en su orden superior en relación con nuestras necesidades; descuidando otras porque no son anteriores ni primordiales para nosotros en comparación con la elegida. Dios es el bien supremo y el valor más allá de toda estimación, y para ganarlo debemos estar decididos a renunciar a otras cosas para dejar entrar a Dios. Este es el llamado del evangelio para nosotros hoy.

El mensaje nos explica que, aunque la riqueza, el oro, la búsqueda del conocimiento y otras cosas que valoramos son buenas, Dios es un bien mayor y mucho más valioso que todos ellos. Para llegar a ser más amigos de Dios debemos ser valientes para renunciar a todos estos bienes para dar paso al reino de Cristo, el bien más grande.

Los mártires y los santos estaban todos decididos a dar su vida y todo lo que tenían para ganar una perla preciosa: la amistad eterna con el Señor. ¿Qué estamos renunciando para ganar la perla preciosa? Los apóstoles lo dejaron todo, su profesión de pescadores, el derecho a casarse y tener familias, volviéndose propensos a todo tipo de rechazos y privaciones, y tuvieron que renunciar a algún tipo de amistades. Lo perdieron todo y mantuvieron la vista puesta en la eternidad de ganar la pelota.

Pedro tuvo que preguntarle al Señor: ¿Qué pasa con nosotros que lo hemos dejado todo para seguirte? (Marcos 10:29). El Señor, sin embargo, prometió que si perdíamos todo por Él, ganaríamos todo con Él. Nadie que haya dejado a su padre, madre, hermana, hermano, etc. y su vida por mí se arrepentiría de haberme seguido. ¿Qué es lo que estamos dejando ir para dejar entrar a Dios?

Oh Señor, el Tesoro más allá de todos los tesoros, ayúdanos a recordar siempre que tú superas todas las cosas que podemos adquirir. Que como los Santos tengamos el coraje de dejar ir todas las cosas por Cristo; de vivir con la convicción indudable de que ganar amistad contigo es ese tesoro más grande que es más que el oro. Amén.

17ª semana del Tiempo Ordinario Jueves.
Éxodo 40:16-21,34-38; Salmo 83(84):3-6,8,11;
Mateo 13:47-53
Qué amable es la morada de Dios.

El estribillo del salmo de hoy establece el tema de nuestra reflexión; dice: "¡Qué amable es tu morada, Señor Dios nuestro!" (Salmo 84:1). En otro lugar, el salmista sobre la alegría de ir a la casa del Señor dijo: "Un día en tu atrio es más que mil años en otro lugar" (Salmo 84:10). Una tienda para el Señor era necesaria mientras Israel salía de Egipto hacia la tierra prometida. En la primera lectura leemos que Moisés había terminado la tienda para el Señor como se le había ordenado, y ahora la tienda se convirtió en un punto desde donde el Señor estaba guiando a Israel hacia la libertad y la alegría que anhelaban.

El Señor venía de día, en una columna de nube, y de noche como una columna de fuego (Éxodo 13:21). El Señor se aseguró de que tuvieran protección las veinticuatro horas del día, los siete días de la semana. El Señor, con la presencia de la tienda, tomó el control de la batalla por ellos. Recordemos las palabras de Dios a Joasfat en el libro de Crónicas: "la batalla no es tuya, sino mía" (2 Crónicas 20:15). El Señor no estaba peleando de su lado.

El éxito es del Señor. Esto me recuerda las palabras alentadoras de mi profesor, el Dr. Innocent Osuagwu, que decían: "el éxito es 99 por ciento transpiraciones y uno por ciento inspiraciones (la mediación de Dios), donde el uno por ciento de inspiración es lo que lo determina todo". Con la presencia de la tienda, símbolo de la presencia de Dios, la victoria y el éxito de Israel estaban asegurados. Es esta presencia la que reconocemos cada vez que hacemos la señal de la cruz cuando pasamos por cualquier iglesia, que Dios habita aquí y confiamos en él.

La lectura nos recuerda nuestra necesidad de tener nuestros lugares y tiempos sagrados para Dios. Las grandes comunidades tienen lugares sagrados para Dios, las grandes familias tienen tiempos especiales para encuentros con Dios. Por lo tanto, durante nuestros tiempos especiales debemos consagrar todo nuestro día y encomendarle nuestras preocupaciones. Debemos reconocer cuán débiles somos, así como cuán confiados estamos en que con Dios a nuestro lado todas las cosas son realizables.

Trabajar y caminar con el Señor nos prepara para que en el día del juicio seamos parte del reino de Dios y nunca estemos entre aquellos que serán arrojados fuera de las redes. Aquellos juzgados dignos de entrar en la morada de Dios; el lugar para todos los que anhelaron y soñaron morar en la casa del Señor por los siglos de los siglos Amén

así: "Yo sé los planes que tengo para ustedes" (Jeremías 29:11). El escultor conoce el plan, el barro no. Si seguimos el plan del escultor, tendremos paz

El Evangelio nos dice que llegará un tiempo de separación entre los buenos y los malos. Los buenos son aquellos que, mientras estuvieron en la tierra, siguieron los planes del escultor, que fueron maleables a la voluntad de Dios, que, como la Madre María, siempre le dijeron a Dios y a sus exigencias: "hágase en mí según tu palabra" (Lucas 1:37-38).

Cuando llegue el momento del juicio, el Señor, el pescador, se quedará con los buenos y desechará los malos. Monseñor Ibole, que fue mi rector cuando yo estaba en el seminario menor, después de leernos las reglas y los reglamentos el mismo día que llegamos al seminario en 1987, concluyó con la declaración: "si guardáis las reglas del seminario, el seminario os guardará". El Evangelio de hoy también nos recuerda que si guardamos las reglas del reino (los mandamientos de Dios), el reino nos guardará. La elección es nuestra, elegir ser incluidos o excluidos.

Oh Dios, danos sabiduría para saber siempre que nos espera un día de ajuste de cuentas en nuestro viaje aquí abajo. Que elijamos seguir tu voluntad, servirte fielmente y obtener tu paz cuando terminemos. Amén.

17ª Semana Viernes Tiempo Ordinario.
Levítico 23:1,4-11,15-16,27,34-37; Salmo 80(81):3-6,10-11;
Mateo 13:54-58
Nunca desacredites la verdad por familiaridad.

En la historia de la filosofía antigua, se observó que Sócrates fue asesinado por quienes lo conocían, los griegos; no reconocieron su verdad y lo acusaron de corromper a los jóvenes. Sin embargo, la historia enseña que años después de su muerte, la tierra de Grecia juró que nunca más volverían a matar a nadie como Sócrates. Por supuesto, esta es la difícil situación de quienes dicen la verdad, especialmente a sus familiares y amigos. Esta fue también la difícil situación de Cristo, que lo hizo decir: "Un profeta no es honrado sino en su propia tierra y en su propia casa" (Mt. 13: 57-58).

Sócrates se aferró a la verdad y contrarrestó toda la falsedad que propagaban los sofistas para quienes no existía nada parecido a la verdad. La visión de los sofistas es, por supuesto, la que prevalece hoy en nuestro mundo confuso. Para ellos: "todo vale y todo es permisible". El contenido de su creencia es: la verdad es relativa: el hombre es la medida de todas las cosas. Sócrates argumentó en contra de esta postura, para él o es verdad o mentira, justo o injusto, correcto o incorrecto. Como tal, no puede ser correcto e incorrecto al mismo tiempo.

Cristo vino a corregir las prácticas y creencias erróneas de su tiempo. Enseñó la verdad de una manera muy atractiva y sus enseñanzas fueron acompañadas de señales y prodigios. Los escribas y fariseos quedaron impresionados por su sabiduría y sus grandes obras. Sin embargo, se negaron a recibir el mensaje porque creían que sabían de dónde venía, conocían a su padre, madre y hermanos, etc. Era un caso de familiaridad que engendraba desprecio. Un amigo me dijo hace algún tiempo que, por muy competente que sea uno en gramática, la peor persona a la que hay que intentar corregir es siempre un familiar o un amigo; aquellos que creen que son cercanos a ellos. No es fácil, ya que a menudo puede generar enemistad. Si uno se mantiene firme en la verdad, sin duda corre el riesgo de ser malinterpretado.

Sin embargo, la verdad es una deuda que tenemos con el amor. Si vemos que nuestro ser querido se desvía, debemos hablar al respecto; si nuestro ser querido tiene un olor moral que no es saludable, el amor nos impone el deber de corregirlo. Sin embargo, al hacerlo, debe hacerse con amor y respeto. Que nunca rechacemos las Buenas Nuevas ni dejemos de seguir la verdad porque presumamos que conocemos a la persona de la que proviene. Aquellos que hicieron eso en tiempos de Cristo se arrepintieron, "no hizo allí muchos milagros" (Mateo 13:58), y si nosotros hacemos lo mismo, sin duda nos arrepentiremos también.

Oh Dios, por tu amor por nosotros, sigues enviándonos mensajeros que necesitamos en cualquier momento. Que podamos acogerlos y estar abiertos a las palabras que nos envías. Que nuestra familiaridad con el mensaje o con el mensajero no constituya un obstáculo para la aceptación de tu palabra de vida y de amor. Que tus signos susciten en nosotros más fe. Amén.

17° Sábado Semana del Tiempo Ordinario.
Levítico 25:1,8-17; Salmo 66(67):2-3,5,7-8;
Mateo 14:1-12
Nuestras decisiones deben honrar a Dios y beneficiar a la humanidad.

En la primera lectura tomada del libro de Levítico, Dios recordó a los israelitas que todo lo que pasaron en Egipto debería hacer que siempre estuvieran decididos a asegurarse de que nadie fuera maltratado como lo fueron en manos del Faraón. El énfasis aquí fue que los extranjeros siempre deben ser tratados de manera justa. Este es un llamado a que todos estemos abiertos a ayudar a quien sea que lo necesite desde Jerusalén hasta Jericó. Es una elección sabía qué hacer y agrada a Dios.

Somos grandes personas cuando todo lo que hacemos en la vida es ver que, independientemente de los desafíos que enfrentamos en el pasado, estamos haciendo lo mejor que podemos para hacer la vida menos desafiante para los demás que vienen después de nosotros. Los grandes padres, grandes líderes, grandes maestros y grandes médicos, etc., se relacionan con los desafíos que han atravesado, y usan esas experiencias para mejorar la vida de quienes los siguen. El desafío que Dios le presentó a Israel es el mismo que nos da a nosotros; quiere que hagamos lo mejor que podamos para causar alegría y no tristeza; en todas las cosas ayudar y no obstaculizar.

Nuestra elección de ayudar a los necesitados es una elección de servir a Dios, quien dijo: "todo lo que hagan a uno de estos hermanos míos más pequeños, a mí me lo consideran hecho" (Mateo 25:40). Él viene a nosotros como un extraño; lo que hizo cuando vino a Abraham y Sara (Génesis 18:6) y nos ofrece oportunidades para cuidarnos unos a otros; quiere que nos cuidemos unos a otros; que hagamos a los demás lo que esperamos que nos hagan a nosotros. Recuerde que en las Escrituras hubo quienes hospedaron ángeles sin saberlo; por eso, nunca eche de menos a sus ángeles cuando se crucen en su camino.

Herodes tuvo la oportunidad de elegir entre ser justo y equitativo o condenar a Juan el Bautista solo para complacer a Herodías. Él eligió agradar a los hombres, para mantener su reputación como líder y, por lo tanto, se distanció de Dios. En nuestra toma de decisiones, nuestra determinación debe ser agradar a Dios. Si terminamos agradando solo a los hombres, el resultado es triste y muy desastroso. Las grandes decisiones deben impactar positivamente las vidas de las personas y deben honrar a Dios, quien es la fuente de todo bien en nosotros.

Oh Señor Jesucristo, experimentaste la difícil situación de los extraños y exigiste que tus siervos cuidaran de los extraños y de los que están lejos de casa; danos la gracia de ser amables con todos los extraños que encontremos, en nuestra iglesia, nuestros hogares, en nuestros lugares de trabajo, así como en todos los encuentros. A través de todas nuestras decisiones, Oh Señor, que seas glorificado Amén

DECIMOOCTAVA SEMANA LUNES A SÁBADO

18ª Semana Lunes Tiempo Ordinario.

Números 11:4-15; Salmo 80(81):12-17;

Mateo 14:13-21

Compasión y liderazgo.

En el evangelio de hoy, los apóstoles se acercaron al Señor Jesús y pidieron que se permitiera a la multitud salir, ya que se estaba haciendo tarde, para que pudieran ir a la ciudad a buscar algo de comer antes de que fuera demasiado tarde y fuera imposible que llegara ayuda. Supusieron que la multitud sería capaz de cuidar de sí misma y pensaron solo en sí mismos. A menudo, nosotros también presumimos equivocadamente y nos negamos a ser generosos debido a nuestras presunciones. El Señor les enseñó más bien lo que es la verdadera compasión; exige acción para dar una mano, haciendo algo tangible; como alimentar a los hambrientos.

Las acciones deben seguir a la compasión auténtica. Cristo dijo: "No necesitan ir; denles ustedes mismos algo de comer". (Mateo 14:19ss) Entonces les preguntó si tenían algo consigo, y ellos reconocieron 5 panes y 2 peces, y les pidió que se los trajeran; oró por ellos, y luego lo repartió y cinco mil hombres fueron alimentados ese día.

Los apóstoles sintieron que lo que tenían, 5 panes y 2 peces, sólo les serviría a ellos. Lo reservaron para sí mismos y nunca quisieron compartir. La mayoría de las veces, por miedo pensamos que si compartimos, nos faltaría. Pero el Señor nos ha enseñado que cuando compartimos, multiplicamos incluso lo poco que tenemos. También enseñó que no necesitamos esperar hasta tener en abundancia antes de comenzar a compartir. Si traemos lo poco que tenemos, las bendiciones de Dios las multiplicarán más allá de nuestra imaginación. Dios espera que demos generosamente de lo poco que tenemos, él sabe lo que tenemos con toda sinceridad y sabe cuándo hemos dado realmente. ¿Qué estás haciendo para ayudar a aliviar el hambre y aliviar el sufrimiento de las masas hambrientas en nuestro tiempo y en el mundo?

Israel, en su camino hacia la tierra prometida, clamó a Moisés cuando tenía hambre; sin embargo, Moisés, a su vez, hizo lo que estaba a su alcance para responder a sus preocupaciones. Hoy, los pobres de nuestro mundo nos miran. Así como Cristo ordenó a los apóstoles que les dieran algo de comer, Él también exige acciones de nosotros, no palabras o meros sentimientos. Tenemos el encargo de alimentar a los pobres.

La compasión se trata de acciones; en la compasión, reconocemos que no es justo que sufran, y acompañamos nuestro reconocimiento con acciones para asegurarnos de que los pobres reciban algo de comer. En el mundo actual desperdiciamos tanto que, si reducimos cuidadosamente nuestros desperdicios, gran parte del hambre que vemos se reducirá radicalmente o incluso se erradicará. A diferencia de los israelitas, que fueron crueles con Moisés con todas sus reacciones, elijamos apoyar a nuestros líderes con nuestras oraciones y con nuestras ideas constructivas sobre cómo se podrían abordar los problemas que enfrentamos en nuestras comunidades e iglesias.

Señor Dios, danos corazones compasivos hacia los necesitados de nuestro tiempo. Haz que escuchemos tus palabras que nos llaman a hacer algo para ayudarlos. Que podamos hacer todo lo posible para ayudar. "Ayudemos y no estorbemos". Para mayor gloria de Dios, amén.

18va Semana Martes Tiempo Ordinario.
Números 12:1-13; Salmo 50(51):3-7,12-13;
Mateo 14:22-36
El pecado duele; Dios sana.

Debido a una envidia infundada, Miriam y Aarón se quejaron contra Moisés preguntando por qué Dios debería elegir a Moisés y no a ella y Aarón. ¿Por qué Dios lo elegiría a él y no a ellos mismos? Miriam es la hermana de Moisés que debería haber cooperado con la misión que Dios ha confiado al cuidado de su hermano. Ella sentía que sabía quién era Moisés; por eso se destacó contra Moisés y Aarón y criticó la elección de Dios por él.

En consecuencia, su reacción desencadenó la ira de Dios. Si nos oponemos a la obra de Dios, Dios ciertamente luchará contra nosotros. Ella fue herida de lepra. La lepra en Israel se asocia con alguien que ha pecado contra Dios. El compasivo Moisés oró a Dios y Dios escuchó a Moisés y restauró a su hermana.

Moisés es un gran líder, que sabe cómo utilizar mejor la zanahoria y el palo. Da misericordia cuando es lo que genera el resultado requerido, y expresa un semblante de insatisfacción cuando la gente aparentemente está decidida a trabajar contra Dios. Cuando su ser querido está enfermo, él o ella desea perdón, cuidado y preocupación. No es un momento para la venganza. Debemos ayudar a nuestros seres queridos enfermos; el tiempo de enfermedad no es el momento de recordar sus pecados, sino que debemos unirnos para ayudar.

Él es un líder que siente los dolores del pueblo y se identifica con sus dolores individuales. Tan pronto como Miriam se contagió de lepra, toda su energía y oraciones se desviaron a liberar a la hermana que se estaba ahogando. Dios no se complace en la muerte del pecador, sino que desea que se aparte de su mal camino y viva; esa también debe ser nuestra actitud hacia los pecadores; odiar el pecado, pero tratar al pecador con amor. En todo, lo que le importaba a Moisés eran las preocupaciones del pueblo; si lloraban, lloraba con ellos y si estaban contentos, también estaba contento con ellos, también si tenían hambre, se identificaba con ellos. Tenía el carácter de un verdadero líder que atraviesa con el pueblo lo que sea que esté pasando.

Jesús en el evangelio, después de trabajar largas horas con el pueblo, tuvo que descansar un poco. Fue a un lugar secreto para orar. Como siervos de Dios, debemos tener un tiempo tranquilo con Dios para funcionar eficientemente todos los días. Sin embargo, mientras descansaba, la gente que lo buscaba lo encontró. Todo el pueblo de Genesaret en ese momento trajo a todos los enfermos a él y buscaron tocar el borde de su manto para ser sanados. De las dos lecturas de hoy, veremos que la presencia de Dios en medio de nosotros trae sanación y bendiciones sobre nosotros. Sin embargo, es a través de la fe que accedemos a las bendiciones que vienen con la presencia de Dios en medio de nosotros; por eso pedimos al Señor que aumente nuestra fe.

Oh Dios, sanaste a Miriam y a los enfermos de Genesaret. Por favor, ayúdanos a que quienes nos acercamos a tu palabra y sacramento con fe podamos alcanzar tu sanación. Que podamos encontrarnos con el Señor con una fe fuerte como la gente de Genesaret que tocó el fleco de tu manto y fue sanada. Oh Señor, sé nuestro sanador. Amén.

18ª Semana Miércoles, Tiempo Ordinario.
Números 13:1-2,25-14:1,26-29,34-35; Salmo 105(106):6-7,13-14,21-23;
Mateo 15:21-28

Avanzando con una fe firme.

Los que fueron a la misión de explorar la tierra regresaron con un mensaje desalentador. Expresaron que la misión era imposible. Sin embargo, Caleb, que fue con fe y creencia en lo que Dios puede hacer, regresó con palabras de aliento. Al leer sobre Caleb, uno recuerda el mensaje y la poderosa respuesta del ángel a María, cuando María le preguntó cómo se cumpliría la profecía de su concepción: "con Dios todo es posible" (Mt. 19:26). Caleb también creía que con Dios guiándolos, el éxito estaba doblemente asegurado.

Cuando nos movemos con Dios, preferimos no desanimarnos con la presencia de las espinas, sino ser atraídos por la atracción de las rosas. Cuando la fe de Caleb nos guía a través de cualquier desafío en la vida, entonces no nos sentiremos abrumados por la magnitud de los problemas, sino que estaremos motivados a seguir adelante por el hecho de que confiamos y dependemos del poder y la grandeza de nuestro Dios. Esto es lo que se conoce como una "fe que mueve montañas".

Esta misma fe está ejemplificada por la mujer poseída por demonios. Ella estaba decidida a ser sanada. Sin embargo, estaba siendo probada. Necesitaba desesperadamente la rosa, pero el Señor trató de ver cuán decidida estaba con su pedido al señalarle el posible daño que podrían venir de las espinas. Sin embargo, ella expresó total confianza en Dios. Su resolución era tan fuerte e inquebrantable.

Para probar su fe, Cristo dijo: "Yo fui enviado a las ovejas perdidas de la casa de Israel" (Mateo 15:24). También se le dirigió la palabra así: "No está bien tomar el pan de los hijos y echarlo a los perros" (Mt.15:25). Ante todo esto, ella estaba concentrada y tenía una fe firme en que había llegado a su última parada de autobús, el final de sus tiempos dolorosos. Todos necesitamos esta fe para aferrarnos tenazmente al final. Muchas veces, cuando las personas abandonan la carrera es cuando con un poco de paciencia podrían haber alcanzado su sueño. No permitas que los comentarios que te distraen te hagan perder el foco en la vida. Conoce lo que realmente necesitas y céntrate en ello.

Oh Señor, muchos de nosotros enfrentamos un desafío u otro. Danos la fe de Caleb para que nunca desesperemos; Danos valor para saber siempre que no importa cuán gigantescos sean nuestros problemas, tú, el Dios Todopoderoso, los superas y siempre puedes abrirnos caminos donde no los hay. Amén.

18ª Semana Jueves Tiempo Ordinario.
Números 20:1-13; Salmo 95:1-2, 6-7, 8-9;
Mateo 16:13-23
Tú eres el Cristo, el Hijo de Dios vivo.

A la pregunta: "¿Quién dice la gente que es el Hijo del Hombre?" (Mt 16:13) dirigida a los apóstoles, ellos se quedaron perplejos. Para responder, los apóstoles mencionaron varias personas/nombres. Luego les preguntó quién creían ellos que era él, un enigma mucho mayor. Pedro habló por los apóstoles. Lo dijo bien y fue aplaudido. En la práctica médica, se dice que cuanto más sabemos de nuestros médicos, más tendemos a confiar en su práctica. De la misma manera, cuanto más sabe un discípulo de su maestro, más posibilidades tiene de ser un verdadero embajador o un representante eficaz del maestro. Un discípulo que sea digno de ese título debe conocer muy de cerca al maestro, sus gustos y disgustos.

Cristo se estaba dirigiendo a sus discípulos, a quienes estaba preparando para continuar su misión cuando regresara al Padre. Buscaba conocer verdaderamente a todos los que lo habían estado siguiendo, si eran fieles a su llamado. Un verdadero discípulo es aquel que ya no sigue al maestro basándose en chismes o rumores, sino en una convicción total. Para determinar esto, les preguntó: "Y ustedes, ¿quién dicen que soy yo?" (Mt 16,15). Lo que le respondieron es muy importante de notar: "Tú eres el Cristo". El Hijo de Dios vivo".

Las palabras de Pedro (que habló en nombre de otros apóstoles) confirman que ciertamente se puede confiar en que sus apóstoles comunicarán correctamente el verdadero mensaje a los posibles seguidores de Cristo. El adagio latino dice que solo podemos dar lo que tenemos (nemo dat quod non habet). Para llevar al pueblo a Cristo, necesitamos estar completamente informados acerca de a quién servimos. Cristo necesitaba la confirmación y la respuesta de Pedro la proporcionó.

En la primera lectura, el pueblo de Israel se alió contra Moisés y Aarón porque no podían encontrar agua para ellos y su ganado. Tenían sed. Este tipo de reacción indica que a pesar de todo lo que Dios había hecho por ellos en Egipto, el pueblo todavía no ha sabido quién fue el que los había elegido; no han podido ver la mano de Dios que había estado trabajando en sus tratos pasados.

Si tenemos ese conocimiento personal necesario de Cristo, lo recibiremos como nuestro Señor y Salvador personal. Más aún, el mundo que nos rodea ciertamente dará testimonio de que Cristo vive en nosotros. Recordemos que los primeros seguidores de Cristo vivían de una manera que todos los que los conocieron tenían que decir que eran seguidores de ese hombre. Por lo tanto, reflexionemos siempre sobre esta pregunta, ¿quién es Cristo para mí? ¿Quién es él para ti? Es muy necesario para nuestra vida diaria. Quién es él dará forma a todo lo que nos rodea; Cómo comemos, cómo bebemos, cómo reaccionamos ante las dificultades y los desafíos.

Con Cristo en nuestro corazón, antes de cualquier acción, la consideraremos a la luz de lo que Cristo hubiera hecho y de lo que Él espera de nosotros; entonces dejaremos que Cristo nos guíe y nunca intentaremos actuar como Pedro, que quería obstaculizar la misión de Cristo. Como Cristo, tendremos el coraje de decir sí a Dios todo el tiempo y no a todo lo que se oponga a la voluntad de Dios.

Oh Dios, el conocimiento de ti salva, por favor aumenta en nosotros este conocimiento; aumenta nuestra fe para que a través de nuestras palabras y acciones, como Pedro, podamos decir con valentía: "Tú, Señor, eres el Cristo, el Hijo de Dios vivo".

18ª Semana Viernes del Tiempo Ordinario.
Deuteronomio 4:32-40; Salmo 76(77):12-16,21;
Mateo 16:24-28
Dios está con nosotros incluso en nuestros peores momentos.

Cuando sabemos de dónde nos guio Dios, que empezamos de la nada, apreciaremos cada día de nuestra existencia; cuando recordemos lo humildes que fueron nuestros comienzos; cómo empezamos de la nada a lo que sea que hayamos logrado hoy, siempre permaneceremos asombrados y sorprendidos. Empezaremos a usar cada oportunidad para ser amables y buenos con las personas en agradecimiento por las formas amables en que Dios nos ha mostrado amor.

Hace muchos años, mi abuelo Pa Paul Aguwa compartió la historia de cómo él y su hermano menor sobrevivieron a la época de la esclavitud. Siguió dolido hasta la muerte por cómo se llevaron al otro hermano (el mayor), pero agradecido de haber sobrevivido. Continuó: "Siempre era de noche cuando venían los malvados captores. Sin embargo, a medida que pasaba el tiempo, por orden de su madre, dormían en un árbol Ugba (árbol de aceite de soja) para esconderse de ser atrapados; esto sucedió muchas veces hasta que un día, su madre decidió llevarlos a su hogar materno, donde vivieron durante muchos años hasta que terminó la esclavitud. Después de la esclavitud, pasaron por otra época malvada: la época colonial; otra era perversa; luego vino la guerra civil de 1967-70, donde más de 5 millones de biafreños fueron asesinados injustamente, solo por querer ser libres. Él experimentó mucho, recordarlos a todos le hizo permanecer eternamente agradecido a Dios, aunque triste cada vez que contaba la historia por la maldad por la que pasaron.

Sin embargo, fue todo esto lo que resultó en su conocida actitud de tratar con amor y respeto a quienquiera que se encontrara en la vida. De hecho, muchas almas grandiosas recuerdan cuán injusta había sido la vida con ellas y aún así eligen que deben permanecer en todo momento agradecidas a Dios y también deben ver que tales estructuras injustas en cualquier nivel sean totalmente erradicadas.

Todos necesitamos conectarnos con nuestras historias; recordar las muchas formas en que Dios te ha salvado; te sorprenderás y vivirás en eterna gratitud; eligiendo todo el tiempo abrazar la regla de oro; hacer a los demás lo que esperamos que nos hagan a nosotros. Hablando de gratitud eterna, me identifico más con el Padre Dr. Obielu Clement, de bendita memoria, quien fue mi rector durante mis días de seminario. Después de sobrevivir a un accidente automovilístico y a un robo con unos meses de diferencia, se describió a sí mismo como si ahora estuviera viviendo un tiempo prestado; una vida prestada.

En realidad, si reconocemos cuán privilegiados somos de estar aquí hoy, nos gustaría que Israel, como mi abuelo y Monseñor Obielu, sintiera esa necesidad de decir siempre con nuestras palabras y acciones: "A Dios sea la gloria". Nuestra mayor gratitud a Dios, por lo tanto, es nuestra elección sincera de nunca herir u odiar a nadie.

Contando con las muchas maneras en que hemos sido favorecidos, Dios nos ordena esto: "Por eso es necesario que ahora sepáis y fijéis en vuestro corazón que el Señor es Dios arriba en los cielos y abajo en la tierra, y que no hay otro. Guardad sus estatutos y mandamientos que yo os ordeno hoy". En nuestra gratitud por sus grandes intervenciones en nuestras vidas, reconocemos entonces que realmente no hemos hecho nada sin él; y que él nuestro Señor lo hizo todo.

Porque apreciamos sus favores, estamos decididos a renunciar a todo lo demás como lo exige el evangelio, con tal de que solo Jesús reine. Entonces, el Señor se convertirá ahora en nuestro mayor valor y activo sobre el cual todo lo demás alcanza su significado y propósito. Dios ha sido bueno contigo y conmigo, proclamemos al mundo cuán bueno ha sido Dios con nosotros; que también nosotros, a través de nuestras buenas acciones y palabras sanas, hagamos que el mundo que nos rodea diga alto y claro que: "Dios es bueno, todo el tiempo".

Oh Dios, que nunca demos por sentado toda tu bondad, sino que la irradiemos y la reflejemos a través de la bondad que mostremos a todos los que encontremos; que todos juntos reconozcamos hasta los confines del mundo con nuestras palabras y nuestras obras que tú, oh Señor, eres nuestra ayuda en los tiempos pasados y nuestra única esperanza para los años venideros Amén.

18.ª Semana Sábado.
Deuteronomio 6:4-13; Salmo 17(18):2-4,47,51 ;
Mateo 17:14-20
Sin fe, agradar a Dios se vuelve imposible

Si alguien afirma ser un buen luchador, por lo general tiene que haber una competencia de lucha libre donde la persona demuestre su valor como luchador. Si uno no puede probar su afirmación, se considerará que actúa incorrectamente; que afirma ser lo que no es. Cuando Abraham fue elegido por Dios para ser su siervo, llegó el momento en que Abraham debía demostrar que estaba decidido a aferrarse a Dios; que para Abraham: Dios es el mayor bien, en quien debemos confiar en todo momento.
Él no tenía hijos, pero estaba decidido en su resolución de esperar en el Señor. Cuando estamos arraigados en la fe, creeremos que mientras Dios viva, no hay montaña que no podamos escalar, ni desafíos que estén más allá de nuestro control.

En nuestra expresión de fe, reconocemos con valentía que Dios tiene la última palabra en todas las cosas y que tiene el poder incluso de guiarnos a través de las vicisitudes de la vida. Con la fe, nos esforzamos por no escuchar nunca la voz del miedo que nos presenta a quienes han fallado en el pasado; o incluso que nos hace referencia a las veces en que nosotros mismos hemos fallado. El miedo nos da razones por las que es mejor que no actuemos. Estamos hechos para mirar al pasado, y eso nunca nos ayuda. Pero la fe, por otro lado, es totalmente positiva.

La fe del grano de mostaza comienza gradualmente como una pequeña semilla, continúa creciendo; nos volvemos fieles en las cosas pequeñas y, gradualmente, también avanzamos hacia cosas mayores. La fe nos hace decir sí a Dios de manera gradual y decidida, hacemos lo que Dios nos llama a hacer, vamos a donde Él quiere que vayamos, mantenemos relaciones sanas y piadosas.

Con una fe total, debemos tener la confianza inquebrantable de que con Dios todas las cosas son posibles. En la primera lectura, Moisés recordó a los hijos de Israel que debían acercarse a Dios con fe. Deben tener fe en lo que Dios ya ha hecho, así como en lo que Dios aún debe realizar en nuestras vidas. Por último, tenemos el deber de enseñar la fe a nuestros hijos; recordemos que el catecismo de la Iglesia Católica establece inequívocamente que los padres y los ancianos en nuestros hogares son los custodios de la fe y deben garantizar que la fe se extienda a todos y cada uno.

Oh Dios de lo imposible, aumenta nuestra fe, para que con María nuestra madre y José su esposo nos aferremos a ti resueltamente. Amén.

DECIMONOVENA SEMANA LUNES A SÁBADO
19na Semana Lunes Tiempo Ordinario
Deuteronomio 10:12-22 ;Salmo 147:12-15,19-20;
Mateo 17:22-27
Deberes cívicos divinamente sancionados.

Moisés vuelve a hablar al pueblo sobre las exigencias que Dios les hace; recuerden la entrega de los diez mandamientos en Éxodo capítulo veinte. En resumen, todo lo que se les exige es: "temer al Señor y seguir sus caminos" (Deut. 10:12). Estamos llamados a amar a Dios con todo nuestro corazón; a ver a Dios como un Valor mayor que cualquier otra cosa y como anterior a cualquier otra cosa. Además, Moisés les dijo que Dios querría que fueran cariñosos y atentos con los extraños. Les dijo que siempre recordaran sus dolores como peregrinos y que trataran siempre de tratar a las personas de manera amable, y evitaran tratar a las personas de las formas poco amables en que los amos de esclavos los trataban. Lloraste cuando te maltrataron, así que nunca causas dolor a los demás. Esto es lo que Dios exige de todos nosotros.

En la lectura del evangelio, después de narrar a sus seguidores lo que iba a sufrir por venir a salvar a sus hermanos y hermanas; su pasión y muerte. Cuando llegaron a Cafarnaúm, los recaudadores de impuestos exigieron a Pedro el impuesto que Pedro no podía pagar. Sin embargo, más tarde Jesús le pidió que fuera y pescara un pez, y luego abriera la boca y encontraría dinero para pagar el impuesto.

Con esto Cristo aprobó que todos debemos contribuir con nuestra cuota para ver que la sociedad funcione. El pago de impuestos es una gran exigencia, un deber cívico para todos nosotros. Con nuestros impuestos, cuando se administran bien, se brindan servicios; los menos privilegiados reciben la mejor atención posible y todos los servicios necesarios están disponibles para todos. Nuestros impuestos deben usarse para servir incluso a los extraños. Quien esté en necesidad debe ser atendido; con esto también Cristo desafió las estructuras que explotan a los extraños; leyes que tienden a tratar a los extraños como seres humanos inferiores a los llamados ciudadanos. Su regla de oro entra en juego aquí también. Él nos exige que hagamos a los demás lo que nos gustaría que nos hicieran a nosotros. Esto es similar a las demandas que Moisés le dijo a los israelitas que Dios busca de ellos.

Oh Dios, Nuestro Señor misericordioso, concédenos corazones para amarte por sobre todas las cosas, y para amar a nuestro prójimo como a nosotros mismos. Que te reconozcamos en los extraños que encontremos y los tratemos como nos gustaría que nos trataran a nosotros. Haznos ciudadanos responsables de nuestra tierra. Amén.

19ª Semana Martes Tiempo Ordinario.
Deuteronomio 31:1-8; Deuteronomio 32:3-4ab, 7, 8, 9 y 12;
Mateo; 11:29ab
Saliendo del escenario con buen corazón.

La lectura de hoy trata sobre los últimos días de Moisés como líder en Israel. Vimos a Moisés mostrándonos cómo los grandes líderes salen del escenario. En primer lugar, están agradecidos a Dios por darles el privilegio de servir al pueblo; el segundo punto es que cuando salen, entregan el mando a aquellos que ellos juzgan como grandes líderes que continuarán guiando al pueblo por el camino de la grandeza. Cuando le estaba dando el encargo a su sucesor, Josué, le aconsejó que se aferrara a Dios. Se le aseguró que el papel que asume como líder en Israel proviene de Dios; y Dios que lo nombró nunca le fallará ni lo abandonará.

Se le dio la descripción del trabajo de guiar a los hijos de Dios a casa. Más aún; Él llamó al pueblo a apoyar a Josué en la realización de esta meta dada por Dios; qué gran manera de dejar poderes, dejando a la comunidad en buenas manos. Los grandes líderes querrían que la institución siguiera viva después de que ellos se fueran. Dejan grandes legados al partir; de modo que sus buenas acciones permanezcan indelebles en los corazones de la gente.

¿Cómo estás preparando a tu familia para cuando te vayas? ¿Les estás dando un gran fundamento en la fe? ¿Estás usando tu testamento escrito o verbal para crear confusión o paz y justicia entre tus hijos; o los estás estableciendo en amor y cuidado mutuo? Ahora es el momento de sembrar la semilla del amor entre ellos; hazlo ahora mismo para que cuando se vaya, prevalezca el reino del amor. En el evangelio, Cristo animó a sus discípulos a abrazar en todo momento el servicio mientras evitaban todo rastro de competencia malsana y rivalidad estúpida. Esto tiene que terminar en nuestros hogares, en la iglesia y en todos los tratos sociales.

Dios nuestro padre, bendice a nuestros líderes, que tengan la voluntad de servir a nuestros hermanos y hermanas para tu gloria y honor; que evitemos la competencia malsana y abracemos la colaboración en todas nuestras empresas Amén

19ª Semana Miércoles Tiempo Ordinario.
Deuteronomio 34:1-12 ; Salmo 65(66):1-3,5,16-17;
Mateo 18:15-20
Los últimos días de Moisés.

La muerte de Moisés nos señala el hecho de que cualquier posición que ocupemos hoy, ya sea en nuestras familias, en la iglesia o en la comunidad en general, nunca durará para siempre. Todas nuestras posiciones son transitorias. Por lo tanto, todos estamos en un escenario y debemos tratar de hacer nuestra parte mientras todavía tenemos la pelota en nuestra cancha. Debemos desempeñar bien nuestros papeles. Moisés era muy consciente de que no iba a estar allí siempre, por lo tanto, tenía una estrategia de salida y un plan de reemplazo. Estaba preparando a Josué con vistas a continuar la obra salvadora de los israelitas si sucediera que no pudiera continuar.

Moisés es un gran líder que es desinteresado. Imagínenselo; Se le negó la oportunidad y el privilegio de ir a la tierra prometida, después de haberle mostrado la ciudad desde lejos, pero él tenía el mejor interés de sus parientes en todo lo que hacía. El hecho de haber perdido el privilegio lo habría hecho oponerse con ira a todo lo que beneficiara a la ciudad y a la gente. Estaba interesado en ver que todos fueran tratados de manera justa y respetuosa.

¿Qué planes estás haciendo en tu familia o en tu lugar de trabajo? ¿A quién estás capacitando hoy para que te reemplace en el futuro en lo que haces para servir a la comunidad? Prepara a tus hijos y a tu familia hoy para que cuando ya no estemos, todas nuestras decisiones sean para su bienestar. Por lo tanto, no crees confusión cuando dejes un lugar de trabajo; como Moisés, haz que el lugar del que salgas sea mejor que el que encontraste.

Más aún, en el evangelio, escuchamos al Señor llamándonos a abrazar siempre la reconciliación. Esta también es una gran tradición a la que nuestras familias pueden aferrarse para atraer las bendiciones de Dios. ¿Qué es lo que no podemos reconciliar? Recordemos que Desmond Tutu, el arzobispo anglicano de Sudáfrica, insistió mucho en el poder de la reconciliación en sus palabras: "sin perdón, no habría progreso". La iglesia de Dios está en el negocio del perdón; Dios, a quien ofendemos, nos perdona muchas veces, y nos corresponde a nosotros perdonarnos unos a otros como somos perdonados en Cristo.

Señor, enséñanos a entender cuán transitorias son nuestras posiciones humanas. Que usemos todas las bendiciones y los privilegios que disfrutamos para buscar tu rostro y crecer en la fe, la esperanza y el amor. Amén.

19ª Semana Jueves Tiempo Ordinario.
Josué 3:7-11,13-17; Salmo 113A(114):1-6;
Mateo 18:21-19:1
Al perdonar, nos volvemos como Dios.

Sin perdón en todos nuestros tratos humanos, nuestro viaje hacia el cielo se vuelve imposible. Esta es la visión que el arzobispo Desmond Tutu de Sudáfrica orquestó durante la era posterior al apartheid en Sudáfrica. Él dijo: "El perdón no es nada menos que la manera en que sanamos el mundo. Sanamos el mundo sanando todos y cada uno de nuestros corazones. El proceso es simple, pero no es fácil". Cristo enseñó sobre varios pasos que podríamos dar para traer de regreso a los hermanos descarriados.

Sin embargo, que la cuestión del perdón era una enseñanza muy difícil, lo veríamos por la reacción de incluso Pedro, que habló por los apóstoles, haciendo una pregunta. Pedro le preguntó al Señor cuántas veces se nos permite perdonar; hasta qué punto podemos entonces trazar la línea. En respuesta, el Señor dice en sentido figurado que este es el proceso en el que debemos involucrarnos constantemente.

En el proyecto del perdón, el que perdona es el héroe. Cuando perdonamos, liberamos al ofensor, e incluso a nosotros mismos. Basta con observar la historia del evangelio. Cuando el amo perdonó al siervo que le debía una suma enorme que no podía pagar, el siervo era como uno completamente liberado, pero tan pronto como no perdonó, se encadenó nuevamente. Incluso duplicó sus castigos.

El mensaje del perdón es básico en el cristianismo; por lo tanto, el evangelio de ayer se centró en él, y volvió a surgir hoy. Siempre que el Señor dedica mucho tiempo a un tema, lo hace para enfatizar cuán importante es el punto, cuán esencial es la enseñanza para nuestra vida diaria, y cuán esencial es eso para nuestra salvación.

Somos imperfectos y siempre contamos con Dios para el perdón, también debemos estar abiertos a dar lo que recibimos o no tendremos el derecho en ningún momento ni ningún día a recibirlo más. Esta enseñanza es dura, sin embargo, la gracia siempre puede hacer que el camino sea fácil y sencillo para nosotros. Más aún, si aceptamos el perdón demostramos que somos hijos de Dios; recordemos la firme postura de las bienaventuranzas, que los pacificadores son real y verdaderamente hijos de Dios.

Hoy Josué ha comenzado su misión salvífica sobre Israel, dejó en claro que la obediencia a la palabra de Dios es todo lo que necesitarían para alcanzar las alturas; la exigencia de perdonar también es un mandato de Dios, y mantenerlo nos abre oportunidades; alegría aquí y alegría en el más allá.

Dios, nuestro padre de misericordias, tú perdonas y a través de eso nos mandas a perdonar a los demás. Concédenos la gracia de estar abiertos a perdonar las heridas de los demás en agradecimiento por las muchas veces que nos has mostrado misericordia; concédenos que seamos misericordiosos para que también nosotros podamos recibir misericordia. Haznos instrumentos de tu paz Amén.

19ª Semana Viernes Tiempo Ordinario.
Josué 24:1-13; Salmo 135(136):1-3,16-18,21-22,24 ;
Mateo 19:3-12
Recordando nuestros humildes comienzos.

La mayoría de las grandes personas tienen comienzos maravillosos y humildes. Esto corrobora el dicho popular de que: "de las dificultades surgen los héroes". Estos héroes son aquellos que han intentado muchas veces algo y han fracasado esas veces; que triunfaron después porque no se dieron por vencidos. Algunos no tuvieron a nadie que los ayudara a levantarse, pero aun así la gracia de Dios los encontró y los levantó. Algunos tuvieron a quienes podrían haberlos ayudado, pero miraron hacia otro lado, pero aun así alcanzaron su meta en la vida. Muchos de nosotros tenemos nuestras historias de comienzos humildes; muchos alcanzaron alturas que todavía los sorprenden. Las historias de comienzos humildes pueden ser sobre individuos y también pueden ser sobre personas, o una nación.

Esta es exactamente la historia de Israel como pueblo. Desde el llamado de Abraham a Moisés y contando, notamos cómo Dios sacó a Israel de la nada y lo llevó a alturas inimaginables: "En otro tiempo ustedes no eran pueblo, pero ahora son pueblo de Dios" (1 Pedro 2:10). Dios eliminó a grandes naciones de las tierras que ocupaban para establecer a su pueblo. En todo lo que sucedió, notamos que no hicieron nada, mientras que fue Dios solo quien lo hizo todo. Cuando, como Israel, recordamos cuán humildes son nuestros comienzos, no podemos evitar decir con el salmista: "No a nosotros, Señor, sino a tu nombre da toda la gloria" (Salmo 115).

Muchos de nosotros venimos de comienzos pobres, muchos de familias con hogares inestables, algunos tenían a ambos padres muertos cuando eran pequeños como en el caso de San Juan Pablo, el Papa, quien a pesar de todo lo que sucedió en su vida todavía se veía a sí mismo en el centro de atención. Cuando miremos hacia atrás desde donde empezamos hasta lo que nos hemos convertido, la realidad nos mirará fijamente y reconoceremos que no fue por nuestra espada ni por nuestro cuenco, sino por la mano del Señor (Josué 24:13).

Las palabras de Josué hoy también significan mucho para nosotros: "Os di una tierra en la que no trabajasteis, y ciudades que no edificasteis, en las que habitaréis. Comeréis del fruto de viñas y olivares que no plantasteis" (Josué 24). Mucho de lo que disfrutamos hoy son las labores de héroes que pasaron antes que nosotros. Cuando veamos las cosas desde el punto de vista de la mano de Dios guiando en todas las cosas, estaremos agradecidos a Dios por todas sus bendiciones, exhibiremos humildad en el uso de nuestros dones.

Cuando Josué comienza como líder después de Moisés, quería refrescar la memoria del pueblo a la realidad de que lo que están haciendo es un pacto establecido hace mucho tiempo. La vida de Israel y Dios es un pacto vinculante, Dios siempre ha sido fiel, nosotros también debemos ser fieles en nuestra parte, Josué nos llama a hacer esto. El evangelio de hoy habla del matrimonio. Es una unión que Dios estableció, un pacto, las partes involucradas deben ser sinceras en sus tratos entre sí y asegurarse de permanecer en amor. Es un pacto como el que existe entre Dios e Israel.

Los grandes matrimonios no ocurren en aislamiento, las parejas deben llevar a sus amigos y familiares con ellos; dando a las familias y amigos lo que les corresponde; las familias y los amigos también deben corresponder los gestos de amor con amor. Deje que su éxito dependa de Dios, y su éxito estará asegurado. Más aún. Se menciona el compromiso con el celibato voluntario. Se nos anima a seguir cualquier camino que nos conecte más con Dios nuestro padre. Abraza a todos en amor.

Oh Dios, haz que apreciemos todos tus favores que nos han traído hasta aquí. Al mirar tus maravillas de antaño, que podamos admirarte con fe y amor; que puedas unir a todos en matrimonio en un amor que nunca se pueda romper. Amén.

19.ª Semana Sábado.
Josué 24:14-29; Salmo 15(16):1-2,5,7-8,11;
Mateo 19:13-15
Los adultos deben transmitir la fe

Jesús era un niño y debe haber sabido que el mejor momento para presentarle algo a cualquier niño es cuando el niño es maleable y tierno. Cualquier interés que un niño desarrolle durante su niñez permanece indeleble en su vida. La mayoría de los grandes músicos, bailarines o gurús del deporte conocidos hoy en día comenzaron sus carreras cuando eran jóvenes. Por ejemplo, muchos sacerdotes y monjas comenzaron a tener y alimentar el sueño de abrazar la vocación mientras eran adolescentes. Los padres de Timoteo en las Escrituras fueron elogiados por criar a Timoteo como alguien que conocía las Escrituras desde su nacimiento.

Si a un niño se le hace creer que la educación es el valor más alto, el niño apreciará el aprendizaje; si se le hace creer en los deportes, las historias deportivas lo ocuparán más. Si la alimentación saludable es un valor que ponemos en sus manos, ellos se vuelven muy conscientes de lo que comen. Sin embargo, si las cosas de Dios son lo que la familia o los padres valoran tanto, el niño se volverá más piadoso. Si apreciamos la verdad y la justicia, el niño bajo nuestro cuidado también será influenciado en esa dirección. Hoy, Jesús quería que los niños fueran llevados a él, quería bendecirlos y darles la gracia y la fuerza que necesitarían para convertirse en grandes siervos de Dios.

A menudo, escuchamos a padres que dan excusas por las cuales no traen a sus hijos a Misa los domingos. Dicen, él o ella llora mucho. ¿Por qué te molesta que estén llorando? Jesús no tiene fronteras, y la iglesia no tiene fronteras, ¿por qué deberías tú tener fronteras? ¿O estás buscando excusas para no ir? Debes saber que a medida que los llevamos, la gracia de Dios que obra en ellos continuará moldeándolos hasta el punto de que en algún momento, se acostumbrarán a la costumbre de la iglesia. Puede que no entiendan todo lo que sucede en la iglesia ahora, pero aun así tráelos. Ni siquiera los apóstoles comprendieron de una vez todo lo relacionado con la fe; lo fueron comprendiendo poco a poco, y Cristo fue paciente con ellos.

En lugar de preocuparnos porque los niños lloran, agradezcamos a Dios por tenerlos, seamos pacientes con ellos. La iglesia, tú y yo, estamos llamados a agradecer a Dios por su presencia, también debemos orar por ellos y enseñarles acerca de la fe.

Hoy, agradecemos de manera especial a todos aquellos que se ofrecen como voluntarios para enseñar la fe a los niños en nuestras iglesias; sus esfuerzos son apreciados; ustedes son el Cristo de nuestro tiempo que da la bienvenida y ora por los niños. Debemos tener una agenda para nuestros niños; necesitan ser llevados a Jesús, debemos llevarlos a Jesús en el bautismo, oramos y los encomendamos a Dios para que tome el control absoluto de sus asuntos, que conceda éxito a la obra de sus manos.

Ezequiel, mencionó anteriormente que los pecados de los padres esperarán a los padres, y no a los hijos. También dio a entender que los padres tienen el deber de dar ejemplo a los hijos. Si se les enseña y deciden seguir el camino equivocado, serán castigados, pero ningún niño se beneficiará de la mala acción de los padres. Cuando educamos a nuestros hijos, se mantendrán alejados de los caminos que conducen a la muerte, eligiendo siempre caminar por el camino de la grandeza; ese camino que conduce a la alegría. Josué como líder jugó el papel de cualquier padre en relación con la fe de sus hijos. Josué llamó a Israel a comprometerse con Dios.

Debemos desafiar a nuestros amigos y familiares sobre la necesidad de ser serios con y en las cosas relacionadas con nuestra fe. Josué despertó al tibio Israel, debemos desempeñar este papel unos con otros, hacerles comprender que están en el lugar equivocado, para que se levanten y hagan lo correcto; para decir como Israel así: "nosotros también serviremos al Señor".

Oh Dios, te damos gracias por el don de nuestros hijos, concédenos que podamos guiarlos correctamente. Toca y bendice a nuestros hijos, para que mañana, puedan convertirse en el orgullo de nuestras familias, nuestra iglesia, nuestra tierra y el mundo entero. Amén.

VIENTE SEMANA DE TIEMPO ORDINARIO LUNES A SÁBADO

20ª Semana Lunes Tiempo Ordinario

Jueces 2:11-19;

Salmo 105(106):34-37,39-40,43-44;

Mateo 19:16-22

Dios necesita nuestra atención indivisa.

La semana pasada, en la solemnidad de la Asunción de nuestra bendita madre María, mencionamos que la fiesta era una consecuencia del sí total y completo de María a Dios. Su atención a Dios fue final, total e indivisa. Dios se complace con nosotros si nos acercamos a él con atención indivisa. El evangelio de Mateo de hoy capta la mente de Dios sobre esto de esta manera: "no podéis servir a Dios y a las riquezas" (Mt. 6:24). Todo lo que Dios necesita de nosotros es atención total.

En la primera lectura de hoy leemos que a pesar de todo lo que Dios había hecho por Israel, como hemos leído en las semanas anteriores, Israel tenía su corazón en otra parte. Estaban adorando a Dios y a Astarot, lo que como era de esperar enfureció a Dios. La consecuencia de su infidelidad fue que ahora se volvieron impotentes, y sus enemigos a quienes en el pasado conquistaron ahora tenían ventaja y superioridad sobre ellos. Ahora los saqueaban a su antojo. En el caso de que aquellos a quienes inicialmente ganaron los estuvieran ganando ahora. En su tiempo tormentoso clamaron a Dios y él envió jueces.

Durante el tiempo de los jueces, el pueblo estaba imitando las buenas prácticas de los jueces enviados; oraron y confiaron en Dios, luego Israel volvió a tener éxito en la batalla y en todos los aspectos de su vida. Pero una vez que los jueces se fueron, Israel recayó en sus viejos malos caminos. Dios generalmente envía a los jueces para enseñarles lo que espera de ellos y para llevarlos de regreso al camino correcto. Dios no quiere que ellos y nosotros nos extraviemos, por lo tanto, sigue ofreciendo oportunidades para que los extraviados regresen a casa; para que estén menos distraídos y se concentren en Dios.

El verdadero amor de Dios es total y no admite distracciones. El hombre que vino a Cristo en el evangelio vino con la pregunta correcta. ¿Qué se requiere para heredar el reino? Él afirmó que había cumplido las leyes desde que era joven, pero Cristo lo atrapó cuando lo llamaron a renunciar a todas las distracciones y concentrarse en Dios.

Se le exigió que vendiera todo y diera el dinero a los pobres, y luego viniera y me siguiera. Fue entonces cuando mostró verdaderamente dónde estaba su corazón. ¿Qué es lo que está compitiendo con el lugar de Dios en tu vida, es la familia, la amistad, el dinero, el trabajo, la carrera o el crecimiento profesional? Crezcamos, hemos crecido solo cuando Dios ha tomado el lugar prioritario que le corresponde en nuestro esquema de cosas. Recuerda que cuando Dios toma su lugar prioritario, entonces las demás cosas estarán en su lugar apropiado. La Madre María le dio a Dios su posición prioritaria durante toda su vida, y esa fue la razón por la que todas las demás cosas en su vida estaban en su lugar apropiado. ¡Dije que ella lo dio todo! Ella lo dio todo y lo recuperó todo en Dios.

Oremos: Dios, nuestro Padre, necesitas que te entreguemos nuestros corazones. Oh Dios, danos la gracia de darte siempre tu lugar prioritario en todas las cosas y en todo momento, entonces todas las demás cosas estarán debidamente ubicadas en nuestras vidas, en nuestros hogares, en la iglesia y en el mundo. En todas las cosas, oh Señor, que te busquemos primero. Amén.

Semana 20 Martes Tiempo Ordinario.
Jueces 6:11-24; Salmo 84(85):9,11-14;
Mateo 19:23-30
Dios usa a los humildes para grandes hazañas.

Se cuenta una historia sobre un pastor enviado a una parroquia donde sentía que era el menos calificado para administrar. Sin embargo, él comprendió su incapacidad, pero fue motivado por la analogía de lo que sucede entre el cuello pequeño y la cabeza grande. Observó cómo el cuello muy pequeño controla la cabeza grande, imaginó que si Dios equipaba el cuello pequeño para la cabeza grande, él también proporcionaría la fuerza para cualquier tarea que confiara a sus siervos. Y con esta mentalidad tuvo un éxito masivo en su tarea.

Más aún, es casi el curso de acción bíblico natural que Dios elija a los menos calificados para sus grandes tareas. En la elección de uno de los hijos de Jesé como rey sobre Israel, fue el pequeño mocoso, David, quien fue elegido mientras que los hermanos fueron rechazados. David fue el que inicialmente no fue invitado porque se creía que era inexperto, y el menos calificado que más tarde resultó ser el héroe del día. Era el menos calificado, pero aun así fue elegido por Dios para alcanzar alturas. Jeremías también se sintió incapacitado. Jeremías incluso le ofreció a Dios razones por las que él era el más inadecuado para asumir la misión. La mayoría de los grandes mensajeros de Dios y sacerdotes suelen compartir lo incompetentes que se sintieron ante la elección que Dios hizo de ellos.

Israel perdió la fe en Dios debido a sus pecados, y sus enemigos ahora les dieron duros golpes. Sin embargo, Dios salvó a Israel. Gedeón, el más insignificante, fue el instrumento elegido por Dios para el trabajo. En su elección, Gedeón señaló todas las incapacidades descalificadoras en él que lo hacían no apto para la tarea. Sin embargo, a Gedeón se le dio la seguridad de que, aunque pudiera parecer joven y pudiera ser el más joven de su familia, una familia insignificante, que aunque tuviera esos rasgos aparentes descalificadores, la gracia de Dios lo guiaría. La fuerza para seguir adelante vendrá de arriba; porque nuestra ayuda debe venir del Señor, creador del cielo y la tierra.

¿Por qué Dios va por los humildes? Cuando pensamos que hemos alcanzado ciertas alturas, que tenemos todas las conexiones o que venimos de entornos adinerados, generalmente se instala el orgullo; y cuando el orgullo reina, se suprime la gracia. El poder de Dios brilla más en nuestras debilidades e incapacidades. Las palabras del salmista nos llaman a: "Mirad al Señor y resplandeceréis" (Salmo 34:5). Es solo cuando nos enfrentamos a nuestra indignidad que podemos mirarlo con humildad. Esta humildad es lo que hizo que María se ganara el cariño de Dios, quien siempre exalta a los humildes y despide a los ricos orgullosos con las manos vacías.

Dios sabe que el Gedeón que tiene en todos nosotros, solo necesitamos confiar en él y comenzaremos a lograr hazañas para su Santo nombre. El conocimiento de nuestras debilidades nos hace elegir siempre mirarlo a él. Como el Señor le dijo a los apóstoles sobre lo difícil que es para los ricos heredar el reino, concluyendo luego que todas las cosas son posibles con Dios. De la misma manera, las cosas difíciles se volverán fáciles y alcanzables para nosotros cuando caminemos valientemente con el Señor. ¡Sí! Cuando lo miremos, seremos radiantemente victoriosos.

Oh Dios, tú eliges a los humildes para avergonzar a los orgullosos; Te pedimos humildemente que hagas que nuestros corazones sean tan mansos y humildes como los tuyos. Que siempre te miremos en todas las cosas. Por tu gracia, que como María, nuestra reina y madre, podamos brillar con esplendor para tu gloria ante todos los que encontremos. Amén.

20° Miércoles del Tiempo Ordinario.
Jueces 9:6-15; Salmo 20(21):2-7; Mateo 20:1-16.
Abimelec el gobernante; Jesús el líder.

En el estudio del liderazgo como curso universitario, aprendimos que el liderazgo tiene que ver con la gestión eficaz de los recursos humanos y materiales a disposición del líder. Jesús era un líder, y como gran líder compartió la historia de lo que hacen los grandes líderes. Hacen lo mejor que pueden para crear oportunidades de trabajo para aquellos a quienes sirven. Los grandes líderes van a trabajar y se aseguran de que todos trabajen también.

El amo iba a distintas horas del día contratando trabajadores y empleando trabajadores en su viña. Como gran líder también, siempre sigue las políticas. Lo que se acordó también debe cumplirse. Los líderes no están por encima de las políticas, pero deben respetarlas y protegerlas; y asegurarse de que las políticas nunca se vean comprometidas. Mire la pregunta: "¿Por qué están aquí de brazos cruzados todo el día?" (Mateo 20:6). En la pregunta, vemos la preocupación de Cristo como lo indica el tono: si desperdicias todo tu día sin hacer nada, ¿quién te alimentará? Cristo odia la ociosidad y necesita que nos conectemos con los talentos que Dios nos dio y también que nos movamos para usarlos para agregar valor a nuestro mundo, nuestra iglesia, nuestras familias y a nuestras vidas individuales. Hay un gran bien en trabajar.

Hoy, sin embargo, el principal problema con el liderazgo en nuestro mundo es que la mayoría de quienes ocupan puestos de liderazgo son acaparadores de poder como Abimelec, que usurpan poderes y perpetran abusos de autoridad. Abimelec, habiendo sido nombrado rey, fue a la familia de Jerubabel y asesinó a todos sus hijos, excepto a Jotam, quien escapó.

Hizo eso para asegurarse de que nadie se le opusiese. Su liderazgo no era liderazgo sino dictadura. Al mirarlo, uno recuerda el adagio popular: "un mal trabajador pelea con sus herramientas". En lugar de involucrarlas para que fueran útiles para la comunidad, las asesinó. Los grandes líderes comienzan como servidores maravillosos. Como grandes servidores; Buscan la mejor manera de servir y nunca qué ganancias obtener; cultivan talentos y se niegan a involucrarse en la destrucción de talentos y habilidades.

Si llevamos el evangelio más allá, notamos que Cristo nos llama a todos, somos los trabajadores a quienes se les dio el privilegio de trabajar para Dios. Que nuestro objetivo sea dar lo mejor de nosotros; use sus talentos de manera digna, no compare ni compita de manera malsana. En cambio, necesitamos colaborar, recordemos siempre que nuestro objetivo, sin importar cómo o cuándo comenzamos, es ver el rostro de Dios al final de la carrera. Entre nosotros: "ayudemos y no obstaculicemos" (Pantaleon Iroegbu). Como el dueño de la viña, seamos generosos con nuestros dones.

Oh Dios, eres un líder que se preocupa por sus hijos. Aborreces la ociosidad y ocupas a tus hijos con un empleo remunerado. Observa a nuestros jóvenes de hoy, concédeles sabiduría para descubrir sus dones y talentos y abrir oportunidades hoy. Haz que escuchen tus palabras nuevamente: "Vayan también ustedes a mi viña".

20ª Semana Jueves Tiempo Ordinario.
Jueces 11:29-39a; Salmo 40:5,7-8a,10 (R. ver 8a,9a);
Mateo 22:1-14
Cumplimiento de promesas y compromisos.

Hoy vemos replicado el patrón de oración de Ana, la madre de Samuel y esposa de Alcana. En su situación desesperada, en una situación de esterilidad, Ana clamó a Dios, en su oración hizo una promesa de dedicar cualquier hijo que Dios le diera al servicio de Dios durante toda su vida. Ahora, cuando el niño llegó, ella cumplió su palabra. Hoy, Jefté se acercó a Dios prometiéndole que si el Señor le concede la victoria sobre los amonitas en la batalla, quien se le acerque primero será ofrecido al Señor como ofrenda de acción de gracias.

Jefté llegó a casa después de la victoria y la primera en verlo fue la hija. Sin embargo, como esa era una promesa hecha a Dios, tenía que cumplirla. Jefté es un hombre de palabra. Nosotros también estamos llamados a ser hombres y mujeres de palabra. Si lo decimos, debemos hacerlo con sinceridad y esforzarnos por cumplirlo. Más aún, debemos tener cuidado al prometer algo que ofendería a Dios si nos sintiéramos obligados a hacerlo. Al igual que Jefté, todos hemos hecho promesas en un momento u otro.

Tenemos nuestras promesas bautismales, votos matrimoniales, en las ordenaciones, así como nuestros votos religiosos. ¿Qué pasa con las promesas que hacemos a las personas, como las promesas de estar presentes en sus ocasiones, como vimos en el evangelio de hoy, donde todos los invitados a un banquete de bodas fallaron a las parejas, ofreciendo excusas y razones endebles? Debemos desistir de no cumplir nuestras promesas. Dejemos que nuestras palabras sean nuestros vínculos.

Además, debemos aprender a orar como Jefté, cualquiera que sea nuestra necesidad, debemos pedirle a Dios con fe firme; una oración dirigida. Cuando prometemos de corazón sacrificarnos para apreciar la bondad de Dios, recuerden ir y cumplir su palabra; Tu promesa a Dios. El evangelio menciona que uno de los que vinieron al banquete no vino con la vestimenta adecuada. ¿Tienes la tuya?

La justicia es esa vestimenta que deben usar sus santos. Las personas justas son aquellas como Jefté que cumplen con su palabra. Las vestimentas se tejen con todas nuestras buenas acciones. A través de nuestras buenas acciones construimos mansiones en Dios para nuestra eternidad. Vayamos a sembrar semillas de bondad amorosa, ellas hacen que nuestras vestimentas sean brillantes y hermosas; y nos hacen queridos por Dios nuestro Padre. Con cada pequeña buena acción que emprendemos, agregamos un hilo para asegurar una vestimenta adecuada para ese banquete con nuestro Señor. El banquete en lo alto.

Señor Jesucristo, el maestro del banquete. Nos has invitado al banquete, una cita más valiosa que cualquier otra; que valoremos esta invitación; que trabajemos para ti al acercarnos a los demás, concédenos que vivamos vidas dignas, que a través de nuestras buenas acciones, seamos vestidos con las vestimentas de los santos en gloria; que al final recibamos tu cálido abrazo paternal Amén.

Viernes de la Semana XX. Tiempo Ordinario
Rut 1:1,3-6,14-16,22 ; Salmo 146: 5-6ab, 6c-7,8-9a,9bc-10;
Mateo 22:34-40
El verdadero amor implica sacrificio

Un dicho popular dice que: "en la prosperidad, nuestros amigos nos conocen; en la adversidad, conocemos a nuestros amigos". En la primera lectura, Elimelec abandonó Betel por falta de pan en Betel. Betel significa tierra de pan, dejar la tierra del pan en busca de pan en otro lugar indica el peor escenario posible. Partió en busca de comida a Moab y murió.ora Noemí lo perdió, así como a sus dos hijos que se habían casado en Moab.

Cuando murieron, llegaron noticias de que Betel había prosperado de nuevo, Dios había visitado la tierra, Noemí quería despedir a sus nueras antes de regresar a Betel, mientras que Orfa se fue con gusto, Rut estaba dispuesta a aferrarse a Noemí. El destino de Noemí no estaba claro para ella, pero estaba dispuesta a quedarse con ella. Rut estaba más preocupada por Noemí que por ella misma. Rut, se compadeció de esta anciana que había sufrido la pérdida de su esposo y dos hijos y declaró que le brindaría el apoyo que necesitaría hasta el final de su vida.

Rut demostró ser: "una amiga en necesidad que es una verdadera amiga". Hasta que no estés en una verdadera necesidad, no sabrás quién te ama de verdad; si parientes o amigos. Lo más sorprendente a menudo es que aquellos que menos esperábamos que nos ayudaran son a menudo los que están dispuestos a darnos tiempo o gastar sus tesoros para aliviarnos. Orfa es una amiga de buen tiempo, aquellos que carecen de amor, que solo se quedan con nosotros cuando todo es color de rosa y brillante a nuestro alrededor. Cuando el amor de Dios está en nuestros corazones, nuestro amor a Dios se manifestará en nuestro amor genuino por nuestro prójimo.

Rut pronunció una gran palabra que muestra hasta qué punto ama. Su cuñada Orfa había regresado a su pueblo, pero Rut no podía encontrar otra razón para vivir fuera de la vida con Noemí. Ella dijo: "No me pidas que te deje, déjame ir contigo, a dondequiera que vayas, iré, a dondequiera que mueras, moriré, tu pueblo será mi pueblo y tu Dios, será mi Dios". (Rut 1:16).

El verdadero amor nos mueve a hacer sólo lo que agrada al ser amado. El verdadero amor a Dios nos hará permanecer con Dios cuando el mundo, como Orfa, lo abandone. La palabra resuena con la palabra de fe que pronunció Pedro; cuando esas multitudes se sintieron incómodas al quedarse debido a la enseñanza de Cristo sobre la Eucaristía, Cristo preguntó si los discípulos también querían irse, ellos eran libres de irse, lo que llevó a Pedro a decir: "¿A dónde iremos, Señor?" (Juan 6: 68-69). El verdadero amor nos obliga a seguir al Señor sin dudar, contando siempre con Él como nuestra ayuda en los tiempos pasados y nuestra esperanza para los años venideros.

Oh Señor Dios nuestro. Fue el amor lo que te trajo a la tierra. Aumenta el amor en nuestros corazones para que podamos amar como Tú, dispuestos a darlo todo por el prójimo y por tu mayor gloria. Amén.

20ª Semana Sábado Tiempo Ordinario.
Rut 2:1-3,8-11,4:13-17 ;
Salmo 127(128):1-5;
Mateo 23:1-12
La humildad de Rut dio sus frutos.

El evangelio de hoy exalta la virtud de la humildad: "El que se humilla será enaltecido" (Mateo 23:12). Esto es exactamente lo que sucedió en la primera lectura. Rut, en humildad y por deseo, eligió quedarse con Noemí. Esta es una elección que le trajo maravillosas bendiciones.

Ella insistió en que iría con Noemí para estar con ella y consolarla después de haber perdido a su esposo y dos de sus hijos. Había llegado a Belén con Noemí y encontró a Booz, un hombre muy rico. Booz es uno de los que esperaron en el Señor durante ese tiempo de escasez. Él es un buen hombre que había esperado que Dios ciertamente intervendría en la difícil situación de Israel, y como se esperaba, en el momento apropiado, Dios intervino y restauró el pan a la casa del pan, Bet-elén.

La historia señala que Booz escuchó cómo Rut tomó la decisión de no regresar con su pueblo, y en cambio eligió quedarse para cuidar de Noemí. La historia de la bondad de Rut dejó una gran impresión en la mente de Booz, quien más tarde se casó con ella. Ella se casó con Booz, y su matrimonio condujo al nacimiento de Obed, quien a su vez se convirtió en el padre de David. La historia de la generación y su grandeza ha continuado hasta hoy. Si ella se hubiera ido como Orfa, ¿quién habría oído hablar de ella hoy? Solo una pequeña decisión que las personas toman en la vida puede ser el giro que puede llevar a una persona a las alturas o enviarla al hades.

Rut aceptó humildemente prestar el servicio y su humildad y bondad la llevaron a alturas inimaginables; la llevaron a su esposo. Tenga cuidado, porque no sabe a dónde puede llevarla en los años venideros su humilde y dispuesta actitud de servir a los necesitados hoy. La recomendación de Noemí hizo que Rut se ganara el cariño de Booz. Nuestra bondad hacia las personas hoy puede traer grandeza a nuestra familia, nuestra raza y nuestro pueblo en los años venideros. También puede transformar nuestras vidas como individuos.

Rut es una buena nuera que trabajó por la grandeza de la familia de su difunto esposo. Si va a formar parte de una familia, trate de hacerla más grande de lo que la conoció. Las grandes mujeres trabajan por el crecimiento y el desarrollo del lugar donde están casadas. Vienen con un buen corazón hacia todos y, en consecuencia, todos tienen un buen corazón hacia ellas. No están allí para poner a los hermanos en desacuerdo. Recuerde el dicho de que en la vida, uno recibe sólo lo que da. Estas grandes mujeres son grandes canales de amor y respeto mutuo entre parientes.

Las grandes mujeres fortalecen las relaciones fraternales entre hermanos. Por lo tanto, debido a que dan amor a todos, reciben amor a cambio de todos. Como una gran dama, ella; Noemí tenía buenos deseos para la familia, y Dios la bendijo en esa misma familia. Ella se convirtió en la madre de Obed, quien se convirtió en padre de David, de cuyo linaje vino nuestro Señor Jesucristo. Ella era una pagana humilde a quien Dios elevó a una altura más allá de su imaginación; la suya fue una historia de alguien cuya humildad la llevó de la nada a una altura mayor.

Oh Dios, tú amas la humildad, haznos humildes a imitación tuya. Que nuestra humildad nos haga sentir como aquellos en situaciones difíciles. Danos valor para hacer todo lo que podamos para levantarlos; mientras continúas elevándonos de situaciones de nadie a alturas mayores. Amén.

VIGÉSIMA PRIMERA SEMANA LUNES A SÁBADO
21ª Semana Lunes Tiempo Ordinario.
1 Tesalonicenses 1:1-5,8-10; Salmo 149:1-6,9 ;
Mateo 23:13-22
Coincidir nuestras palabras con nuestras acciones.

Los fariseos son conocidos en la comunidad por el hecho de que saben lo que es correcto hacer, enseñan lo que se debe hacer, pero hacen lo contrario de lo que enseñan y saben que es lo correcto. Cristo condenó esa práctica. Como maestros tenemos el mandato de: "creer lo que enseñamos, enseñar lo que creemos y practicar lo que enseñamos". (Rito de la Ordenación Sacerdotal).

En el evangelio de Mateo capítulo cinco, Cristo nos dio las bienaventuranzas, declarando que las diversas cosas que hacemos deben ser consideradas bienaventuradas. Se llaman las bienaventuranzas. Estas son las actitudes que nos califican para el reino. Las bienaventuranzas son acciones y elecciones dignas que hacemos para vivir para Dios; acciones grandes y humanas que practicamos que nos abrirán los cielos.

Hoy, cuando los fariseos engañaban al pueblo, viviendo vidas contrarias a las bienaventuranzas, el Señor los llamó a desistir de eso; se les está desafiando a vivir la vida que sus enseñanzas exigen. Deben vivir la vida que están presentando a otras personas. Esta maldición que el Señor proclama es una advertencia para que nosotros, los maestros, nos demos cuenta de que si enseñamos una cosa y actuamos en contra de ella, hay una consecuencia por ello. Por lo tanto, como los escribas y fariseos no se salvaron, si le fallamos, nosotros tampoco seremos salvados.

La parte principal del ministerio de la enseñanza ya sea para obispos y sacerdotes, o padres, así como para todos los que están en el ministerio de la enseñanza, es vivir nuestra fe: practicar lo que enseñamos. El hecho es que todo lo que nos interesa, todo lo que practicamos, a menudo se convierte en lo que atrae el interés de nuestros hijos: ellos tratan de replicar nuestras acciones y prácticas. Nuestras acciones y elecciones dan forma a lo que ellos llegan a ser. En la primera lectura, Pablo exaltó la vida digna; nuestras acciones hacen más que nuestras meras palabras.

Por ejemplo, si queremos enseñar a nuestros hijos el poder del aprecio y el valor que tiene, nosotros también debemos ser agradecidos. Ellos necesitan ver el aprecio manifestándose en las formas en que mamá y papá se relacionan y hablan entre sí a diario. Si queremos que sean respetuosos con las personas, debemos darles el ejemplo de respeto en casa. Se espera que nuestras acciones sean más fuertes que nuestras voces; atraen a más personas al Señor que nuestras meras palabras.

Oremos: Oh Dios, mientras vivías entre nosotros, querías que te imitáramos. Fuimos llamados a imitar tu mansedumbre y compasión. Como aquellos privilegiados de ser custodios de tu palabra, dotanos de coraje y determinación para trabajar siempre para ver que nuestras vidas/acciones correspondan a lo que enseñamos, para tu honor y gloria. Que seamos más hacedores de tu palabra y no sólo predicadores o meros oyentes de ella. Señor, ayúdanos con tu gracia. Amén.

21ª Semana Martes Tiempo Ordinario Año.
1 Tesalonicenses 2:1-8; Salmo 139:1-3;4-6;
Mateo 23:23-26
Predicando la Buena Nueva con nosotros mismos.

Pablo en la primera lectura de hoy nos enseñó que la mejor manera de atraer a la gente a Dios es predicar con nosotros mismos. Enseñar con nosotros mismos se trata de contar la historia de cómo el evangelio que hemos recibido está tocando todos los aspectos de nuestras vidas. Compartimos con ellos que lo que la buena nueva ha hecho en nosotros puede repetirse en sus vidas, si lo aceptan. En la publicidad, las personas se sienten atraídas por un bien o producto cuando somos capaces de convencerlas de cómo nuestras propias vidas se han beneficiado de dicho producto. Esto también es lo que los auténticos predicadores de la palabra están llamados a hacer.

Las personas se convencen de ir por el camino del Señor cuando nosotros que estamos en el camino mostramos la alegría que experimentamos al seguir al Señor. Les enseñamos a confiar en el Señor con nuestra actitud de confianza total. Siete hijos de la madre en Macabeos fueron convencidos de defender la verdad y al Señor, cuando vieron el testimonio del anciano Eleazar. Así, cuando las personas se sienten atraídas hacia Jesús a través de nuestros pequeños intentos de dar testimonio de Dios, estamos predicando las buenas nuevas con nosotros mismos.

Lo que Pablo enseña con su testimonio personal de Jesús es lo que los hipócritas a quienes Cristo condenó en el evangelio no lograron exhibir. Los hipócritas en su hipocresía viven en total contraste y en absoluta contradicción con lo que enseñan o esperan que la gente haga. Al igual que Pablo, que nuestras palabras, nuestras enseñanzas y nuestro testimonio convencido le digan al mundo que real y verdaderamente somos hijos e hijas de ti, Señor, porque eres tú quien realmente entiende la esencia de nuestro llamado como predicadores.

Que tu palabra, Oh Señor, nos ayude a elegir y actuar de maneras que te traigan honor y gloria mientras mejoramos las vidas de tus hijos; Oh Señor, Dios nuestro, Amén.

21ª Semana Miércoles Tiempo Ordinario.
1 Tesalonicenses 2:9-13; Salmo 138(139):7-12;
Mateo 23:27-32
Los impactos positivos importan.

Cuando hacíamos educación física en la escuela primaria, había una cosa que hacía que los estudiantes se interesaran más en el curso que en otros. Era, por supuesto, el hecho de que el maestro les mostraba de manera práctica lo que esperaba que hicieran. La canción sencilla que teníamos durante la educación física decía: "haz lo que yo hago". Durante la educación física, el maestro solía decir: "haz lo que yo hago" y los estudiantes en una canción respondían: "haremos lo que tú has hecho hoy".

Nuestros mejores maestros son aquellos que hacen lo que nos piden que hagamos. Pablo, escribiendo a la Iglesia de Tesalónica, alentó a la gente a trabajar duro y a desistir de la ociosidad. Señalando su propio ejemplo, les dijo también que él había trabajado duro para conseguir lo que solía usar para mantenerse, y que nunca había sido una carga para la iglesia. Si somos perezosos y tenemos una ética laboral pobre, nos resultará difícil alentar a otros a ser responsables. Pablo nos llama a tomarnos el trabajo en serio; él cree que hay una gran dignidad en el trabajo, y su ejemplo lo demostró.

Nuestros ejemplos hacen más por las personas, más que cualquier otra cosa. Pablo estaba impresionado de que los tesalonicenses se mantuvieran fieles a todo lo que aprendieron de él. Al igual que Pablo, los padres se alegran cuando después de muchos años sus hijos pueden replicar sus buenas vidas. Nuestros hijos son los ojos a través de los cuales el mundo nos ve.

¿Vamos a estar orgullosos como Pablo si la forma en que vivimos hoy se replica en nuestros hijos? Pablo dejó una gran influencia positiva en la gente. Nosotros también debemos dejar esa impresión para los que vengan después; para que puedan cantar alabanzas con orgullo de nuestras buenas acciones, y así emular nuestras buenas acciones. Siempre debemos dejar recuerdos maravillosos detrás.

Los escribas y fariseos leían sobre las malas acciones de sus padres. Trataban con los profetas, los mutilaban y mataban. Escuchaban cuán malas eran las decisiones de sus padres, e incluso los condenaban; sin embargo, en su época, ellos replicaban las mismas malas prácticas que exhibían sus padres. Con esto vemos la impresión que los malos ejemplos pueden dejar en las personas. Así, la vida de sus antepasados tuvo más impacto en ellos que cualquier otra cosa, lo que hacemos impacta nuestro mundo más que cualquier otra cosa.

La condenación o la maldición que Cristo da en el evangelio va a la condenación de los malos ejemplos que dejaron sus padres, así como también al que están dejando para la generación que viene después de ellos. Seamos cuidadosos con nuestras vidas, en general están influyendo en las vidas. Que nuestras influencias sean, por lo tanto, mucho más positivas.

Oh Dios, tu siervo Pablo tocó más vidas con la buena vida que vivió. Cada día nos encontramos con personas comenzando por nuestras familias, concédenos que podamos influir en ellas para que vivan mejor. Que tu Espíritu nos inspire a vivir como Tú para que con valentía y en todo momento podamos invitarlos a seguirnos como nosotros te seguimos a Ti, Amén.

21ª Semana Jueves Tiempo Ordinario.
1 Tesalonicenses 3:7-13; Salmo 89(90):3-4,12-14,17;
Mateo 24:42-51;
Estén siempre preparados.

En la parábola de hoy, el Señor Jesús nos llama a estar siempre preparados porque nadie sabe el día; señaló la certeza del último día, así como la incertidumbre de la fecha exacta, no sabemos la fecha exacta. En la mitología griega, existe esta historia sobre la deidad llamada Argos. Se dice que Argos tiene ojos fijos en todo su cuerpo, y debido al hecho de que tiene ojos por todas partes, Argos como diosa, podía ver todo lo que sucedía a su alrededor. Como tal, nada sucedía que permaneciera desconocido para la deidad. El idioma inglés fue influenciado por esto, por lo tanto, cuando decimos que uno tiene ojos de argus, significa estar vigilante 24 horas al día, 7 días a la semana. Esto es lo que Cristo exige hoy de nosotros; Una vigilancia y preparación permanente.

Estar preparado implica hacer sólo lo que debemos hacer. Vivir constantemente bajo la conciencia de que la demora puede ser peligrosa y de que el mejor momento para ser serios con Dios es ahora. Nos llama a desistir de la postergación. Las exigencias de la vigilancia nos llaman a tener cuidado con lo que decimos en todo momento, a tener en cuenta los amigos que tenemos en todo momento, a dónde vamos en todo momento y, sobre todo, a mirar detenidamente antes de decir algo que no hacemos.

La vigilancia que el Señor nos llama a adoptar exige que vivamos cada día que tenemos como si no tuviéramos ningún otro día. Cuando las personas llegan al punto de recibir cuidados paliativos, quienes aún conservan algo de conciencia hacen testamento, perdonan y buscan el perdón, etc. para prepararse al ver la inminencia de la muerte. Sin embargo, la mayoría de las personas encuentran su fin en la flor de la vida, cuando nunca esperaron que la muerte llegara. Sin embargo, ser sabio es vivir con la comprensión de que el día de hoy es un regalo de Dios y podríamos ser llamados a rendir cuentas de cómo vivimos en cualquier momento conocido por Dios y desconocido para nosotros. Que el lema del Escultismo sea entonces nuestra consigna: "Estad preparados".

Los tesalonicenses de la primera lectura de hoy estaban concentrados y sin distracciones; vivían cada día para el Señor, que sabían que podía venir cualquier día. Su actitud ante la buena noticia fue motivo de alegría para Pablo; esto también es lo que Dios espera de todos nosotros; él desea que todos vivamos preparados en todo momento; porque el último día es un hecho desconocido para todos nosotros los humanos; aunque conocido sólo por Dios.

Oh Dios, tú nos creaste y sólo tú sabes cuándo debemos venir a ti. Danos la gracia de vivir diariamente para ti. Que te elijamos tanto en nuestras palabras como en nuestras acciones, que salgamos cada día tan preparados como los que esperan en una parada de autobús, para que cuando terminemos nuestro viaje aquí, terminemos en ti, abrazándote como nuestro Salvador y nunca como un juez. Amén.

21ª Semana Viernes Tiempo Ordinario.
1 Tesalonicenses 4:1-8; Salmo 96(97):1-2,5-6,10-12;
Mateo 25:1-13
Sabiduría necesaria para tomar decisiones dignas.

Cuando Salomón fue nombrado rey de Israel, Dios le pidió que pidiera todo lo que necesitara. En respuesta a este privilegio de Dios, Salomón pidió el don de la sabiduría. La necesidad y la esencia de la sabiduría se expresaron en la oración de Salomón en el libro de la sabiduría cuando dijo: "Porque, aunque alguno sea perfecto entre los hijos de los hombres, sin embargo, sin la sabiduría que viene de ti será considerado como nada" (Sabiduría 9:6). Cuando tomamos decisiones sabias, vivimos en alegría y evitamos los remordimientos, especialmente los remordimientos eternos. Las vírgenes insensatas sufrieron remordimientos eternos por fallar en decisiones sabias. Por eso, con la sabiduría, ponemos a Dios por delante de cualquier otra cosa en nuestra escala de preferencias; y como dice el dicho cuando a Dios se le da su lugar prioritario, las demás cosas se colocarán apropiadamente.

Si a Dios se le da su lugar prioritario, haremos todo lo posible por agradarle y haremos todo lo posible para que se haga la voluntad de Dios. En la vida y en todo esfuerzo humano, siempre observamos que tenemos dos categorías de personas: los sabios, cuyas decisiones conducen a resultados grandiosos y dignos. Más aún, tenemos a los necios que se involucran en actos que son ofensivos para Dios y hostiles a la humanidad. Actos que les parecen placenteros, que a su vez se convierten en fuentes de sus arrepentimientos en el futuro.

Las personas sabias son proactivas, hacen previsiones para los días lluviosos antes de que lleguen los días de lluvia. Se mantienen alejadas de vidas destructivas, drogas, alcohol, vida inmoral destructiva y toda forma de duplicidad. Y debido a las decisiones sabias que tomaron, se evitan vidas lamentables. Aspiremos siempre a la sabiduría; oremos por ella como Salomón. Fue la sabiduría la que guió a todos los santos a elegir a Dios por sobre todas las cosas; para ellos Dios era prioritario. La sabiduría llevó a Mónica a orar por su hijo Agustín durante muchos años hasta que cambió. La sabiduría nos capacita para servir a Dios de manera eficaz en nuestros diversos llamamientos.

En el idioma igbo, la sabiduría como término significa: "amam, ihe?" ¿Soy sabio? Puede presentarse como una pregunta; también puede presentarse como una declaración: "amam ihe" para "soy sabio". Hoy se nos pregunta si somos realmente sabios. Esa es una pregunta que Dios nos presenta todos los días. Como las vírgenes prudentes, a través de lo que hacemos, las decisiones sabias y nobles que tomamos, especialmente en relación con nuestra fe; hacemos la declaración de que somos real y verdaderamente sabios; decimos individualmente: (amaram ihe- yo soy; somos sabios).

Oremos: Dios, dador de sabiduría y amante de los sabios; a través de nuestra necedad siempre nos descarrilamos, aumenta tu sabiduría en nosotros para que podamos elegir lo que te daría gloria; y vivir sabiamente todos los días para nunca arrepentirnos en el futuro. Que tu sabiduría, Señor, nos guíe. Amén.

21ª Semana Sábado Tiempo Ordinario.
1 Tesalonicenses 4:9-11; Salmo 97(98):1,7-9;
Mateo 25:14-30
El amor de Dios nos atrae.

Hace unos días celebramos a Agustín. Se desvió del camino correcto y fue devuelto a él gracias al poder de la oración de su madre. El amor de su madre era inmenso, y aun cuando parecía que toda esperanza estaba perdida para Agustín, la madre oró y esperó que Dios, a quien había invocado, causara el cambio necesario en la vida de su hijo. La madre amorosa será la última en darse por vencida con un hijo descarriado, atraerá al niño, orará por él, llorará por él y seguirá intentándolo hasta alcanzar su sueño. El amor hizo que Mónica siguiera orando hasta que Dios intervino. Al igual que Mónica, debemos hacer todo lo que esté a nuestro alcance para permanecer en el amor.

Pablo, en su carta a los tesalonicenses, les dijo que no les iba a hablar de amor, ya que ellos ya lo expresaban en todo lo que hacían. Sin embargo, les encargó que fueran aún más amorosos, que cada uno tomara en serio sus responsabilidades y, de ese modo, sirvieran a la comunidad de manera digna. Los animó a trabajar duro. Cuando todos cumplimos con nuestras diversas tareas por el bien de la comunidad y las hacemos con prudencia, tendremos una comunidad trabajadora sana. Cuando reina la ociosidad, la comunidad nunca tendrá paz; la comunidad sufre. Pablo los desafía diciendo que los problemas en la comunidad son el caso de que hay algunas personas que holgazanean, sin hacer nada que beneficie a la comunidad.

Esta misma visión fue orquestada en el evangelio. La historia contada era sobre la parábola de los talentos. En cada sociedad humana, sin importar el número de personas que Dios puso allí, Él tiene planes para ellas; tiene suficientes talentos necesarios para los servicios en esos lugares. El hecho es que tú y yo tenemos nuestros talentos. Cuando abrazamos nuestros talentos con amor, aspiramos a producir grandes resultados y desistimos de involucrarnos en estilos de vida poco saludables. Con el amor de Dios en nuestros corazones, nos esforzamos por conectarnos con nuestros talentos. Dios nos ha imbuido a todos con nuestros diferentes talentos; en todo momento debemos evitar la ociosidad y encontrar qué talentos y habilidades tiene Dios para nosotros; desarrollar nuestras habilidades; y conocer a quienes pueden ayudarte a desarrollar tus habilidades y usar regularmente tus talentos. Si nos negamos a usar nuestros talentos, los perdemos.

Los talentos que tienes son para la comunidad y Dios sabe cuándo los has utilizado bien, por lo que tiene expectativas diferentes de todos nosotros. ¿Cuál es entonces tu camino con tus talentos? ¿Cuáles son los tuyos, qué estás haciendo para hacerlos crecer? ¿A quién estás ayudando a conectar con sus talentos? Mónica, a través de sus oraciones y consejos, pudo hacer que Agustín volviera al buen camino. Cuando Dios aseguró su lugar apropiado en la vida de Agustín, fue entonces cuando comenzó a dar grandes frutos. Oramos para que la gracia despierte a todos nuestros jóvenes descarriados y los conecte con sus talentos. Que se conecten con las razones por las que Dios los trajo al mundo.

En relación con nuestros talentos, en lugar de una comparación malsana, el joven también podría haber colaborado con el resto que tenía más de Dios y, a partir de ahí, edificarse a sí mismo. La ociosidad es mala y mata.

Hoy también hablamos de una habilidad que se valora en el mundo de hoy; Habilidades de comunicación. Este joven holgazán, además de todos sus vicios, insolencia y falta de seriedad, tenía un mal hábito en cuanto a la comunicación. Lo que lo delataba era su forma de hablar. No era cortés. Cuando le daban un trabajo o un talento no entendía todos los detalles, debía haber preguntado qué era lo mejor que podía hacer. Si hubiera buscado el consejo de los sabios, no habría elegido responder al empleador de la manera negativa en que reaccionó.

Señor, para mantenernos ocupados, nos has otorgado grandes talentos, concédenos que los apreciemos y los usemos para prestarte servicios a ti y a nuestros hermanos y hermanas. Que usemos nuestro tiempo de manera juiciosa y eficaz para tu gloria y el bien de tus hijos; nuestros hermanos y hermanas. Amén.

VEINTIDÓS SEMANAS LUNES A SÁBADO
22ª Semana Lunes Tiempo Ordinario.
1 Tesalonicenses 4:13-18;
Salmo 95(96):1,3-5,11-13;
Lucas 4:16-30.
Familiaridad y Verdad.

Hay un dicho que dice: "la familiaridad engendra desprecio". Esta es la experiencia de Cristo incluso al comienzo mismo de su misión; él verá más de esto a través de su misión. También es la difícil situación de los mensajeros en todas las edades; incluso hoy. Aquellos que piensan que te conocen serán los que se opondrán a la verdad que llevas. En la familia, en el lugar de trabajo y en general en la vida. Leemos hoy que el primer día Cristo vino al templo y leyó del rollo del profeta Isaías. El mismo día, expresaron cuánto creían que lo conocían; y dieron eso como su razón para nunca aceptar la verdad que había traído. Pero la pregunta es; ¿Añade algo a la verdad el conocimiento que tienes de la persona que dice la verdad? La verdad sigue siendo verdad a pesar de ti o de mí.

¡Sí! Puede que conozcas al mensajero, quizá le hayas enseñado cuando estaba en la escuela, o le hayas dado de comer cuando no tenía nada que comer ni beber o incluso en el caso de Cristo sabes quiénes fueron sus padres. Acepta la verdad, no importa quién la lleve; es sólo Dios quien elige el instrumento que quiere; no necesita consultarnos para conformarse con su elección.

Jesús es la verdad, nos dice: «Yo soy el camino, la verdad y la vida» (Juan 14,6). Así que, donde está la verdad, allí está Cristo, cuando aceptamos la verdad, experimentamos bendiciones divinas y una paz que el mundo no puede ofrecer. La verdad es lo que elogia Pablo en la primera lectura. Aquellos creyentes murieron aferrándose a la verdad, y en la resurrección, recibirán la recompensa eterna en la morada celestial de los bienaventurados. Por tanto, apreciemos siempre la verdad; Dios la exige, y no permitamos nunca, en ningún momento, que la familiaridad engendre desprecio.

Dios Padre, tú eres la verdad eterna, concédenos el espíritu para estar siempre abiertos a la verdad. Que el hecho de que tengamos cualquier forma de afinidad con el mensajero no nos haga perder de vista la importancia y la esencia del mensaje que ha venido a salvarnos. Ayúdanos a defender siempre la verdad en nuestras palabras y acciones hoy y siempre. Señor, que tu verdad nos guíe Amén.

22ª Semana Martes Tiempo Ordinario.
1 Tesalonicenses 5:1-6,9-11;
Salmo 26(27):1,4,13-14 ; Lucas 4:31-37
Él nos necesita salvados.

Un enfermo terminal recibió la noticia de que se había encontrado la solución a su dolencia. Cuando se encontró con el médico, se llenó de alegría porque por fin había llegado la ayuda. Éstas, creo, serán las palabras de alegría que saldrán de la boca del endemoniado al ver a Jesús; el fin de su esclavitud está aquí. Jesús asumió su misión como narra el evangelio de ayer; recordemos que parte de su mandato es liberar a los cautivos; también es sanar a los enfermos; lo cumplió como vemos en el endemoniado, y como lo indicará el resto del evangelio.

Cristo retomó su Carta Magna, y la ha continuado a través de los siglos a través de sus ministros, sacerdotes y religiosos y todos los cristianos. Él nos necesita salvados tanto física como espiritualmente. Pablo, que estaba animando a los tesalonicenses, les advirtió que se mantuvieran alejados de toda clase de maldad y que vivieran siempre como hijos de la luz.

Basó su argumento en el hecho de que los planes de Dios para nosotros son nuestro bien, nuestra salvación. Abracemos al salvador que nos busca; invitemos como Pablo a la gente al plan que Dios tiene para todos nosotros. Él tiene nuestro bien en el corazón y desea que todos seamos salvos; de hecho, necesita que seamos salvos. Vayamos a compartir con el mundo la buena noticia de que Jesucristo es el salvador para todos nosotros, y solo en él está asegurada nuestra salvación.

Padre amoroso para que los pecadores no se extravíen, moriste en la cruz y resucitaste, dándonos así esperanza. Nos destruimos cuando nos descarrilamos y nos desconectamos de ti; en tu amor nos buscas. Crea en nosotros hambre de ti, para que estemos dispuestos a dejar entrar a Dios y a dejar salir todo lo que está en nosotros que no te da honor y gloria. Amén.

22ª Semana Miércoles Tiempo Ordinario.
Colosenses 1:1-8; Salmo 51(52):10-11;
Lucas 1:38-44
Jesús cura a la madre de Pedro

Hoy en el evangelio, vemos otra curación realizada por Cristo. Fue la curación de la suegra del apóstol Pedro. Existe esta comprensión de que la forma en que uno trata a los miembros de su familia determina también en gran medida cómo trata a los demás fuera del hogar. Jesús fue un gran líder y un gran amigo de sus seguidores, especialmente de su red inmediata de amigos, su círculo íntimo: los apóstoles. La suegra de Pedro estaba enferma y él se lo hizo saber a Jesús, y Jesús tuvo que cambiar todos sus planes para estar con Pedro y su familia.

Él siempre está con nosotros a través de cualquier cosa que estemos atravesando, y siempre se encargará de que no nos sintamos abrumados por los desafíos que enfrentamos. Siempre que tengamos familiares nuestros que hayan caído en una u otra enfermedad, como Pedro, debemos contárselo a Jesús; orientémoslos hacia Jesús, pues sólo Él puede sacarnos de estas situaciones. Él es nuestro gran amigo, que se detiene en nuestro lugar, para ver cómo y qué ayuda necesitamos para salir de la situación.

También es digna de mención la actitud de la suegra de Pedro que fue sanada. Ella tan pronto como mejoró, se levantó y se dedicó a servir a Dios. Si Dios nos salva de las enfermedades, lo hizo porque necesitaba que sirviéramos a nuestras familias, comunidades y al mundo en general. Pablo diría que: Dios nos consuela en nuestras dificultades, para que podamos consolar a otros en sus dificultades con el consuelo que hemos recibido de Él. (2 Cor. 1:4)

La suegra de Pedro entiende que Dios la salvó por una razón, para que ella pudiera servir a sus hermanos y hermanas. Al igual que el suegro de Pedro, todos nosotros en un momento u otro hemos pasado por experiencias cercanas a la muerte y enfermedades de las que Dios nos rescató; a través de todas ellas, Dios en su misericordia, continúa sosteniéndonos. Él siente con nosotros en nuestros dolores, que también nosotros, al ver a otros en los mismos dolores, podemos ayudarlos y nunca obstaculizarlos de ninguna manera.

Oración: Padre celestial, Tú cuidas de nuestro bienestar; hoy venimos a ti, nuestro sanador, con profunda fe, y te pedimos que cuides a todos nuestros seres queridos enfermos y hagas por ellos lo que hiciste por la suegra de Pedro. Cuando nos sanes, que como el suegro de Pedro permanezcamos siempre agradecidos contigo con nuestras vidas. Que nuestras vidas te sean agradables; que nuestras palabras y acciones aumenten en nosotros el deseo del cielo, ayúdanos a ser compasivos con las necesidades de los necesitados. Amén.

22 Semana Jueves Ordinario.
Colosenses 1:9-14; Salmo 97(98):2-6;
Lucas 5:1-11.
¿Alguien Necesita Tu Motivación?

Hoy en el evangelio el Señor se encontró con Pedro quien estaba pasando uno de sus peores días como pescador; trabajó toda la noche sin éxito. Fue en ese momento que Jesús vino, él es ese amigo que nos sale al encuentro cuando estamos totalmente desesperados y sin rumbo. En ese momento Pedro ya se había dado por vencido, pero Jesús vino y lo motivó a nunca darse por vencido. Le dio el coraje de intentarlo una vez más. Jesús le dijo: "rema mar adentro y echad vuestras redes para pescar" (Lucas 5:4-6). Esta orden llegó cuando estaban desanimados por haber intentado toda la noche sin nada que mostrar por sus esfuerzos.

Jesús motiva a Pedro y lo guía sobre lo mejor que debe hacer para tener éxito. ¿Hay personas a tu alrededor que están pasando por desafíos y que están a punto de darse por vencidas? ¿Aquellos que necesitan un estímulo? Recuerda que todos estamos llamados a animarlos; ser la fuerza de los demás. Debemos animar a las personas incluso con oraciones como lo hizo Pablo por los hermanos de Colosas.

Entre quienes necesitan nuestra ayuda/motivación se encuentran los siguientes: aquellos que enfrentan un diagnóstico médico inesperado, madres con niños difíciles, estudiantes con dificultades, esposos y esposas que enfrentan desafíos; o incluso aquellos con enfermedades muy graves. Cuando las personas enfrentan desafíos, nuestra motivación puede fortalecerlas enormemente. Los momentos de tormento no son momentos para juzgar y emitir juicios sobre aquellos que están desanimados. Es un momento en el que lo único que se necesita es motivación. Ofrécele a quienes tienen millones de razones para darse por vencidos muchas más razones por las que es mejor que lo intenten de nuevo; desafíalos con razones por las que nunca deben darse por vencidos.

A menudo, también, esos momentos desafiantes son momentos en los que Dios puede querer que pensemos en tomar otro rumbo que nos beneficiará a nosotros y a sus hijos e hijas. Cuando Jesús se encontró con Pedro, después de guiarlo hacia una mejor pesca, lo condujo además por un camino que desde entonces se convirtió en su misión de vida hasta la muerte; El Señor le dijo: "No temas; desde ahora serás pescador de hombres" (Lucas 5:11).

Ahora fue conducido a un ministerio más alto, para ser compañero del Señor en atraer almas a Dios. Por lo tanto, imitemos a Cristo al guiar a nuestros hermanos para que descubran el camino y el plan que Dios tiene para ellos. Mucha gente fracasa porque nadie los guio. Dios te tiene a ti y a mí para ser eso; lo que Jesús fue para Pedro, para nuestros hermanos desesperados e indefensos. Cuando hacemos esto, estamos salvando un alma.

Oremos: Dios Todopoderoso, nuestro gran consolador. Nunca desesperaste en la cruz y a través de tu perseverancia obtuviste la salvación para nosotros. Ayúdanos a estar decididos a seguirte en nuestras luchas para alcanzar nuestras metas en la vida. Danos coraje para motivar a los que están desesperados. Que podamos darles razones para aguantar y nunca darse por vencidos; en todas las cosas, nunca nos rindamos, que vivamos con el hecho de que mientras Dios viva, todavía no se acaba hasta que Dios dice que lo es. Amén. Disfruta de esta canción de Panam Percy Paul:

https://youtu.be/bNLQpTTcwXs?si=GAcZ_ewvx6teAApK

22ª Semana Viernes Tiempo Ordinario.
Colosenses 1:15-20; Salmo 100:1-2, 3,4,5;
Lucas 5:33-39
Cuando Cristo nos renueva, las cosas viejas pasan.

El verdadero ayuno tiene como objetivo acercarnos cada vez más a Dios. Cuando ayunamos de verdad, lo hacemos para disciplinar nuestros sentidos y debilitar nuestra pasión por el pecado, y para aumentar el deseo de hacer sólo lo que Dios quiere. Si el ayuno se hace con la intención correcta, nos fortalecemos y nos imbuimos de la gracia para hacer más cosas grandes para Dios. El ayuno es, por tanto, una práctica espiritual destinada a ayudarnos a adquirir la disciplina, como discípulos, para formar nuestra voluntad con el fin de poseer el poder de elegir siempre lo correcto y alejarnos de lo que es odioso y abominable para Dios.

Esta ha sido una práctica antigua de muchos de los guerreros de las Escrituras. Moisés ayunó durante cuarenta días y cuarenta noches, Elías también ayunó y oró, Nuestro Señor Jesús mismo siguió esta práctica a lo largo de su vida, antes de reanudar su misión de hacer solo la voluntad del Padre, tuvo que orar durante cuarenta días y cuarenta noches. En todos estos grandes guerreros de nuestra fe, notamos que después del ayuno, estaban mucho más decididos a cumplir la orden de Dios. El ayuno es para el corazón y para nuestro bienestar espiritual, lo que el ejercicio físico es para las articulaciones de nuestro cuerpo. Con un ejercicio de calidad, nuestras articulaciones se vuelven mucho más libres, enérgicas y lo suficientemente fuertes.

Hoy, los escribas y fariseos le señalaron a Jesús que sus discípulos no tenían el hábito de ayunar, como lo hacían los apóstoles de Juan y otros hombres renombrados de su pueblo. Él criticó su enfoque del ayuno, diciéndoles que nadie pone vino nuevo en odre viejo, ni seca un paño viejo con un paño nuevo. (Lucas 5:35-37) Una mera imaginación de esto parece divertida, ¿no es así? Quien haga eso, parecerá muy ridículo, y el mundo pensará que la persona está loca. Esta es la imagen de la práctica del ayuno de los escribas y los fariseos, que solo ayunan para ser vistos y alabados; cuyo ayuno no conduce a vidas renovadas y transformadas.

Lejos de que Cristo condene el ayuno; más bien, los desafió a ellos y a nosotros a ayunar con buenas intenciones; y a ayunar de tal manera que seamos movidos como Jesús al mundo para ir haciendo el bien. Si no hay cambio en nuestra práctica de ayuno, Hemos acabado poniendo vino nuevo en odres viejos, y eso nunca dará fruto. El ayuno debe hacernos amar más a Dios y al prójimo, alejarnos del pecado y dar todo nuestro testimonio del Señor Jesús con nuestras palabras y acciones.

Oh Dios, viniste entre nosotros como hombre para enseñarnos el camino correcto hacia la novedad. Nos enseñaste a entender correctamente esta gran práctica que los grandes hombres y mujeres de Dios mantuvieron en sus vidas. Concédenos el espíritu para valorar esta práctica de entrenar nuestros apetitos y seguir el enfoque correcto hacia ella.

Que ayunemos para odiar el pecado, crecer en la gracia y ser más amorosos contigo y con nuestro prójimo. Que nunca nos convirtamos en jueces de los demás y, por lo tanto, nos veamos a nosotros mismos como lo mejor de las personas. Que seamos tan humildes como tú, oh Señor. Amén.

22ª Semana Sábado Tiempo Ordinario.
Colosenses 1:21-23; Salmo 53(54):3-4,6,8;
Lucas 6:1-5
El amor no debe gobernar la ley.

Los escribas y fariseos realmente le dieron un momento difícil a Jesús durante su misión en la tierra, que uno tiende a preguntar: "ahí van otra vez" cada vez que los vemos en su misión de encontrar faltas. Era una clara lucha entre el bien y el mal; Jesús estaba enfocado en hacer la voluntad de Dios, y los escribas y fariseos estaban todo el tiempo buscando formas de distraerlo de su objetivo. El hecho es que donde habita el bien, el malo intenta sembrar espinos y cardos. Ellos estaban todo el tiempo atentos para encontrar faltas en Cristo el mensajero y con eso desacreditar su mensaje.

Hoy, Cristo en un día de reposo estaba caminando con sus discípulos que tenían hambre y fueron a la granja cercana a arrancar algo de maíz para saciar su hambre. Cristo, por amor, nunca encontró faltas en lo que hicieron los apóstoles. Él entiende que cuando el cumplimiento de una ley nos impide amar, entonces la ley se ha vuelto contra Dios, por lo tanto, el amor debe prevalecer.

La verdadera observancia del sábado se trata de amar a Dios sobre todas las cosas y a nuestro prójimo como a nosotros mismos. Dios dijo que el sábado es para el hombre y no el hombre para el sábado. Los discípulos fueron a recoger el maíz en sábado por amor a la vida que Dios les dio, y Cristo, que entiende el verdadero espíritu de la ley, se alegró más bien por su elección de preservar sus vidas. Dios esperaría que valoremos nuestras vidas, así como las vidas de los demás. Por supuesto, la medida de nuestro amor por los demás debe coincidir con nuestro amor por nosotros mismos.

Al observar el sábado, la iglesia católica exoneró a los que están gravemente enfermos, así como a los que cuidan a esas personas gravemente enfermas. Si por esta razón o cualquier razón de emergencia, las personas faltan a la misa, la persona no es responsable de violar el sábado. Que en todas las cosas demostremos más amor y nos neguemos a cumplir la ley por la ley, sino que sigamos leyes que promuevan el amor a Dios y al prójimo. Recuerden siempre el principio legal que guía todas las leyes: "lex odiosus, non obligat". (Una mala ley no obliga). Cuando las leyes fallan en el servicio, se vuelven obsoletas y solo sirven para la basura.

Oremos: Oh Dios, tú eres el dador absoluto de la ley que nos alienta a considerar el amor a ti y a nuestro prójimo como primordial. Danos la sabiduría para saber cuándo las leyes obstaculizan el amor y hacer lo sabio como lo hicieron tus discípulos en el evangelio de hoy. Enséñanos, oh Señor, a amar como tú amaste. Amén.

VEINTITRÉS SEMANAS DE LUNES A SÁBADO

23ª Semana Lunes Tiempo Ordinario.

Colosenses 1:24-2:3; Salmo 61(62):6-7,9;

Lucas 6:6-11

El sábado es para hacer el bien

Hoy el evangelio nos presenta nuevamente la actitud negativa de los escribas y fariseos hacia la buena noticia. Siempre van a donde Cristo va. Uno tendería a creer que cuando aparecen dondequiera que Cristo es visto, lo están siguiendo con una intención genuina. Pero ese no es el caso; siempre llegan allí con su agenda malvada; para encontrar faltas en Cristo.

Cristo fue compasivo como siempre con el hombre que estaba sufriendo; un hombre cuyas manos estaban secas por mucho tiempo. Él se compadeció de él, y su compasión lo movió a la acción. Sin embargo, notó que los escribas y fariseos estaban esperando verlo curado en un día sábado para luego acorralarlo. Cristo conocía sus corazones y les preguntó si era mejor hacer el bien o perpetrar el mal en un día de reposo; y ellos guardaron silencio. Cristo, habiéndolos silenciado, procedió a curar al hombre de las manos secas.

De Cristo aprendemos que debemos centrarnos en hacer lo que es correcto ante Dios y para el bienestar de los demás. Nunca dejemos de hacer lo correcto por miedo o falta de reconocimiento o por el ruido de la multitud. Cristo nunca se desanimó, nosotros también debemos hacerlo. Mantengamos siempre la vista puesta en el objetivo, nunca permitamos distracciones de ningún tipo.

Más aún, no seamos como los escribas y los fariseos que tenían un plan oculto. Más bien, siempre acudamos a Dios con las intenciones correctas. Cuando escuchamos en la Misa, escuchemos y permitamos que la palabra produzca lo mejor en nosotros. No escuchemos para encontrar defectos en el predicador o para ir a casa a ver cómo desechar el mensaje y al mensajero.

Escuchemos siempre para oír lo que necesitamos para hacer la voluntad de Dios. Recuerda a los que escuchaban a Pedro y a Juan el Bautista y buscaban lo que tenían que hacer. Escucha siempre para saber cuál es la voluntad de Dios para nosotros. Además, cuando escuchemos lo que Dios quiere de nosotros, hagamos todo lo posible para hacer su voluntad y así tener su paz. Nunca como los escribas y fariseos abandonemos la presencia de Dios tristes. Que su palabra nos lleve a impactar el mundo que nos rodea.

Dios Todopoderoso que nos das leyes para nuestro bienestar. Danos sabiduría para saber siempre la diferencia entre el espíritu de las leyes y las letras de la ley. Enséñanos a amar como tú amaste; que seamos verdaderos amantes de tu ley, y que tu paz llene nuestros corazones. Amén.

23ª Semana Martes Tiempo Ordinario.
Colosenses 2:6-15; Salmo 144(145):1-2,8-11;
Lucas 6:12-19
Tiempo tranquilo, productivo y creativo.

¿Quién dijo que el tiempo tranquilo con Dios no es beneficioso? El tiempo con Dios es el mejor tiempo que existe. Es tan esencial que Cristo tuvo mucho tiempo para separarse de la multitud para orar y hablar con el Padre. Oró siempre por todas sus decisiones importantes. Antes de reanudar su misión, ayunó y oró durante 40 días y 40 noches; hoy la lectura fue sobre su tiempo de oración antes de la elección de sus apóstoles. Se embarcó en oraciones antes de su pasión, y siempre tuvo la tradición de encontrar tiempo a solas con Dios después de cada encuentro con la gente. De hecho, esto fue el cerebro detrás de su ministerio productivo.

Como seguidores de Cristo, también nosotros necesitamos crear tiempo para estar con Dios diariamente. Este es un tiempo para elaborar estrategias, planificar y examinarnos a nosotros mismos. Es cuando contamos nuestros éxitos y avances; y un tiempo para planificar la mejor manera de seguir teniendo éxito. También es un tiempo para considerar nuestros fracasos/errores y luego planificar la mejor manera de evitar que se repitan. También es un tiempo para mirar al cielo, de donde siempre emana nuestra ayuda para ganar fuerza para servir; un tiempo para mirar a los cielos; recordemos que el salmista oró: "Miro a los cielos en busca de ayuda, porque mi socorro está en el nombre del Señor, que hizo los cielos y la tierra" (Salmo 121:1).

Sin embargo, después de su oración, Cristo ahora seleccionó a los 12. Cada decisión, decisión vocacional, elección de carrera, decisión sobre con quién casarse, etc., debe estar empapada de oraciones. En el libro de Tobías, capítulo 8, la unión de Tobías con Sara tuvo éxito porque las manos de Dios estaban detrás de la elección y la decisión.

Debido a que Dios guio la decisión de Tobías, Tobías pudo tener éxito donde siete hombres habían fracasado antes que él. Muchos matrimonios enfrentan una crisis hoy en día porque Dios no estuvo involucrado en la unión. En sus comienzos, tenían todos sus planes que nunca incluyeron a Dios; y hasta que Dios tome su lugar de honor en cualquier matrimonio, y en todos los aspectos de la vida, será una crisis en todo momento.

La elección de los doce también necesita ser abordada. Ser llamado a servir a Dios es un gran privilegio. Dios nos elige a pesar del hecho de que no merecemos su elección de nosotros. Sin embargo, él perfecciona nuestras imperfecciones, nos equipa con gracia para servir. Para ser fieles hasta el final como instrumentos elegidos en sus manos, como los 11 en la lista, siempre debemos tener tiempo privado con el Señor. Judas Iscariote fracasó porque eligió tener tiempo privado con las personas equivocadas. Si caminamos siempre con él, iríamos demasiado lejos.

Que el Señor de la viña nos conceda seguirle siempre hasta el fin de la carrera, para que habiéndole servido bien aquí recibamos su abrazo eterno en su reino de amor y de paz. Amén. ¡La paz sea con vosotros!

23ª Semana Miércoles, Tiempo Ordinario.
Colosenses 3:1-11; Salmo 44(45):11-12,14-17;
Lucas 6:20-26.

Vivir como si ya estuviéramos muertos

Un tío de mi padre llamado Otuasiadiri, un pariente muy jovial y cariñoso, siempre se refería a sí mismo como si ya estuviera muerto y nunca se tomaba en serio ninguna pelea. Siempre que Otuasiadiri venía de visita, decía: por favor, quienquiera que esté allí, traiga algo de comida para las termitas. Para él, todo lo que él o cualquier otra persona coma hoy, eventualmente se convertirá en alimento para las termitas, nosotros solo estamos alimentando y esperando que las termitas nos alimenten. Esto es lo que nos recuerda San Pablo en sus palabras a los Colosenses. Cuando vivamos cada día con esta conciencia, tendremos un mejor enfoque de la vida, lo que se reflejará en todas nuestras relaciones con las personas y en nuestro enfoque de todo lo que hacemos.

¿Entiendes realmente que hasta la mejor ropa que vestimos, hasta los relojes y perfumes más caros que nos ponemos, son sólo una cubierta que ponemos sobre la comida final para las termitas; que no importa cuán grandes seamos, ¿sólo las termitas pequeñas poseerán el cuerpo al final? Esto debería hacernos sensatos, haciéndonos tratar a todos los que conocemos de manera amorosa, de modo que a través de nuestras buenas y amables acciones, estemos asegurando para nosotros mismos un lugar en el hogar eterno de los santos, donde todos los bienaventurados que usaron sus vidas para servir a Dios están contemplando el rostro de Dios.

Los bienaventurados se dieron cuenta de que solo estamos de paso aquí y usaron su tiempo para trabajar por la eternidad en Dios. Cualquier cosa que hagamos hoy para asegurarnos un lugar en Dios vale la pena, y eso es en lo que Dios desea que nos ocupemos mientras estemos en la tierra.

Señor, enséñanos a saber que el tiempo es corto, que podamos buscarte a través de nuestras decisiones para hacer lo que tú hiciste e ir a donde tú fuiste. Oh Señor, arráiganos en tu amor, para que podamos amarte sobre todas las cosas y a nuestro prójimo como a nosotros mismos. Amén.

23ª Semana Jueves Tiempo Ordinario.
Colosenses 3:12-17; Salmo 150:1b,-2,3-4,5-6;
Mateo 1:1-16,18-23
Perdón y agradecimiento.

Los grandes individuos, las grandes familias y las grandes naciones tienen dos grandes atributos que los distinguen, el perdón y la acción de gracias. Nos reconciliamos y dejamos ir las heridas cuando hay malentendidos; y somos propensos a dar gracias cuando se reciben favores. Jesús en la parábola de los diez leprosos curados se refería a la esencia de dar gracias.

La impresión registrada fue que el que regresó a dar gracias fue la persona sabia y madura entre los diez a quienes Dios favoreció con misericordias sanadoras; los otros nueve eran ingratos e inmaduros. Además, Pablo al escribir a los colosenses alentó hoy esta maravillosa actitud de gratitud. Las grandes mentes siempre son agradecidas. ¿Eres una gran mente?

Un cristiano es una gran mente y nunca debe dar por sentado ningún favor recibido. Agradezca a mamá y papá, agradezca a sus maestros, agradezca a sus médicos; en pocas palabras, cualquier persona a quien Dios ha usado para colmarnos de favores merece agradecimiento. ¿A quién se supone que debemos agradecer que no haya sido agradecido? Sea sabio, búsquelo o búsquela y haga lo necesario. Sin duda, busca el aprecio de aquellos a quienes favoreció, por lo tanto, dé lo mismo a quienes lo han favorecido. La gratitud tiene sus raíces en la regla de oro: si se niega a darla, nunca la espere, porque no tiene derecho a ella, hasta que adquiera el hábito.

Otra virtud similar a la Acción de Gracias que fue promovida por Pablo y exaltada en el evangelio de la época era la virtud de perdonar las heridas. El dicho lo dice así: "perdonar es divino". Nos volvemos más como Dios cuando somos capaces de dejar ir las heridas. Más aún, cuando perdonamos, estamos liberando a dos prisioneros, a nosotros mismos y a quienquiera que hayamos guardado rencor.

Cuando perdonamos, nos sentimos libres como José, que no tenía otro plan para sus hermanos malvados que perdonarlos. Dios lo bendijo porque a pesar de lo que sufrió por parte de sus hermanos, estaba muy abierto a perdonar el dolor indeleble que sufrió. José perdonó, Jesús perdonó y Esteban después de que ellos perdonaran también; así debemos hacerlo nosotros. En el Padre Nuestro pedimos ser perdonados como perdonamos a nuestros ofensores; perdonemos de corazón. Recordemos siempre que tenemos la deuda de perdonar, o de lo contrario Dios nos negará lo que le hemos negado a otros: el perdón. Amén.

Dios, nuestro padre de misericordia, te pedimos tu misericordia por las veces que te hemos fallado. Ayúdanos a perdonar como tú sigues perdonándonos; ayúdanos también a ser agradecidos contigo y con todas las manos a través de las cuales nos envías ayuda en nuestros momentos de necesidad. Amén.

23ª Semana Viernes Tiempo Ordinario A
1 Timoteo 1:1-2,12-14; Salmo 15(16):1-2,5,7-8,11;
Juan 19:25-27
Mirándonos a nosotros mismos.

Un adagio igbo dice: "onye obula zaa ulo ya, obodo adi uto, di mma." (Si cada uno mantuviera su casa ordenada, entonces toda la comunidad estaría ordenada y limpia). El evangelio de hoy nos desafía a todos a trabajar en la perfección de nosotros mismos. Debemos sanarnos a nosotros mismos antes de sanar a los demás. Debemos limpiar nuestras casas individualmente.

A menudo juzgamos y condenamos en los demás lo que no nos hemos tomado el tiempo de erradicar en nosotros mismos. En las Escrituras, a David le contaron acerca de un hombre que tenía todas las riquezas, pero no estaba contento de haberle arrebatado a un hombre pobre lo que le pertenecía. David se enfureció con la historia y dijo que el hombre que hizo eso debería morir. Sin embargo, el sacerdote le dijo además: "Tú eres ese hombre" (2 Samuel 12:7).

El sacerdote vino a condenar el acto malvado de David de matar a Urías y apoderarse de Betsabé, su esposa. Cuando David se enteró de que sus pecados ahora eran conocidos, rogó perdón a Dios (Salmo 50). A menudo tratamos de quitar la paja en los ojos de los demás y no logramos quitar la viga en los nuestros. El llamado de hoy es que todos limpiemos nuestras casas para que toda la ciudad se mantenga limpia.

La mayoría de las veces, somos buenos en señalar lo que está mal en la iglesia, en el estado, en las escuelas y en toda la sociedad en general, mientras que fallamos en abordar lo que enfrentamos como individuos o incluso en nuestros diversos hogares. Somos profesionales en los asuntos de otras personas, pero fallamos en los asuntos que se nos encomiendan cuidar. Somos los primeros en llevar piedras para dar muerte a alguien que, en toda honestidad, es mejor que nosotros.

El mensaje claro aquí es que si todos elegimos hacer lo correcto que deberíamos estar haciendo, La sociedad será un lugar maravilloso para vivir. Cuando pasamos por alto lo que está mal en nosotros, mientras nos centramos en lo que no está bien en los demás, nos convertimos en jueces. Sin embargo, debemos dejar el juicio a Dios y, en cambio, mirarnos a nosotros mismos; y trabajar en las áreas de nuestra vida que requieren mejora.

Pablo nunca condenó a nadie; sino que alabó a Dios que lo había sostenido. Se vio a sí mismo como un producto de la gracia de Dios; una persona peor que se volvió buena por la gracia de Dios. Esto lo hizo sentir con aquellos que luchaban. En lugar de juzgarlos, les recordó siempre que si la gracia de Dios lo llevó hasta allí, lo mismo es posible con ellos. Por eso, en lugar de emitir un juicio prematuro, Pablo hizo lo mejor que pudo para ayudar a los pecadores a regresar a casa, a la casa del Padre. Este también es nuestro llamado y nuestra misión. María, nuestra madre de los dolores, hizo todo lo que hizo con el objetivo de servir a Dios, así debemos hacerlo todos nosotros.

Oh Dios, ayúdanos a trabajar siempre en la autosuperación. Equípanos también con sabiduría sobre cómo ayudar a nuestros hermanos descarriados a volver a casa. Que les demos un verdadero apoyo para ayudarlos a levantarse y que dejemos el juicio a Dios porque solo él juzga mejor Amén.

23ª Semana Sábado Tiempo Ordinario.
1 Timoteo 1:15-17; Salmo 112(113):1-7;
Lucas 6:43-49
Él vino a salvar a los pecadores: a ti y a mí.

Los escribas y fariseos no estaban contentos de que Cristo comiera y bebiera con los pecadores. Los pecadores conocidos eran marginados en su sociedad. En consecuencia, estaban aislados de la comunidad. Cuando apareció Jesús, encontraron a alguien que era amigo de los abatidos y abandonados; su propio amigo, en lengua igbo, "onye nke anyi" (nuestra propia persona, alguien que se identifica con nosotros). Él vino a rescatar y salvar lo que estaba perdido. Jesús dijo: "Los enfermos necesitan médico, y no los sanos" (Lucas 5:31). Esta declaración de misión de Jesús fue repetida por Pablo de esta manera: "Cristo Jesús vino al mundo para salvar a los pecadores, yo mismo soy el mayor de ellos" (1 Timoteo 1:15).

Pablo usó esas palabras para asegurarnos que Dios es paciente con nosotros. Su misericordia es eterna y sus puertas están abiertas para recibir a cualquier niño descarriado a quien la gracia atrae a casa. Él dijo que lo que Dios hizo en su vida da testimonio de lo que Dios todavía puede hacer en todos nosotros. Dios sigue siendo el líder; no ha abandonado a ninguna persona; ni siquiera a esa persona de la que crees que nada bueno puede venir.

A menudo, escuchamos a la gente preguntar: ¿Todavía puedo ser perdonado por Dios por lo que hice en el pasado? ¿Crees que con todo lo que he hecho Dios todavía puede perdonarme? Sin embargo, Pablo nos dice hoy que Dios, que lo perdonó totalmente, todavía puede hacerlo. Solo necesitamos estar disponibles para él y comenzaremos a triunfar. Abandonados a nosotros mismos, estamos perdidos; pero cuando dejamos de lado el pecado, cuando nos sentimos insatisfechos con nuestras viejas formas de vida, la gracia de Dios que llevó a Pablo a mayores alturas tomará el control; entonces grandes cosas comenzarán a suceder en nuestras vidas.

Jesús es ese árbol verdadero que cuando es plantado en nuestras vidas, comenzamos a dar buenos frutos. Él es ese fundamento sobre el cual construimos nuestras vidas y permanecemos inquebrantables e inamovibles. Cuando vivimos en pecado, estamos asentando nuestras vidas sobre tierra firme y tambaleante, propensa a ser arrastrada por las tormentas; estar fundados en Cristo es estar realmente fundados.

Oh Dios, danos la gracia de desearte como lo hizo Pablo. Que seamos equipados con celo para atraer a los hermanos descarriados a casa, que seamos capacitados para darles siempre la esperanza de que Dios todavía los ama y quiere seriamente que regresen a la casa del Padre; Él quiere que todos seamos salvos. Amén.

VIGÉSIMA CUARTA SEMANA LUNES A SÁBADO

24ª Semana Lunes Tiempo Ordinario.
1 Timoteo 2:1-8; Salmo 27(28):2,7-9;
Lucas 7:1-10

La humildad ensalza y garantiza respuestas a nuestras oraciones

Los favores divinos son gratuitos, son privilegios de Dios. Cuando acudimos a Dios con nuestras oraciones, tenemos que acudir como humildes mendigos, que entienden que los favores que buscamos son privilegios que no merecemos. No son nuestros derechos sino únicamente favores inmerecidos; siguen siendo gracia; nada más y nada menos. El centurión cuyo sirviente estaba gravemente enfermo, envió al grupo que vino a Jesús para pedirle que curara al sirviente del centurión. Él no podía ir porque se sentía indigno de ir.

Comprendió que cuando enfrentamos los peores escenarios de la vida, solo Dios puede mediar. Sólo Él tiene la fuerza para calmar las tormentas y restaurar la calma cuando las tormentas nos acosan. Él suplicó que se enviara ayuda. En primer lugar, lo emocionante de este hombre es la forma en que expresó su indignidad. Se sentía indigno de venir a Jesús, eligió permanecer lejos y, por lo tanto, envió a sus sirvientes para que fueran en su nombre. Incluso lo expresó en su poderosa expresión que se ha convertido en una declaración de humildad que expresamos antes de recibir la comunión en cada misa en todo el mundo. Su acto de humildad dice: "Señor, no soy digno de que entres bajo mi techo, pero di una palabra y mi siervo sanará" (Mateo 8:8).

Los humildes ven la gracia en todas las cosas. José Ramírez es un feligrés de mi antigua parroquia, un boxeador destacado que ha logrado récords mundiales. Recientemente nos regaló un automóvil nuevo para sortearlo y recaudar fondos para el edificio de la iglesia. En el evento de la presentación del automóvil en el Ayuntamiento de Avenal, expresó a los miembros de la comunidad, católicos y no católicos, su razón para dar el regalo a la Iglesia. Él dijo: "Lo que soy hoy en el mundo se debe a las bendiciones de Dios, no habría llegado a esta altura si la gracia de Dios no me estuviera guiando". Esta debe ser nuestra actitud al buscar favores, así como al apreciar los favores recibidos.

Cuando tenemos esta actitud al llevar nuestras peticiones a Dios, también seríamos sabios al regresar a Dios en agradecimiento y alabanza cuando recibimos favores. Volvemos como José para reconocerlo como la fuente de todo lo que tenemos y somos. El centurión sintió que no merecía un asiento cerca del Señor, sintió que no estaba calificado, sintió que era el menos calificado para acercarse al Señor. Tenía que conseguir personas que hablaran por él. Pero Dios ve nuestros corazones; vio la fe profunda en él, una fe que él mismo nunca supo que tenía.

Fue elogiado por tener un tipo de fe poco común. Una fe nunca antes vista en Israel. Se humilló y fue exaltado. Incluso fue humilde en su relación con la gente, sus sirvientes hablaban de él como un amigo y un benefactor de la comunidad. Pidieron al Señor que lo ayudara a restaurar a su siervo. Según ellos, él merece bondad porque ha sido bondadoso con la comunidad. Ha sido misericordioso y ahora también merece misericordia. A imitación de él, aprendamos a caminar en humildad ante el Señor; si lo hacemos, él ciertamente nos exaltará.

Oh Dios, tú amas a los humildes y escuchas sus oraciones. Venimos a ti con humildad reconociendo que tú eres todas las cosas; la fuente de lo que somos y lo que tenemos. Aumenta la humildad en nosotros, para que en la necesidad vengamos a ti en humilde súplica y cuando recibamos tus favores regresemos a ti en alabanza diciendo como el salmista: "no a nosotros, oh Señor, sino a tu nombre da toda la gloria" Amén. (Salmo 115:1).

24º Martes del Tiempo Ordinario.
1 Timoteo 3:1-13; Salmo 101: 1b-2ab,2cd-3ab,5, 6;
Lucas 7:11-17
Jesús: esperanza de los desesperados

El evangelio de hoy narra la historia de una mujer que perdió a su único hijo. Su caso era el peor de los casos: era viuda y ya mayor y había perdido a su único hijo. Vio frustradas todas sus esperanzas. Además, otra imagen que proyectaba la naturaleza desesperanzada de la situación era que el niño estaba siendo llevado al cementerio; el mensaje era que todas las puertas de la recuperación habían sido cerradas y toda esperanza se había perdido totalmente a la vista de los hombres. Sin embargo, Jesús se convirtió en la luz infalible al final del túnel, nuestra paz en tiempos tormentosos y la única fuente de esperanza cuando toda esperanza se había desvanecido.

Hoy escuchamos acerca de una cualidad de Jesús que también estamos llamados a adoptar, y es la actitud de sentir el dolor de los demás. A menudo nos negamos a ayudar a los necesitados que necesitan nuestra ayuda urgente; no visitamos a los enfermos y ancianos que deberíamos haber visitado; a nuestros familiares y amigos, y tratamos a los que sufren con desdén. Hacemos esto porque no sentimos su dolor y nos falta empatía. Creo que Jesús, al ser también hijo único de la madre, tuvo que ponerse en el lugar del hijo muerto e imaginar cómo se habría sentido su propia madre María, que lo amaba tanto, si le hubiera sucedido algo así (aunque le sucedió años después). Él se sintió con ella en su terrible experiencia e hizo algo para remediar la situación.

También recordamos a todos que, ante Dios, ninguna situación es peor que la peor, por lo que, sea lo que sea lo que estemos enfrentando hoy, recordamos que la presencia de Dios creará caminos en caminos no pavimentados y causará alegría cuando todas las esperanzas parezcan totalmente frustradas y perdidas. Que también seamos Jesús para todos aquellos que atraviesan diversos tipos de dolores, para asegurarles las grandes cosas que Dios siempre puede traer a sus vidas a través de estos tiempos traumáticos y dolorosos que están enfrentando. Recuerden, en sus momentos de tormentos y pruebas recurran a Jesús porque solo Él puede convertir nuestras penas en alegría; lo ha hecho por otros y puede hacer lo mismo por ustedes y por mí.

Oh Señor, que podamos estar siempre seguros y confiados de que, por la gracia de Dios, todo lo que hoy enfrentamos se hará realidad. Llénanos de tus gracias celestiales para que podamos dar fruto eterno en tu servicio. Amén.

24ª Semana Miércoles
1 Timoteo 3:14-16; Salmo 110(111):1-6 ;
Lucas 7:31-35

Cada uno con dones por separado, pero con un mismo objetivo.

"Porque viene Juan el Bautista, que no come pan ni bebe vino, y decís: "Está poseído". El Hijo del Hombre viene, comiendo y bebiendo, y decís: «Mirad, un hombre comilón y bebedor, amigo de publicanos y pecadores» (Mateo 11:19). Dios está interesado en salvarnos; envió a Juan y tenía su modus operandi y envió a su hijo Jesús, que estaba dotado de características diferentes y tenía su propio modus operandi (método de operación).

Las personas son diferentes, pero los mismos objetivos las guían; conducir a las personas hacia el Padre. En nuestras diversas parroquias, notamos que nuestros sacerdotes tienen diferentes dones; algunos son grandes líderes, otros son grandes constructores, algunos son grandes maestros, músicos o cantantes mientras que otros tienen sus propios dones. Sin embargo, a todos estos dones estamos llamados a seguirlos y ser atraídos hacia Dios. Juan ayunaba y oraba y se aislaba de las personas para tener una unión formidable con Dios, y hacer que todos los corazones se volvieran a Dios; y ver que nada, la amistad humana, la comida o las posesiones, no constituyan una distracción entre ellos y Dios.

Cristo vino y socializó con ellos, estaba en sus fiestas, su razón para vivir de esa manera era que quería vivir con la gente para dejarles mejores formas de vivir vidas plenas. Sin embargo, era triste que mostraran actitudes negativas ante estas grandes oportunidades que se les presentaban. Si los caminos de Juan el Bautista nunca los atrajeron, los caminos de Jesús deberían haberlos atraído. El plan de Dios es que cualquiera de las oportunidades saque lo mejor de ellos.

Nuestros deberes nunca son como los de los escribas y fariseos, que buscan formas de desacreditar las oportunidades que Dios les ofrece, sino más bien darles la bienvenida; que los dones dados a nuestros líderes nos agudicen y nos infundan la determinación de ver que nuestro bien se haga mejor y que nuestro bien se haga mejor. Ver que estamos listos para encontrarnos con el Señor que en la primera lectura nos aseguró así: "Amados, espero ir a visitarlos pronto" (1 Timoteo 3:14). Ya sea que ayunemos u oremos, comamos o bebamos, que nuestros sueños y metas sean ver al Señor que viene a nosotros cara a cara, y mientras estamos aquí en la tierra dar testimonio de la gloria de Dios y del fruto eterno; frutos de alegría, paz y unidad. Amén.

Jueves de la Semana 24 del Tiempo Ordinario.
1 Timoteo 4:12-16; Salmo 111:7-8,9,10;
Lucas 7:36-50
Él quiere que todos se salven.

En el comienzo del evangelio de San Juan, el escritor hablando de Cristo y su misión dice: "A lo suyo vino, pero los suyos no le recibieron. Mas a todos los que le recibieron, a los que creen en su nombre, les dio potestad de ser hechos hijos de Dios" (Juan 1:11-12). Así pues, por muy lejos que nos hayamos alejado de la casa del Padre, por muy rechazados y abandonados que nos vea la sociedad, Cristo está abierto a recibirnos cuando le extendemos nuestras manos buscando ser rescatados. Su principal carácter y misión es siempre rescatar a los descarriados y abandonados.

En el evangelio de hoy, fue al recaudador de impuestos y se relacionó con los recaudadores de impuestos. Éstos eran pecadores públicos que se enriquecieron explotando a su pueblo mientras recaudaban impuestos para el gobierno romano. Jesús se identificó con ellos para no participar en sus negocios. Se mezcló con ellos para sacarlos del camino equivocado, e introducirlos en una nueva y mejor forma de vida. Mientras estaba en la casa de Pedro, una mujer a quien la sociedad rechazaba lo buscó y recibió su precioso ungüento para que Jesús lo derramara a los pies; Jesús la recibió y le devolvió la vida y el gozo.

La gente se sorprendió de que Cristo, que es un hombre santo, pudiera permitir que una pecadora así se acercara a él. Sin embargo, les dejó en claro que ella hizo todo lo que hizo porque comprendía la gran obra que la gracia había realizado en su vida y estaba decidida a aferrarse tenazmente a Jesús. Comprendió que se le había perdonado mucho y que tenía que amar mucho a cambio. ¿Estamos apreciando a Dios lo suficiente por todas sus misericordias inmerecidas sobre nosotros?

El perfume que derramó a los pies de Cristo era su encanto de prostituta para atraer a los hombres. Y al encontrarse con Jesús expresó una entrega total, renunció al pecado y destruyó todos sus instrumentos de pecado. El arrepentimiento total del pecado siempre exige que nos alejemos de lugares, cosas y personas que se han asociado con el pecado. Y hasta que estemos dispuestos a hacer las rupturas, ningún arrepentimiento habrá surtido efecto. Si un alcohólico no está dispuesto a destruir todas las botellas de vino y cerveza que tiene en su poder, todavía no está listo para un cambio. La mujer hizo lo que hizo para expresar su deseo de dejar atrás el pecado y dejar entrar a Cristo en su vida.

En la primera lectura, Pablo le pide a Timoteo que trabaje con dignidad; lo anima a respetar a todos y a acoger a todos; jóvenes y viejos; santos y pecadores. Lo que Pablo pide a Timoteo es la norma que Cristo adoptó en todo su ministerio. Se aseguró de que cada encuentro hiciera que todos los que lo encontraran se sintieran mucho más amados y determinados a seguirlo hasta el final.

Oh Dios, ayúdanos con sabiduría para seguir tu enfoque de atraer almas hacia ti; y para asegurarnos de que todos los extraviados regresen a casa donde experimenten tu alegría sin límites. ¡Amén!

24ª Semana Viernes Tiempo Ordinario
1 Timoteo 6:2-12; Salmo 48(49):6-10,17-20;
Lucas 8:1-3
Dinero Más vale siervo que señor.

La iglesia tiene una regla que guía cualquier dinero o regalo que se reciba. El acrónimo es: "AID" y el significado completo es: "Ad intentionem dantis", es decir: (según la intención del donante). De la misma manera, todo buen regalo viene del Señor, y él tiene una razón para cualquier regalo que nos da. El libro de Samuel nos diría: "El Señor empobrece y enriquece". (1 Samuel 2:7). En Génesis, recuerda que José vio su elevación a pesar de todo lo que sufrió en manos de sus hermanos como el diseño de Dios; todo lo que se le dio lo recibió para estar al servicio de sus hermanos cuando llegara la hambruna.

Basados en las explicaciones anteriores, entonces diríamos que el dinero o la riqueza que proviene de seguir los principios de justicia y equidad; es decir, como resultado del verdadero ejercicio del trabajo y el uso adecuado de los talentos que Dios nos dio en la prestación de servicios a las personas, vale la pena. Como tal, la riqueza que no proviene de medios mal adquiridos o fraudulentos es aceptable para Dios. Pablo en su consejo a Timoteo enseñó en la primera lectura que: "el amor al dinero es la raíz de todos los males". (1 Tim 6:10). El amor al dinero se manifiesta en cuanto a lo lejos que uno puede llegar en la búsqueda del dinero, así como en la forma en que uno se comporta en el uso de este.

En cuanto a la mejor actitud hacia el dinero, vemos el modelo ejemplificado por las mujeres que apoyaron el ministerio de Jesús que se menciona en el evangelio de hoy. Se nos informó de cómo apoyaron a Cristo con sus medios, entre ellas: "María, llamada Magdalena, de la que habían salido siete demonios; Juana, mujer de Chuza intendente de Herodes; Susana y otras muchas..." (Lucas 8:3). Todas ellas tenían riquezas provenientes del trabajo que hacían (medios genuinos); y usaban la riqueza juiciosamente para cuidar de sus necesidades y de las necesidades de aquellos a quienes necesitaban cuidar, por supuesto, por eso estaban vinculadas a sus familias: "esposa de Chuza, etc." También todas apoyaban la obra de Dios, cuidando de las necesidades de Cristo y sus discípulos.

La advertencia de Pablo sobre la adquisición, posesión y uso de la riqueza es una gran Hoy, el consejo de Pablo es: "Nada hemos traído al mundo, y nada podemos sacar de él; así que, mientras tengamos qué comer y con qué vestirnos, contentémonos con eso. Los que quieren enriquecerse son presa de la tentación; "Ellos se dejan atrapar por toda clase de ambiciones necias y peligrosas que finalmente los hunden en la ruina y la destrucción." (1Tim.6: 6-10).

El punto entonces es; todo lo que hagamos para alcanzar la riqueza, así como la forma en que la usemos, debe funcionar en sintonía con la voluntad de Dios. El término clave aquí es; contentamiento. La falta de contentamiento puede llevar a la avaricia; y las personas codiciosas pueden hacer cualquier cosa para adquirir riqueza, sin entender que vanidad sobre vanidad; todo es vanidad.

Oh Dios, que tu sabiduría guíe nuestra manera de abordar la riqueza; guíe cómo la adquirimos, así como nuestro uso de ella. Que el dinero y la riqueza sean para nosotros un sirviente y nunca nuestro amo. Que los usemos juiciosamente para buscar a Dios; construyendo para nosotros mansiones eternas en el cielo a través de nuestras buenas acciones y nuestra preocupación por los necesitados que nos rodean. Amén.

24ª Semana Sábado Tiempo Ordinario.
1 Timoteo 6:13-16; Salmo 99(100);
Lucas 8:4-15
Nuestros corazones ante la Palabra de Dios.

Un gran maestro prepara a sus alumnos para el éxito futuro. El maestro les contaría historias que les mostrarían cuáles son las consecuencias positivas de seguir instrucciones, así como cuáles son los efectos adversos de negarse a prestarles atención. La historia de hoy narra primero sobre la fuerza de la palabra de Dios. Muestra que cuando nos acercamos a la palabra con un gran corazón amoroso y acogedor, entonces nos beneficiamos. Siempre es beneficioso; damos frutos en redadas.

Nuestros corazones son los lugares de nuestro encuentro con la palabra de Dios. Es entonces solo cuando nuestros corazones son tocados que realmente somos tocados. Es solo cuando la palabra mueve nuestro corazón que realmente somos tocados y motivados a vivir las demandas de la palabra de Dios.

Durante el tiempo del encuentro de Moisés con Faraón. Aprendimos que Faraón endureció su corazón. Jesús hizo oídos sordos a toda la palabra de Dios que venía de Moisés y se negó a liberar al pueblo de Israel. Sin embargo, hubo una consecuencia por negarse a ser movido a acciones positivas por la fuerza de la palabra. Murió con todo su ejército en el Mar Rojo. De la parábola, notamos que sólo la planta en la buena tierra fue fructífera. Por lo tanto, estamos llamados a mantener nuestros corazones propicios para la palabra de Dios.

Hay varias cosas que podemos hacer para disponer nuestros corazones; debemos evitar las distracciones y prestar atención con una disposición de oración. Debemos permitir que la palabra nos hable personalmente y venir con la resolución de hacer lo que la palabra nos exige. La decisión de abrir nuestros corazones es nuestra, y sucede cuando nos quedamos insatisfechos con lo que hacemos que se opone a la demanda de la palabra. Recordemos que los que escucharon a Jesús estaban insatisfechos con su forma de vivir y, al acercarse a Él, le preguntaron: "¿Qué debemos hacer?" (Juan 6: 28-29), y Jesús les detalló todo lo que debían hacer para vivir. Sin esta disposición terminaríamos escuchando, y la palabra entraría por un oído y saldría por el otro, y el corazón no sería tocado ni conmovido. La palabra no tiene como fin entretener, sino desafiarnos a convencernos en nuestro seguimiento.

Oh Dios tu palabra es viva y activa, mientras nos hablas, que tu palabra llene nuestros corazones, y nos mueva a desear vivir como tú viviste; viviendo vidas que te honren, para alcanzar la paz eterna en ti Amén.

VEINTICINCO SEMANAS LUNES A SÁBADO

Semana 25 Lunes Tiempo Ordinario

Esdras 1:1-6; Salmo 125(126); Lucas 8:16-18

Brille vuestra luz.

El evangelio de hoy afirma un hecho: nadie encendería una vela y la escondería. Para ello, hemos derrotado la razón de encender la luz en primer lugar; además, si se trata de un tipo de luz inflamable, una vez que la cubrimos la perdemos por completo. En primer lugar, es digno de mención que la razón por la que encendemos la luz es para disipar la oscuridad. Como la sal, debemos impactar positivamente al mundo, un plato sin sal está incompleto, un mundo sin los llenos del espíritu de Cristo se encamina a la ruina.

En nuestro bautismo, recibimos la vela encendida del cirio pascual reservado de la celebración de Pascua pasada. Cuando se nos entregan estas velas, se nos dice que vayamos y brillemos intensamente y disipemos la oscuridad de nuestro mundo. Somos, pues, las luces que Dios ha encendido para irradiar y disipar las tinieblas. Hemos sido enviados al mundo para vivir imitando a Cristo, la luz del mundo cuya luz llevamos; quien mientras vivió anduvo haciendo el bien.

Para ser esta luz, debemos nadar contra la corriente del mundo, insistiendo en que se haga el bien y que el mal y las tinieblas no prevalezcan. Este es el camino que siguieron los mártires y todos los santos.

Para ser la luz en nuestro lugar de trabajo debemos vivir y trabajar siguiendo la ética laboral detallada; en la familia, como padres, seguiríamos las mejores prácticas de crianza; y en todas las cosas siempre trataríamos de hacer lo que Cristo hubiera hecho y querría que hiciéramos. No seguiríamos a la multitud, sino que nos convertiríamos en faros para que los demás los siguieran. Entonces hacemos las cosas porque son las cosas correctas que se deben hacer, y no porque todos los demás lo hagan. En todo debemos tener en cuenta que la luz viene a expulsar a las tinieblas y nunca a ser como aquello que ha venido a combatir.

Dios Padre, nos llamaste a ser luz del mundo y sal de la tierra. Danos el coraje como tus mártires para siempre defenderte, mientras nos enfrentamos al mundo. Que tu luz, oh Señor, ilumine nuestros caminos para que podamos brillar ante el mundo dando testimonio con nuestras palabras y acciones de tu honor y gloria. Amén.

25ª Semana Martes
Esdras 6:7-8,12,14-20; Salmo 121(122):1-5;
Lucas 8:19-21
Amor, Verdad y Familiaridad.

Mientras Jesús enseñaba a la gente, su madre y sus parientes lo buscaban. Le llegó la noticia de que sus parientes lo estaban esperando. Sin embargo, con valentía dejó en claro que, sin importar quién fuera, nunca comprometería su llamado, se mantendría firme en la verdad y siempre se pondría del lado de la verdad y se aferraría a los principios correctos y al protocolo correcto. Existe la creencia de que cuando una persona madura, él o ella será capaz de juzgar verdaderamente un caso entre una esposa amorosa y una madre amada sin desviarse del camino de la justicia y la equidad. Él defendería la misma regla para todos y cada uno sin concesiones. Cristo se negó a ceder a cualquier otra postura que no fuera la correcta.

Por lo tanto, Cristo nos muestra claramente que no tiene favoritismos y que el camino hacia la amistad eterna con él es escuchar sus palabras y hacer lo que la palabra exige de nosotros. Estamos llamados a no hacer ni ceder a demandas que destruyan la fe, por ningún motivo de amistad o afinidad (es decir, por nuestra relación con él); buscar un trato preferencial es altamente condenado. La práctica es que, sin importar quiénes seamos, lo mejor es acatar el protocolo, prestar atención a la palabra de Dios para que tengamos más posibilidades de hacer la voluntad de Dios, vivir en amor y en un espíritu de compañerismo.

Solo una cosa nos hizo querer a Dios: en el exilio, Israel anhelaba restaurar su amistad con Dios, y Dios estaba dispuesto a darles la bienvenida nuevamente. Este anhelo se expresa en el salmo de hoy: "Me alegré cuando los oí decir: 'Vamos a la casa de Dios'" (Salmo 121:1). Al ver su anhelo, Dios le dio al rey un mandato para la reconstrucción del templo destruido en el tiempo del exilio. La destrucción del templo, por lo tanto, fue una señal de amistad perdida; mientras que la restauración posterior fue una señal de amistad recuperada; es una señal de que la alegría y la paz han regresado una vez más. Un dicho dice: "sin Cristo, hay crisis por todas partes". De la misma manera, si el Señor está de nuestro lado, estamos seguros de ser victoriosos; cuando él está entronizado en nuestros hogares, en nuestros corazones y en nuestra tierra, estamos destinados a tener éxito. La restauración del templo trajo a Israel de vuelta a la gloria; cuando nos conectamos con Dios, nosotros también estamos conectados a la gloria.

Señor Dios, que siempre evitemos el favoritismo, volviéndonos inclusivos en la casa de Dios en todo lo que hacemos, a imitación de Cristo cuyo deseo era la salvación de todos. No usemos nuestra cercanía a una persona en posición de poder para buscar ventajas indebidas e injustas en todo lo que hacemos Amén

25ª Semana Miércoles Tiempo Ordinario.
Esdras 9:5-9; Tobías 13:2,4,6-8;
Lucas 9:1-6
No se distraigan; concéntrense.

La primera regla, así como la primera clave para el éxito, es saber qué distraería a uno de alcanzar sus sueños y sus metas. Por ejemplo, cuando un niño sale por primera vez para la escuela, o va a la iglesia, los padres generalmente le enseñan que sus juguetes no son necesarios ni en la iglesia ni en la escuela; no son necesarios porque constituirán grandes distracciones para los padres, el niño y los otros niños.

Para los adultos, la mayoría de las iglesias han seguido con anuncios que les recuerdan a los miembros que dejen sus teléfonos en sus autos o los apaguen por completo cuando estén en la iglesia; ¿por qué? Para evitar distracciones. La razón de esto es ver que nuestro encuentro con Dios se desarrolle sin problemas y sin ningún tipo de distracción. No podemos estar concentrados cuando estamos distraídos.

En la primera lectura, Israel se distrajo y, debido a que estaban distraídos por Baal y la adoración de ídolos, no escucharon la palabra de Dios y, en consecuencia, fueron enviados al exilio. Podemos desviarnos fácilmente si no estamos concentrados o si estamos distraídos. Sin embargo, cuando se deshicieron de sus distracciones, volvieron a concentrarse y ahora Dios se ha acordado de ellos y está planeando reconstruirlos y restaurarlos. Los profetas les hablaron, pero debido a que sus corazones estaban distraídos, se negaron a escucharlos; y finalmente se encontraron como esclavos en un lugar lejos de su tierra natal.

En el evangelio de hoy, Jesús, mientras hablaba con los doce, les advirtió contra las distracciones de esta manera: "No tomen nada para el camino: ni bastón, ni alforja, ni pan, ni dinero" (Lucas 9:2-3). Confíen en Dios que los llamó, él se preocupa por nosotros más de lo que nosotros nos preocupamos por nosotros mismos. Podemos distraernos con la búsqueda del dinero, porque tenemos todo el tiempo para el trabajo y nada para Dios; podemos distraernos con familias que no tienen tiempo para Dios.

Recordemos cuando Dios puso a prueba a Abraham con respecto a Isaac, Dios quería saber si Abraham se había distraído. Sin embargo, Abraham demostró que su lealtad a Dios sigue siendo inigualable e inquebrantable. Cuando nos distraemos, fácilmente nos desviamos y perdemos la gracia. Sansón cedió a las distracciones y esa fue la raíz de su caída. Para caminar con el Señor y llegar a nuestro destino, debemos alejarnos de las personas que nos distraen, de las cosas y los lugares que podrían hacernos descarrilar y de las tendencias adquisitivas destructivas.

Este adagio igbo capta el punto sucintamente así: "ewi choro idi ndu zuo umu ya ga ezere ihe eji sie on ya". (La rata que tiene la intención de estar viva para cuidar a su cría debe mantenerse alejada de lo que se utilizó para poner trampas). Por lo tanto, para alcanzar nuestra meta y tener éxito en la vida, debemos negarnos a distraernos.

Señor, nunca te distrajiste en tu enfoque del mandato de misión del Padre. Por favor, ayúdanos a estar centrados, para que podamos aferrarnos a ti hasta el final. Que San Vicente interceda por nosotros para que, como él, podamos estar centrados en defender a Jesús y lo que es bueno. Amén.

25ª Semana Jueves Tiempo Ordinario.
Hageo 1:1-8; Salmo 149:1-6,9;
Lucas 9:7-9.
La verdad es invencible.

Me encanta la palabra griega para verdad, "aletheia" (lo que no se puede ocultar); el término explica la naturaleza de la verdad. La naturaleza de la verdad es que la verdad solo puede permanecer oculta por un corto tiempo. Cuando Herodes mató a Juan, creyó que una vez que Juan fuera asesinado, ese sería el fin de la verdad que Juan llevaba. Juan fue asesinado, pero esa misma verdad a la que se aferraba salió a la superficie nuevamente cuando Jesús se enfrentó al mismo Herodes que mató a Juan. Al final, el objetivo de Herodes de matar la verdad que Juan sostenía fue derrotado rotundamente. El hecho es que, sin importar lo que intentes, no puedes luchar contra la verdad y ganar, porque la verdad al final vence.

Además, hay otro dicho que se sostiene sobre la verdad. El dicho dice: "solo la verdad puede hacerte libre". Es sobre esta base que el ex Obispo de la Diócesis de Warri en África, al analizar el pasaje sobre Herodes y Juan el Bautista, dijo lo siguiente: "mientras que Juan tuvo paz antes, durante y después de su sufrimiento, Herodes nunca tuvo paz antes de la muerte de Juan, durante y después de hacerle pasar por el sufrimiento y la muerte". Sí, no hay paz para el malvado; no hay paz para el mentiroso.

¿No vemos cuán preocupado estaba Herodes al ver a Jesús, quien, como Juan, vino a dar testimonio de la verdad? Herodes dijo: "A Juan lo decapité, pero ¿quién es éste de quien oigo tales cosas?" (Lucas 9:9). Sí, ustedes mataron a Juan, pero incluso si matan a cientos de Juan el Bautista, la verdad que Juan llevó y a la que se aferró ciertamente vivirá.

La primera lectura también fue una lucha entre la verdad y la falsedad; Hageo insistió en la verdad de que la casa de Dios debía ser reconstruida, mientras que el pueblo se oponía a ello. Una cosa acerca de la verdad es que debe sufrir oposición; si no tiene oposición, entonces nunca puede ser verdad. Aquellos que rechazan la verdad se opondrán y harán todo lo posible para que la verdad sea rechazada mientras sostienen mentiras.

Sin embargo, mostramos quiénes somos en la elección que hacemos de defender la verdad o de oponernos a ella. Hageo le dijo al pueblo que se evaluara a sí mismo y viera las consecuencias de su rechazo a la verdad. La verdad era que necesitaban usar su riqueza para reconstruir el templo de Dios en Jerusalén; y su negativa aplastó sus finanzas. No aceptar la verdad puede exponernos a consecuencias drásticas. Nunca obstruyas el camino hacia la verdad o serás aplastado.

Finalmente, podemos notar claramente que las personas veraces siempre se parecen y se comportan de la misma manera dondequiera que se encuentren y en cualquier generación en que se encuentren; por lo tanto, sin importar su generación, son iguales y se comportan de la misma manera. Juan y Jesús, y aquellos que defienden la verdad hasta hoy, actúan de la misma manera; insisten en la verdad sin temores y con un coraje ilimitado, se les opone, pero están decididos, y cuando se van, se los recuerda para siempre. En todo lo que hacen: "la verdad es su mejor amiga".

Dios, nuestro padre de la verdad. Danos el coraje de insistir siempre en la verdad de la que estamos convencidos. Que podamos defenderte en todo momento, tanto con nuestras palabras como con nuestras acciones. Amén.

25ª Semana Viernes Tiempo Ordinario.
Hageo 2:1-9; Salmo 43:1,2,3,4;
Lucas 9:18-22
Importa quién es Cristo para ti.

La proverbial historia de los diez ciegos que vinieron a encontrarse con el elefante cuenta que estos diez hombres tenían diferentes puntos de vista sobre el elefante cuando se encontraron con él desde diferentes perspectivas. Cuando Cristo vino como hombre, diferentes personas lo encontraron de manera diferente. Mientras que sus amigos lo vieron como un enviado de Dios, alguien que vino a rescatar a Israel, sus enemigos, los incrédulos, lo vieron como alguien que vino a obstaculizar su progreso y crecimiento económico y como alguien que vino a usurpar sus poderes.

Quién es Cristo para nosotros ciertamente influirá en nuestras decisiones. Cuando Pablo era Saulo, y Cristo aún no había sido conocido por él como Señor, ¿no fue Pablo como Saulo el que mató a los creyentes en Cristo? Pero cuando estuvo convencido de que Jesús es el Señor, tuvo el valor de decir: "Para mí el vivir es Cristo y el morir es ganancia" (Filipenses 1:21), y también en otro libro suyo dijo convincentemente: "Todo lo puedo en Cristo que me fortalece" (Filipenses 4:13). Cuando tenemos convicciones serias acerca de quién es Jesús, viviremos de tal manera que la gente comenzará a ver, sentir y reconocer al Cristo que vive en nosotros. Esta era la clase de convicción que exhibían los primeros cristianos, y que el mundo que los rodeaba en Antioquía expresó que ellos eran verdaderamente seguidores de Cristo (Hechos 11:19ss).

Habiendo seguido a Jesús durante algún tiempo, Jesús quería saber quién pensaban los discípulos que era. En primer lugar, les preguntó quién creían las personas que era él, ellos le dijeron lo que la gente decía; luego les preguntó más a fondo quién creían ellos que era él. En ese momento, ellos reconocieron a través de Pedro quién era él realmente. Le impresionó que ellos supieran y entendieran quién había estado con ellos. Ahora comenzó a compartir con ellos el contenido de su misión. Es importante que dediquemos tiempo a conocer al Señor.

El gran conocimiento que tenían los apóstoles era el resultado del tiempo que habían invertido en orar con Jesús, escucharlo y caminar diariamente con él. Lo conoceríamos más, si le diéramos tiempo para conocerlo. Fue San Jerónimo quien enseñó que: "la ignorancia de las Escrituras es ignorancia de Dios". Si lo conocemos más, ciertamente seremos capaces de defenderlo. Estos apóstoles expresaron esta fe cuando todos dieron su vida por él. ¿Quién es Cristo para ti?

En la primera lectura, Ageo los llama a recordar cómo era el templo antes de la devastación. Se les recordó los poderes de Dios años cuando Israel se identificó con Dios. Aseguró que la gloria está a punto de ser restaurada. Esa gloria se restaura en aquel que entiende a Jesús como Señor, y está dispuesto a seguirlo sin reservas.

Dios nuestro padre, vivimos en un mundo confundido, danos la visión para reconocerte siempre como Señor. Danos valor para tomarnos el tiempo de leer acerca de ti en tu libro sagrado. Que la sabiduría de tu palabra nos lleve a las alturas. Amén.

25ª Semana Sábado Tiempo Ordinario.
Zacarías 2:1-5,10-11a ;Jeremías 31:10-12,13;
Lucas 9:43-45
Él planea el bien para nosotros: Tengamos esperanza.

En la primera lectura, Dios aseguró a Israel que pronto tendrán un motivo de alegría; que no necesitan asegurar sus fronteras contra ningún enemigo, sino que él los guiará, conducirá y protegerá. Él les dio la esperanza de que los israelitas que regresaban serían numerosos más allá de lo que se puede contar. Esa fue una profecía sobre el fin de su exilio. Él les dio esperanza y deseó que se dieran esperanza unos a otros.

En este punto, debemos recordar que los enemigos que los llevaron a la esclavitud querían a toda costa reducir su número. Pero incluso en su tierra de esclavitud, Dios siguió multiplicando y aumentando su número. No importa lo que pasemos hoy, Dios siempre enviará ayuda desde arriba. Él se preocupa por nosotros y nos ama. Al igual que el exilio, esas cosas tienen fecha de vencimiento.

Este mensaje de esperanza para Israel en el exilio se aplica también a las personas que experimentan cualquier tipo de desafío hoy entre nosotros. Sin embargo, tú y yo somos el instrumento de Dios para inspirar esperanza en los desesperados, para ofrecer esperanza a las familias y amigos que están enfermos o enfrentan otros desafíos. A imitación de Dios nuestro padre, debemos convertirnos en esperanza para los desesperados en nuestras pequeñas cosas. Tú y yo necesitamos la mano de Dios en nuestras vidas, y él siempre es capaz de guiarnos y conducirnos hacia la seguridad. También debemos ser la mano de Dios para otros, levantándolos de cualquier situación que enfrenten.

El profeta Zacarías les dice que desistan de construir cualquier muro. Construir un muro aquí significaba limitar el poder de Dios. Él aseguró que las bendiciones que vendrían de Dios iban a ser inmensas; y que ni siquiera el tamaño de su tierra sería capaz de contener las bendiciones. Dios les asegura que los protegerá más allá de sus expectativas.

La culminación del mensaje de esperanza de Dios decía: "Porque he aquí yo vengo y moraré en medio de ti, dice el Señor. Y muchas naciones se unirán a Jehová en aquel día y serán mi pueblo, y yo moraré en medio de ti." (Zac. 2: 10-11). Entonces, cuando Dios interviene en los asuntos de los hombres, el resultado es alegría. Grandes cosas suceden cuando Dios se mueve con los hombres y las mujeres.

El evangelio comparte que después de bajar de la montaña, Jesús sanó enfermedades; el lugar de lo que hizo maravilló a los discípulos. Sin embargo, Jesús tuvo que aprovechar el tiempo para hablarles de su inminente sufrimiento y muerte. El día que les mencionó que sufriría fue el mismo día en que los discípulos se emocionaron por las grandes cosas que Dios había hecho ante sus ojos.

Estas acciones fueron ciertamente por una razón; fue para hacernos darnos cuenta de que en la vida no siempre será color de rosa; también podemos tener cruces que llevar. No obstante, en todas las cosas debemos mirar a Dios. Solo Él sabe lo que enfrentamos y permite lo que enfrentamos por una razón. Además, solo Él tiene medios de escape.

Oh Dios, que tu sabiduría guíe cada palabra y acción nuestra. Concédenos que siempre apreciemos el premio que pagaste por nosotros con tu cruz. Que te sigamos mientras servimos a tus hijos e hijas. Guíanos el camino, Oh Señor. San Jerónimo, ruega por nosotros.

VIGÉSIMA SEXTA SEMANA LUNES A SÁBADO
26ª Semana Lunes Tiempo Ordinario
Zacarías 8:1-8; Salmo 101(102):16-21,29,22-23;
Mateo 18:1-5,10
Liderazgo desinteresado: Ser
un hombre/una mujer para los demás.

Dondequiera que haya una lucha sobre quién debe liderar o quién está a cargo, ya sea en la familia, la iglesia o en la sociedad en general, esto apunta a un hecho singular. Por lo general, indica que los involucrados se esfuerzan por obtener puestos debido a lo que pueden ganar. Nunca puede ser porque tengan la intención de hacer sacrificios. El sacrificio siempre debe impulsar la búsqueda.

Tomemos el ejemplo de la mayoría de nuestros grandes padres y madres, los llamamos héroes debido al nivel de su determinación y disposición para sacrificarse por los demás. Hacen grandes sacrificios, no tienen vacaciones, no se compran ropa ni zapatos costosos, etc., porque quieren asegurar oportunidades maravillosas para sus hijos en el futuro.

El liderazgo debe ser para el servicio. Cristo, cuando estuvo en la tierra, mostró lo que hacen los grandes líderes. Habló de su misión principal del Padre de esta manera: "el Hijo del hombre vino a servir y no a ser servido, y a dar su vida por el pueblo" (Mt. 20: 20-28). Este es el liderazgo que también vivió san Vicente de Paúl; era amigo de los desamparados y se destacaba por los huérfanos y las viudas. Se le describe así: "Vicente consolaba a los afligidos. Era el protector de los huérfanos y el benefactor de las viudas" (Oficio de lectura, c.f. Universalis).

La grandeza del líder no es la riqueza que obtuvo al liderar, sino cuánto sacrificio hizo por aquellos a quienes estamos llamados a servir, y cuánto estamos dispuestos a darles más servicios. Hay una especie de millones que es alabada a menudo porque para dar a luz a sus crías, debe perder su propia vida. Este debería ser el espíritu correcto de liderazgo. Dar todo de nosotros para que aquellos a quienes servimos lo ganen todo.

El verdadero liderazgo debe expresar una voluntad de ver que otros sean servidos antes que nosotros. Que este espíritu nos guíe en nuestro anhelo de ser líderes. Cristo abrazó el servicio y se retiró cada vez que buscaban honrarlo. (Juan 6:15). Si deseamos el liderazgo, que el servicio sea lo que avive nuestro deseo.

Señor Dios nuestro, tú eres el líder por excelencia, llénanos con el espíritu correcto de liderazgo. Que nuestra resolución sea siempre que las personas sean siempre servidas y que sus necesidades sean atendidas adecuadamente.

26ª Semana Martes del Tiempo Ordinario.
(Zac 8:20-23; Salmo 87:1-3,4-5,6-7;
Lucas 9:51-56,
Buenos consejeros y malos consejeros.

Ir a Jerusalén es una declaración simple pero una declaración de gran importancia en términos bíblicos. Significa estar decidido a enfrentar la falsedad y oponerse a cualquier cosa o persona que se oponga a los caminos de Dios. La mayoría de los profetas fueron asesinados en Jerusalén. Era su punto de no retorno. Un punto en el que uno llega a tal punto que la única opción que queda es defender la justicia, la verdad y la piedad. Es un lugar de encuentro con Dios.

Jesús se dirigía a Jerusalén, debía pasar por Samaria, pero la gente de Samaria lo rechazó. Santiago y Juan, los apóstoles, sugirieron que les diera poder para hacer caer fuego sobre ellos. (Lucas 9:56). Aconsejaron que se destruyera a toda la comunidad, ya que se oponían al movimiento de Jesús. Jesús descuidó su Sugerencia.

Cristo no aceptó su sugerencia. Hay consejos que pueden llevarnos a tomar malas decisiones y debemos rechazarlos como lo hizo Cristo. No des consejos que puedan alejar a las personas de Dios. Fueron malos consejos de Eva los que hicieron descarrilar a Adán. En nuestras familias, en la iglesia, en el gobierno en cualquier nivel del espectro en el que nos encontremos, demos solo consejos que glorifiquen a Dios. Que las personas logren sus metas a través del apoyo asesor que ofrecemos. Además, si recibimos consejos, debemos analizarlos críticamente antes de aceptarlos. La regla del juego sigue vigente: "mira antes de saltar". Acepta solo aquellos consejos que saquen lo mejor de nosotros, que potencien que nuestros bienes sean mejores y que nuestros bienes sean mejores.

Oraciones: Señor Dios Padre nuestro, en un momento u otro, se nos ofrece el privilegio de ofrecer consejos, danos sabiduría para aconsejar correctamente y ser guiados por el camino de la justicia. Que nuestros consejos lleven a las personas a buscarte y a seguir siempre hacia donde nos indiques. Amén.

26ª Semana Miércoles.
Nehemías 2:1-8; Salmo 136(137):1-6;
Lc 9:57-62.
Seguir a Jesús: nunca volver atrás.

Jesús vino para que todos tengamos vida en abundancia. Nos ha extendido sus invitaciones para que lo sigamos, y también quiere que seamos sus agentes para invitar a otros a su reino. En el evangelio, se dirigió a un hombre así: "sígueme". No se mencionó el nombre de la persona a la que Jesús estaba invitando. El nombre de la persona invitada se mantuvo sin mencionar, para recordarnos que su llamado a que lo sigamos todavía es contemporáneo, todavía nos llama hoy.

El llamado de Jesús es un llamado a seguir adelante, y un llamado a nunca mirar atrás. Recordemos la historia de la esposa de Lot. Ella fue llamada a seguir al Señor, a dejar la ciudad malvada de Sodoma y Gomorra, pero todavía estaba apegada al pueblo pecador, y a un lugar malvado, y debido a que su atención estaba dividida, se convirtió en una columna de sal. La elección de seguir al Señor nos exige que nos desprendamos de ciertas cosas para dejar que Dios reine en nuestras vidas y en nuestros corazones.

Cuando seguimos a Jesús, debemos dejar atrás los viejos malos caminos; siempre es una elección radical renunciar a todas las cosas. Es dejar ir totalmente todas las cosas para dejar entrar a Dios. Es una determinación y resolución totales de nunca complacerse en cosas impías. Zaqueo, para desconectarse de sus propios malos caminos, tuvo que devolver siete veces todas sus riquezas mal habidas, así como sus viejos lazos diabólicos para aferrarse a Cristo.

En la primera lectura de hoy, notamos que Nehemías, en el exilio, se dio cuenta de que su antigua elección de vivir sin Dios era una elección equivocada. Su exilio y la pérdida de todos los privilegios que tenían se debió a sus pecados, y si cambiaban sus caminos, volverían a su alegría perdida. Sin embargo, una señal completa de su regreso sería la restauración del templo en Jerusalén. Se acercó al rey y le hizo una petición, que le fue concedida. Dios vio que anhelaban regresar a casa y les facilitó las cosas tocando los corazones de todos los que podían ayudar a que su sueño se hiciera realidad. La mayoría de las personas comienzan a tener problemas tan pronto como se distancian de Dios; al igual que Israel, todos debemos darle a Dios un lugar prioritario en todo lo que hacemos para que las demás cosas tengan el lugar apropiado. Debemos dejar los caminos que nos fallaron y seguir a Jesús; vale la pena seguirlo.

Oh Dios, aumenta nuestro anhelo por ti, que tengamos el valor como Nehemías de ponerte primero en todas las cosas; para que podamos experimentar tu alegría y paz que nunca fallan y nunca terminan, porque tú, Señor, tienes palabras de vida eterna. Amén.

26ª Semana Jueves Tiempo Ordinario.
(Nehemías 8:1-12; Salmo 18(19):8-11;
Lucas 10:1-12).
Anhelo de escuchar la palabra de Dios.

En la primera lectura del profeta Nehemías, el pueblo se acercó a Esdras buscando escuchar la ley de Dios. Se dieron cuenta de que seguir la ley del Señor puede conducirlos a mayores alturas y restaurar la paz en ellos. El salmista diría: "Mucha paz para los amantes de tu ley, Señor" (Salmo 119:165); Esdras aceptó y les leyó la ley de Dios. Escuchar la palabra tocó sus corazones y ellos: "lloraron al escuchar las palabras de la ley" (Nehemías 8:7-8).

Todos necesitamos anhelar escuchar a Dios hablarnos; y permitir que la palabra toque nuestros corazones. Cuando sentimos pasión por escuchar a Dios hablar, también estamos decididos a abandonar las viejas costumbres. La falta de anhelo y pasión por escuchar conduce al fracaso en la práctica de nuestra fe. Hasta que las palabras penetren en nuestros corazones, permaneceremos inmutables.

En el evangelio, Jesús comprende el anhelo de la gente, enseña por sí mismo y envía discípulos a enseñar en áreas a las que no puede ir físicamente. En consecuencia, envía a los discípulos de dos en dos. El concepto de dos es simbólico en términos bíblicos; los dos enviados solo tendrán éxito cuando cooperen y colaboren mutuamente en el servicio. Deben trabajar uno con el otro y no uno contra el otro.

Los dos deben ser fuerza el uno para el otro y nunca deben albergar ningún tipo de competencias, distracciones y rivalidades malsanas, etc. Deben fijar sus mentes en la meta sin perturbarse. En el cumplimiento de esta misión de servir, pueden ser aceptados y rechazados. Sin embargo, aquellos que aceptan al Señor serán bendecidos. También hay un castigo por el rechazo.

Todas las lecturas de hoy exaltan el valor de leer la palabra de Dios. El evangelio mostró especialmente la pasión de Cristo por ver que se comuniquen los mensajes correctos a la gente; Él enseñó a los 70 y los envió de dos en dos. Custodios de la palabra, todos debemos dedicar tiempo al estudio de las Escrituras. Como enseña San Jerónimo: "Si el hombre que no conoce la Escritura no conoce el poder y la sabiduría de Dios, entonces la ignorancia de la Escritura es ignorancia de Cristo" (Cf. Oficio de lectura de hoy). Que Dios nos arraigue en su palabra, que su palabra guíe nuestras vidas y obras, para que podamos dar frutos duraderos.

Oh Dios, haz que tu ley signifique mucho para nuestras vidas; que tu palabra en nosotros nos mueva a vivir con rectitud y valentía. Danos la gracia de aferrarnos a ti hasta el final. Amén.

26ª Semana Viernes Tiempo Ordinario.
(Baruc 1:15-22;
Salmo 78(79):1-5,8-9;
Lucas 10:13-16)
Si se rechaza a Cristo, se acepta la crisis.

La alegría de cada padre es el éxito de sus hijos; expresamos orgullo cuando hablamos de los logros de nuestros hijos. Los grandes maestros basan sus éxitos profesionales en cómo la ayuda que dieron a sus estudiantes los llevó a alturas inimaginables. Estamos felices porque, el trabajo y los innumerables sacrificios de los padres; el tiempo dedicado a la enseñanza, el tiempo invertido en la planificación de las lecciones y los muchos otros sacrificios que hicieron los padres y maestros no fueron en vano; más bien, produjeron grandes resultados.

Las ciudades mencionadas en el evangelio Corazín y Betsaida fueron las ciudades donde el Señor realizó la mayoría de sus milagros. Se espera que haya habido más conversos allí que en cualquier otro lugar. Sin embargo, a pesar de todo lo que el Señor había hecho en medio de ellas, estas ciudades no se arrepintieron; En la primera lectura, Baruc también condenó la falta de fe en Israel. Dios se entristece cuando no usamos los privilegios que nos da para convertirnos en sus hijos e hijas. Los privilegios que tenemos de él son enormes; recordemos que si mucho nos fue dado, lo mismo se esperará de nosotros. ¿Cuáles son sus propios privilegios? ¿Cuáles son sus bendiciones? ¿Las está utilizando de manera adecuada?

Si nos examinamos honestamente, notamos que estamos rodeados de oportunidades y favores de Dios. Que estamos vivos y saludables, que nos enfermamos y nos curamos, que experimentamos misericordias en nuestros viajes. Necesitamos apreciarlo por todos estos regalos y bendiciones. La mejor manera de apreciar a Dios sigue siendo elegir vivir con rectitud. Todos estos son nuestros encuentros con el Señor. Oramos entonces para que cada uno de nuestros encuentros produzca resultados positivos.

Aquí en Estados Unidos, hemos sido ricamente bendecidos y poderosamente favorecidos tanto como individuos como personas. Estamos vivos hoy y vivimos con buena salud, tenemos padres que nos criaron en la fe; Tenemos sacerdotes y diáconos que siempre nos han servido; tenemos libertad para alcanzar nuestros sueños; y tenemos escuelas maravillosas para actividades académicas.

Más aún, tenemos grandes hospitales donde somos atendidos cuando estamos enfermos. Tenemos nuestra libertad para expresar nuestra fe e incluso para expresar nuestra afiliación política sin perturbaciones. Estas cosas que damos por sentado son las que a mucha gente en otros lugares se le niegan; debemos agradecer a Dios por todo esto y orar para que todos aquellos que carecen de todos estos privilegios en partes del mundo sean rescatados.

Por lo tanto, cuando contamos todas nuestras bendiciones, nos sorprenderíamos de lo bendecidos que somos. Sin embargo, ¿hemos apreciado a Dios lo suficiente por todas estas bendiciones? Nuestra mejor manera de agradecerle sigue siendo vivir como hijos dignos; a quienes Dios les ha dado mucho. Sus bendiciones están destinadas a hacernos crecer; a través de ellas, debemos hacer que nuestro bien sea mejor y nuestro mejor, mejor. Él necesita que sigamos creciendo, sigamos progresando; este llamado es un llamado a avanzar siempre y nunca a retroceder.

Oh Dios, que todos tus favores sobre nosotros nos hagan mejores hijos e hijas tuyos. Que podamos dar frutos duraderos en todas las cosas. Amén.

26.ª Semana Sábado.
Baruc 4:5-12,27-29; Salmo 68(69):33-37;
Lucas 10:17-24
Mayordomía y rendición de cuentas

Cuando se envía a alguien a hacer recados, es una muestra de cortesía y responsabilidad rendir cuentas de la mayordomía. Rendir cuentas es una señal de respeto hacia quien nos contrató; una muestra de agradecimiento por el privilegio de que nos hayan tenido en cuenta para la misión. También agradecemos a Dios porque es solo por su gracia que podemos tener éxito en todo lo que hacemos. Una canción dice: "grandes cosas suceden cuando Dios se mezcla con nosotros". Los discípulos regresaron y contaron cómo Dios los había usado de muchas maneras independientemente de sus incapacidades, lo que demuestra responsabilidad y una actitud de gratitud y humildad. Le llevaron el informe al maestro y le dieron su informe de progreso.

Su rendición de cuentas aquí nos recuerda que, en un día desconocido para nosotros, todos seremos llamados a rendir cuentas de cómo usamos o malgastamos las oportunidades que hemos recibido de Dios. La elección de enviar de dos en dos por parte del Señor también vale la pena mencionar aquí, nos recuerda que la misión debe estar arraigada en la colaboración y la expresión mutua de buena voluntad. Se lograría mucho con una maravillosa práctica de la colaboración. La colaboración es amor entre los ministros que a su vez atraería a la gente a seguirlos. Santa Teresita diría que sin amor detrás del uso de todos nuestros dones, nada se habría logrado.

Estos misioneros tuvieron éxito a través de la humildad, reconocieron sus limitaciones, no conocemos el camino como afirma Felipe, pero Cristo les aseguró que él sigue siendo el camino; por lo tanto, cuando lo sigamos, ciertamente tendremos éxito. Baruc en la primera lectura señala que el exilio de Israel fue el resultado del pecado contra Dios, pero ahora Dios ha venido a su rescate; él también está aquí para liberarnos de nuestras ataduras; pero nosotros, como Israel, debemos estar insatisfechos con nuestros viejos y erróneos caminos, y entonces un nuevo aliento del espíritu amanecerá sobre nosotros.

Oh Señor, danos la sabiduría para siempre tomar decisiones correctas y honestas para que, al final de nuestra vida aquí abajo, te rindamos cuentas dignas que te honren y nos califiquen para la eternidad contigo en tu reino celestial; que la madre María, la reina del Rosario, nos suplique las gracias de su hijo nuestro Señor, para que, como ella, seamos fieles hasta el final. Amén.

VIGÉSIMA SÉPTIMA SEMANA
LUNES A SÁBADO
Semana 27 Lunes Tiempo Ordinario
Jonás 1:1-2:1,11; Jonás 2:3-5,8;
Lucas 10:25-37

Vayan y hagan lo mismo; vayan y busquen a los extraviados.

En el libro de Jonás, vemos la abundancia de la misericordia de Dios. Él no se da por vencido con las personas pecadoras. Sus puertas siempre están abiertas esperando que los pecadores arrepentidos regresen a casa. Los pecados de Nínive clamaban a los cielos, por lo tanto, Dios quería que Jonás fuera y les dijera la mente de Dios; Dios los estaba llamando a desistir de pecar.

La letra del mensaje es: "40 días Nínive será destruida" (Jonás 3:4). Sin embargo, el espíritu del mensaje es que Nínive aquí es otra oportunidad para que cambies para mejor; la oportunidad de convertirte en amigo de Dios. Sin embargo, notamos que si Dios hubiera querido que murieran, no hubiera enviado a Jonás, sino que hubiera enviado desastre tras desastre. Cabe señalar que es a través de ti y de mí que todos los pecadores descarriados son atraídos de nuevo hacia Dios.

Debemos ser pacientes con ellos y extender nuestra ayuda para levantarlos. Debemos cooperar con Dios, convencerlos de lo que extrañan estando lejos de la casa del padre. No los juzguemos ni tratemos de hacerles volver a su pasado. Más bien, debemos compartir con ellos el mensaje de esperanza de que el deseo de Dios para ellos es que regresen a casa. Dios quiere el regreso de los pecadores, Dios quiere que los pecadores: "regresen a él y vivan" (Ezequiel 33:11). La voz puede sonar dura, pero la intención oculta es puro amor.

El hombre golpeado en la historia del buen samaritano es el pecador destrozado por el pecado, que no puede ayudarse a sí mismo. Los sacerdotes y los levitas somos todos nosotros, que miramos hacia otro lado cuando nuestros hermanos y hermanas se desvían; Nos negamos a dirigirlos de nuevo a la casa del padre.

Son aquellos como Jonás que creen que no se les deben dar nuevas oportunidades, creyendo equivocadamente que nunca más podrán cambiar. El evangelio también nos desafía a mostrar amor a quien esté en necesidad desde Jerusalén hasta Jericó; y eso es de un extremo del mundo al otro. También se nos da el mandato al Escriba: "ve y haz tú lo mismo" (Lucas 10:37). Vayamos a ayudar a los hermanos extraviados a volver a casa, ayudemos a las necesidades de los que sufren en nuestras pequeñas cosas a imitación de santos como San Francisco, que sabemos que cuidaron de los pobres del Señor.

Señor, tú deseas que los pecadores regresen a casa; que siempre escuchemos tus palabras y busquemos constantemente tu amistad. No seamos jueces unos de otros, sino más bien seamos pacientes guardianes de nuestros hermanos. Que ayudemos en todas las ocasiones, que siempre estemos dispuestos a ayudar y nunca a obstaculizar. Amén.

Semana 27 Martes Tiempo Ordinario
Jonás 3:1-10; Salmo 129(130):1-4,7-8;
Lucas 10:38-42
Vuélvete al Señor y sé radiante.

En la primera lectura de hoy, Jonás, que se negó a ir a la misión de Dios, ahora lo quisiera o no, fue encontrado en Nínive. Le dijo a la gente exactamente lo que Dios quería que les dijeran. Leyeron las señales de que Dios estaba enojado con ellos y pidieron el regreso total de todo el pueblo de Nínive al Señor. Inmediatamente cambiaron; Dios por su parte se agradó de ellos. Volvieron a una alegría que nunca antes habían tenido, a una paz que nunca antes habían tenido y a un progreso como nunca antes.

El arrepentimiento es una elección, es cuando reconocemos que al igual que Marta nos hemos preocupado mucho por cosas innecesarias. Por lo tanto, debido a nuestras preocupaciones hemos descarrilado necesitando el toque divino en nuestras vidas. María sin embargo escuchó a Jesús, se sentó y escuchó con atención más atenta, mientras Jonás hablaba, la gente de Nínive prestaba atención. Que prestaron atención se demostró en los pasos que dieron de inmediato; sin prisas recurrieron a las buenas necesidades.

Toda la comunidad pidió ayuno y también suplicó a Dios misericordia; y Dios que ve todos los corazones y cuán arrepentidos estaban arrepentidos del desastre que había amenazado. ¿Somos buenos oyentes? ¿Qué nos impide a ti y a mí elegir caminar con el Señor, dejando las cosas viejas para adquirir vida nueva en Cristo?

El pueblo de Nínive hizo las cosas de manera diferente; eligieron escuchar a Dios y también hacer lo que agradaría a Dios. Como eligieron hacer las cosas de manera diferente, a partir de ese momento comenzaron a obtener resultados distintos a los que habían estado viendo inicialmente. Nuestros pecados impiden que muchas de las bendiciones de Dios lleguen a nosotros. Sigamos a los ninivitas para acercarnos más al Señor, y veríamos a Dios acercarse a nosotros también, entonces seríamos bendecidos sin poder expresarlo.

Señor, tú nos alimentas siempre con tu palabra, concédenos ser dóciles a tu palabra como los ninivitas, que nunca seamos como el Faraón que endureció su corazón, que tu palabra nos inspire a tomar acciones que te honrarán y te traerán danos tus bendiciones Amén

27ª Semana Miércoles Tiempo Ordinario
Jonás 4:1-11; Salmo 85(86):3-6,9-10;
Lucas 11:1-4
Si no es por la gracia de Dios.

¿Por qué Jonás debería estar enojado porque la gente de Nínive cambió y se arrepintió de sus pecados, porque en lugar del desastre que Dios amenazó, les mostró misericordia? Lo que hizo Jonás es también lo que hacemos a menudo, cuando condenamos y categorizamos a las personas. Esas veces en las que decimos; él o ella es esto o aquello; cuando incluso intentamos cerrarles las puertas creyendo que no pueden cambiar.

Sin embargo, en toda relación con los pecadores, debemos recordar lo que llamamos gracia; la gracia es el dominio de Dios. Con la gracia de Dios, la peor de las personas todavía puede convertirse en lo mejor de lo mejor; el mejor de los santos. En el dominio de la gracia, Agustín, el niño descarriado, puede convertirse en el gran hijo de la iglesia y en un obispo de la iglesia; Con la gracia, Saulo el pecador puede convertirse en Pablo el gran evangelista, predicando hasta los confines del mundo el mismo evangelio que él perseguía. Podemos ayudar a los pecadores cuando nos damos cuenta de que la gracia funciona. Realmente necesitan ayuda, porque si no fuera por la gracia de Dios, fracasaríamos; contamos con la gracia porque es por su gracia que nuestras vidas tienen sentido.

Siempre debemos orar por la conversión de los pecadores y ser felices cuando Dios otorga su gracia convirtiéndolos en mejores personas. Participemos de la alegría que se produce en el cielo cuando los pecadores se convierten. Diríamos de nosotros mismos al ver a esa peor y notoria persona así: "Allí me quedaría yo si no fuera por la gracia de Dios".

En la oración del Señor que el Señor enseñó a sus discípulos, cuando oramos debemos buscar la misericordia de Dios para nosotros. Cuando nos damos cuenta de que podríamos haber sido ese pecador, también oraremos por el pecador, haciendo todo lo posible para levantarlo. Recuerda que si eres mejor que los demás, entonces tienes la obligación de ayudarlos a mejorar; nosotros debemos elevarlos. Esto es exactamente lo que hizo Jesús; incluso tuvo que enseñarles a orar y guiarlos sobre cómo vivir vidas mejores y plenas. Dios necesita que los pecadores regresen a casa, y somos tú y yo quienes podemos guiarlos de regreso a casa.

Señor Dios, concédenos que seamos tan misericordiosos como tú. Que siempre trabajemos para que a través de nuestros esfuerzos los pecadores regresen a ti; para que los Saulos de nuestro tiempo se conviertan en los Pablos de nuestra era. Oh Señor, danos tu gracia en abundancia. Amén.

27ª Semana Jueves Tiempo Ordinario
Jonás 4:1-11; Salmo 85(86):3-6,9-10;
Lucas 11:1-4
La perseverancia expresa la verdadera fe.

Un dicho dice: "Muéstrame a alguien que haya tenido éxito y te mostraré a alguien que haya perseverado". Nadie triunfa si no vive con perseverancia. La perseverancia es muy importante en todas las cosas, seguimos intentándolo y fallando hasta que llegamos a nuestro objetivo. Ayer el Señor nos enseñó a orar, hoy se nos habla de un ingrediente muy importante necesario en toda buena oración. Es el ingrediente de la perseverancia y la perseverancia.

En las oraciones genuinas y auténticas, reconocemos que, aunque Dios tiene el poder de mediar e intervenir, depende de él decidir cuándo ha llegado el momento adecuado para que eso suceda. A través de nuestra actitud de perseverancia/perseverancia, expresamos que el tiempo de Dios es el mejor momento y seguimos orando sin rendirnos hasta que alcanzamos nuestros deseos.

El acrónimo de la actitud correcta para la oración fue indicado por el padre Ejike Mbaka como "P.U.S.H" y se lee completo: "ora hasta que algo suceda". Esta es la actitud que Cristo nos pide que adoptemos. En la oración, vengamos con una fe firme en que Dios es capaz y que, aunque no lo haga ahora, si nos aferramos a él, nunca nos decepcionará. ¿Ha estado intentándolo sin éxito? Nunca se rinda, siga adelante; si sigue adelante, el resultado deseado obviamente llegará. En todos los esfuerzos de la vida aplique el P.U.S.H. y seguirán sucediendo cosas mayores a nuestra mayor imaginación. Siga orando, siga intentando y siga adelante y el éxito será el resultado final.

Siga adelante, Dios es quien nos guía y si continuamos mirándolo, habrá un rayo de luz al final del túnel. Por lo tanto, no importa la cantidad de años que haya orado por algo, nunca se rinda. No se ha terminado, vaya y, con oración, deje las necesidades en las manos del Señor y en su mejor momento, él satisfará nuestras necesidades. Nunca se rinda, no se ha terminado hasta que Dios lo diga.

Oh Dios, bendice tu palabra en nuestros corazones, construye en nosotros la actitud de perseverancia en la oración y en las buenas obras. Mientras buscamos tus favores, concede nuestros deseos y anhelos y bendice el trabajo de nuestras manos. Amén.

Semana 27 Viernes Tiempo Ordinario
Joel 1:13-15,2:1-2;Salmo 9A:2-3,6,16,8-9;
Lucas 11:15-26
Dale siempre la Gloria a Dios.

Jesús expulsó demonios, liberando a un endemoniado, y la gente le daba gloria a Dios por las grandes cosas que había hecho, sin embargo los fariseos por envidia y su intento de desanimar a los seguidores de Jesús afirmaban que Jesús estaba expulsando demonios mediante el poder de Belzebul; el príncipe del maligno. Al hacer esto, toman la gloria debida a Dios y se la dan al maligno. A menudo vemos personas que se oponen a las cosas buenas e incluso difunden falsedades sobre una persona o un pueblo porque no provienen de ellos. En todo momento estamos llamados a trabajar con y para Dios.

Cristo en todos sus encuentros con los Escribas y Fariseos, vio un pueblo que endureció su corazón que en todo momento, sin importar lo que pasara; hicieron todo lo posible para desacreditar a Cristo, su misión y sus palabras. Todos sus milagros tenían la intención de atraer al pueblo a Dios, hacer que la gente tuviera más fe en Dios. Pero nunca encontraron nada bueno en todas las buenas obras de Cristo. Siempre buscaban faltas, por lo que o bien fue acusado de trabajar en sábado, de ser amigo de pecadores o acusado de trabajar con el poder de Belzebul.

Hace grandes cosas para ofrecernos más razones para nunca dudar de sus poderes. Las hace para que sepamos que lo que ha hecho por los demás, también lo puede hacer por nosotros, y nos invita a propagar a los demás la noticia de su gran obra. Necesita que más personas estén a su lado e insiste en que nuestro éxito depende de nuestra voluntad de reconocer sus manos en todas las cosas.

A los escribas y fariseos se les dio el privilegio de ver las grandes obras de Dios, para poder ir al mundo y dar testimonio de lo que habían visto. Están llamados a ser agentes de la buena nueva y nunca a estar en contra de ella. Nos lastimamos a nosotros mismos cuando en lugar de trabajar con Dios, elegimos trabajar en su contra.

Cristo lo dice claramente así: "el que no está conmigo, contra mí está, y el que conmigo no recoge, desparrama". (Lucas 11:23). ¿Cuál es tu papel, reunir o esparcir? Debemos tener cuidado con las palabras que pronunciamos, decir sólo lo que glorifica a Dios y motiva a los mensajeros de Dios, dejar que nuestras palabras lleven a Jesús y su misión al próximo incrédulo; no los asustemos más; que nuestras palabras provoquen en ellas una fe fuerte y que nunca duden.

Oh Señor Dios nuestro, concédenos siempre honrarte por todas tus grandes obras. Que te demos la alabanza que te mereces por todas tus grandes obras y también animemos a otros a hacer lo mismo. Amén

27ª Semana Sábado Tiempo Ordinario
Joel 4:12-21; Salmo 96(97):1-2,5-6,11-12 ;
Lucas 11:27-28
En alabanza a nuestras madres.

Una madre anciana entre la multitud se sintió inspirada acerca de quién es Cristo, y habló en parábola: "Bienaventurado el vientre que te llevó y el pecho que te amamantó" (Lucas 11:27-28). Este fue un reconocimiento de que la mano que lo crió hizo un gran trabajo de crianza; que María fue una gran madre. El hecho es que; la posteridad ciertamente llegará a conocer todo lo que discutimos con nuestros hijos en todas nuestras conversaciones privadas en nuestros hogares.

La madre María, a través de la gracia que recibió, desempeñó su papel en la crianza del Señor Jesús como un ser humano normal. Recordamos el incidente cuando fueron a buscarlo después de que no pudieron encontrarlo. Cuando llegaron a casa después de visitar el templo, ella le preguntó: "Hijo, ¿por qué nos has tratado así? Tu padre y yo te hemos estado buscando angustiados". (Lucas 2:48). María estaba llamando al hijo a sentirse con ellos, sus padres. Todos los atributos y cualidades que tenía fueron aprendidos bajo la tutela de los padres, especialmente María, su madre.

Ahora, mientras María era alabada, Jesús usó el momento de alabanza para informar a todas las madres y a todos los padres, así como a todos los creyentes, que son bendecidos si son concienzudos en sus roles paternales como María. También nos aseguró a todos que seríamos bendecidos en gran manera si nos aferramos a hacer el mandato de Dios todo el tiempo. Cuando evalúas tu enfoque de crianza, ¿crees que en los años venideros puedes ser considerado bendecido como María, nuestra madre y nuestro modelo? En todo lo que hagamos, recordemos que la posteridad espera juzgar todas las decisiones que tomamos hoy.

Señor, recuérdanos que los bienaventurados son aquellos que hacen tu voluntad. María en todas las cosas hizo tu voluntad. Concédenos que toda nuestra vida te anhelemos. Bendice a todos los padres jóvenes con las virtudes de María, que en todas las cosas anhelemos hacer tu voluntad y al final obtengamos tus bendiciones. Amén.

VEINTIOCHO SEMANAS
LUNES A SÁBADO
28va Semana Lunes Tiempo Ordinario
Romanos 1:1-7; Salmo 97(98):1-4;
Lucas 11:29-32
Las señales de Cristo siempre tienen una razón.

Dios es un Dios de propósito. Todo lo que permite, lo hace por una razón. Esta es la verdad acerca de todos sus milagros. Para nosotros, la razón de las señales es atraernos hacia Dios. Tienen el propósito de despertar nuestra fe, por eso escuchamos a Cristo decir a menudo: "tu fe te ha salvado..." (Lucas 7:50). Recuerden; Moisés durante su experiencia en la zarza ardiente, se inclinó para reconocer la grandeza de Dios; la señal que encontró le hizo tener una determinación inigualable para superar sus miedos y enfrentarse al malvado Faraón con un coraje sin medida. Estaba completamente convencido de que Dios era quien lo llamaba a una misión. Una misión para ser el instrumento que Dios usará para rescatar a su pueblo Israel de la esclavitud. Si las señales que Dios nos da no nos mueven a la acción, Dios está disgustado.

Cristo el Señor no estaba contento de que la gente que vio todas sus señales siguiera buscando más señales. Él sabía por qué buscaban señales que iban en contra de su propósito para las señales; buscaban señales para entretenerse. Las señales se permiten para hacer crecer nuestra fe y nunca para entretenernos; se dan para que tengamos instancias de la intervención de Dios que nos fortalezcan cuando los desafíos podrían habernos quebrantado; haciéndonos aferrarnos a Dios en lugar de perder la esperanza.

En el pasado, la gente ha hecho viajes para aprender acerca de Dios, la reina de Saba hizo un viaje a Salomón para obtener sabiduría para vivir dignamente; (Lucas 11:30) ¿Qué estamos invirtiendo para obtener más conocimiento de Dios? Además, la gente de Nínive vio la señal de Dios. A través de Jonás, Dios les dio una tarjeta roja, con el mensaje: si continúan haciendo lo malo, el desastre está en camino; todos se arrepintieron. Todas las señales de Dios son para que hagamos lo que hicieron los ninivitas. Son para causar desafíos en nosotros. Ellas deben guiarnos en la toma de decisiones para aferrarnos a Dios con reservas. Por lo tanto, hagamos buen uso de todas las oportunidades que Dios nos brinda; para que a través de ellas, nuestro bien se vuelva mejor y nuestro mejor mejor Amén.

28ª Semana Martes Tiempo Ordinario
Romanos 1:16-25 ;Salmo 18(19):2-5;
Lucas 11:37-41
Un Viaje Del Corazón.

Hoy, Cristo fue invitado a una comida, y no realizó el ritual habitual de lavarse las manos antes de comer. Quiso aprovechar la oportunidad para enseñar a los escribas y fariseos que no importa cuán puros parezcamos por fuera, si hay una falta de pureza en nuestro interior, no valemos nada ante Dios; a Dios le interesa más el interior.

A menudo, como humanos, nos centramos en lo que el ojo puede ver, juzgamos la espiritualidad con estándares humanos, él/ella es un hombre/una mujer educada, es rico; usando un estatus o posición de liderazgo en la iglesia o la sociedad para juzgarlos; miramos qué tan alto están las personas, para clasificar su espiritualidad. Sin embargo, la espiritualidad es una cosa del corazón. Dios sabe quiénes somos en nuestro corazón, y es lo que somos en el corazón lo que le importa a Dios. Por lo tanto, hasta que el corazón es tocado, nada ha sucedido; y hasta que el corazón es tocado, nada ha cambiado.

En el Salmo 95, leemos: "Si escucháis hoy su voz, no endurezcáis vuestro corazón." (Salmo 95:). Más aún, escuchamos que Faraón endureció su corazón cuando Moisés fue enviado por Dios para decirle que permitiera al pueblo de Israel regresar a casa. El corazón humano es una de las cosas más poderosas que Dios creó. Las personas pueden estar sonriendo contigo, mientras que en el fondo, sus corazones, están muy absortos en otra cosa.

Cuando experimentamos la traición de amigos y familiares, a menudo nos damos cuenta de lo poderoso que puede ser el corazón; que solo aquellos que te tienen en sus corazones son aquellos que realmente te aman. Este es el cerebro detrás del dicho frecuentemente citado de Shakespeare en Macbeth: "No hay arte en encontrar la construcción de la mente en el rostro" (Macbeth de William Shakespeare). Solo Dios conoce el corazón, nosotros no podemos; pero él quiere que nuestros corazones sean como el suyo así: "Llevad mi yugo sobre vosotros y aprended de mí, que soy manso y humilde de corazón, y hallaréis descanso para vuestras almas..." (Mateo 11.29).

Los fariseos que se lavaban las manos antes de comer tenían malas intenciones en sus corazones, algunos tenían la intención de atrapar a Cristo en algo para ejecutarlo, son impuros en sus corazones, pero a la vista de la gente, se ponen ropas para atraer alabanzas, cuando ayunan, la gente ve en sus caras que ayunan, cuando se arrodillan, lo hacen para llamar la atención. Hagan lo que hagan, sus intenciones son obvias, quieren ser notados. Pero la verdadera espiritualidad está en el corazón.

A un niño se le dio un tiempo fuera porque tenía la costumbre de pelear con sus hermanos, también se le quitaron sus juguetes como parte del castigo, sin embargo, después de unos minutos el niño gritó a la mamá: "mamá, para ti, no estoy jugando con mis juguetes, pero en mi corazón, estoy disfrutando de mis juguetes". Hagamos lo que hagamos, si el corazón no está tocado, todavía no hemos comenzado nuestro camino de fe.

Por eso también se nos juzga fieles a nuestra convicción cristiana con expresiones como: buen corazón, corazón de oro, corazón amoroso, corazón sincero, etc. Cuando no somos fieles a nuestras convicciones, oímos palabras como corazones endurecidos, corazones maliciosos, corazones malvados, corazones engañosos y corazones malvados. Al escuchar sus palabras hoy, volvamos nuestros corazones hacia él; que nuestro camino de fe sea verdaderamente un camino del corazón.

Oh Señor, que tu palabra toque nuestros corazones para que estemos decididos a seguirte siempre. Eres manso y humilde de corazón, Señor, haz que nuestros corazones sean como el tuyo. Amén.

.

28ª Semana Miércoles Tiempo Ordinario.
Romanos 2:1-11; Salmo 62:2-3,6-7,9;
Lucas 11:42-46.
Dios juzga imparcialmente.

Pablo en su carta a los Romanos de hoy concluyó con las palabras: "Habrá tribulación y angustia para todo aquel que hace el mal, el judío primeramente, y también el griego; pero gloria, honor y paz para quien hace el bien, el judío primeramente, y también el griego." (Romanos 2:1-11). Ya seamos griegos o judíos, Dios tiene la misma expectativa, eligiendo siempre vivir vidas dignas. A Dios no le importa cuán ricos seamos, cuán educados seamos, cuántos años llevemos siendo los pilares de la diócesis o la parroquia; cuán conectados estemos en el mundo. Todo esto no es importante para él, a él sólo le importa que hayamos elegido hacer lo correcto. Pablo nos presenta la justicia de Dios, ya que Él es justo con todos sus hijos, sin importar la edad, el idioma o la raza.

En el evangelio, al expresar su agenda de justicia para todos, encontró a los escribas y fariseos que consideran que su privilegio de posición es motivo para maltratar a las personas que están bajo su mando, y que son injustos, los condenó y los llamó a abrazar la justicia y la equidad. Mientras condenaba a los escribas y fariseos, uno de los intérpretes de la ley se enfureció porque, al hablar de esa manera, también se sentía insultado. Sin embargo, Cristo confrontó al intérprete de la ley y lo llamó a practicar la justicia y la equidad en todo lo que hiciera.

En todo lo que hagamos, en casa, en el lugar de trabajo, tal vez en una posición donde tome decisiones, que la imparcialidad sea su lema. Es el instinto natural que todos quieran ser tratados de manera justa, y que las personas expresarían insatisfacción si sienten que se les niegan parcialmente sus derechos. En todo lo que hagamos, seamos justos, seamos piadosos; que siempre tratemos a los demás de la misma manera y en la que nos gustaría ser tratados a nosotros mismos. Bendiciones para todos los que practican la justicia, y desgracia para los injustos, los impíos, los que tienen sus raíces en la parcialidad, los que van por ahí causando división, discriminación y destrucción, los que no creen en la justicia para todos y en la injusticia para nadie. Recordemos también que al final de la carrera, la justicia eterna no sufrirá ningún sesgo, y entonces cada persona será recompensada según sus obras.

Dios, tú eres justo y equitativo en todo lo que haces, llena nuestros corazones de sentido de justicia y equidad, que en todo momento elijamos tratar a todos como corresponde, sin importar la raza, la lengua y el trabajo. Dios te bendiga.

28ª Semana Jueves Tiempo Ordinario.
Romanos 3:21-30; Salmo 129(130):1-6;
Lucas 11:47-54
Los veraces son los más odiados de la Tierra

Aristóteles, conocido por defender la verdad, dijo: "Amicus Platón, sed magis amica veritas". Esta es una frase latina que se traduce como "Platón es mi amigo, pero la verdad es mejor amiga". Grandes hombres y mujeres como Aristóteles han considerado que la verdad es su mejor amiga y se han aferrado a ella hasta la muerte. Esta ha sido la situación de los santos desde Abel el Justo hasta hoy.

Durante la semana vimos a Cristo que se opuso por completo a las estructuras injustas de su tiempo. Maldijo a los escribas y fariseos por sus malas acciones y siempre los confrontó con la verdad. Hoy, les dijo sin rodeos que, como hijos cuyos padres mataron a los antiguos profetas, sigue siendo asombroso que no hayan cambiado, sino que hayan continuado los males de sus padres. Aquí notamos una verdad: les pide que desistan de los males de sus padres para dejar a sus propios hijos después de ellos, ejemplos dignos.

El hecho es que lo que hacemos hoy lo repetirán en el futuro nuestros hijos después de nosotros. Siempre traten de dejar ejemplos dignos. Un sacerdote anciano una vez compartió conmigo que durante todos sus años de servicio, ha descubierto que aquellos que han apoyado a la iglesia durante años antes de que él llegara siguen siendo los mismos que han apoyado a la iglesia hasta hoy. Cada hijo tiene una tradición que tiene su familia, y eso invariablemente nos impacta.

De la misma manera, aquellos que han luchado contra sus predecesores son también aquellos cuyos hijos han seguido siendo problemáticos en la comunidad; los modelos importan. El Señor quería recordarles que serían recordados como sus padres, como tal, deben trabajar de tal manera que dejen atrás solo experiencias memorables. ¿Cómo serás recordado en tu familia o comunidad? ¿A favor o en contra de la verdad?

Defender la verdad no te resultará fácil. Cristo defendió la verdad, siempre condenó cualquier forma de falsedad, ¿qué obtuvo? Empezaron a buscar cualquier cosa implicante que dijera para incriminarlo. Pero Cristo fue valiente y nunca se echó atrás. Seamos, pues, agentes de la verdad en nuestras palabras y acciones.

Oh Señor, el valor para insistir en lo correcto es tu don. Haznos instrumentos de tu verdad en el mundo. Concédenos que en todas las cosas la verdad irradie en nuestras palabras y se refleje siempre en nuestras acciones. Amén.

28.ª Semana Viernes Tiempo Ordinario.
Romanos 4:1-8; Salmo 31(32):1-2,5,11;
Lucas 12:1-7
No tengan miedo, ustedes son más que los gorriones.

Zach William, un músico cristiano estadounidense, tiene una canción titulada: "El miedo es un mentiroso". En esta canción que toca el alma, Zach nos anima a tener el coraje de insistir en lo correcto; a tener el coraje de avanzar siempre en el camino de la rectitud. Muchos proyectos y sueños no han podido ver la luz del día porque el miedo gobernó. ¿Cuál es tu miedo? ¿Por qué te preocupas? Hoy, el Señor nos llama a temer menos y confiar más en él. Vean la mano de Dios en cada situación y nunca serán gobernados por esos miedos innecesarios.

El miedo, de hecho, obstaculiza todo progreso. Por ejemplo, si un niño pequeño que está aprendiendo a caminar tiene miedo, se vuelve un desafío y difícil dar ese primer paso necesario que conduce al éxito móvil. Cristo el Señor anima a los seguidores, a todos nosotros, a confiar más en estas palabras: "Hasta los cabellos de vuestra cabeza están todos contados, no temáis, vosotros valéis más que muchos pajarillos" (Lucas 12:7). Tememos porque no sabemos cuánto nos valora Dios.

La primera lectura nos ofrece entonces el antídoto contra el miedo y es la fe. ¿Qué sueño noble estás esperando alcanzar que el miedo te impide? Elige la fe, sigue adelante con valentía. Seguramente lo lograrás cuando tus miedos sean superados. El miedo nos dice que no puedes. Pero la fe dice lo contrario. Confía en Dios y verás que suceden grandes cosas. El miedo, como nos comparte Zach, nos dice: "no eres bueno en absoluto". Pero la fe nos asegura: "La bondad y la gracia de Dios habitan en nosotros".

Oh Señor Dios nuestro, creemos, por favor ayuda nuestra incredulidad, haz que siempre escuchemos la voz de la razón, esa voz de Dios que nos dice: "no temas". Haznos valientes y aumenta la fe en todos nosotros Amén.

El miedo es un mentiroso https://g.co/kgs/XK9gmX

28ª Semana Sábado Tiempo Ordinario.
Romanos 4:13,16-18 ;Salmo 104(105):6-9,42-43;
Lucas 12:8-12
¿Quién está con el Señor? ¿Cuál es tu posición?

Hay un dicho que dice que aquel que no tiene nada por lo que morir, no vale la pena vivir. Los mártires son aquellos que estaban decididos a dar su vida por una causa. Estaban decididos a morir por Cristo. En el evangelio de hoy, Cristo quiere saber quién está dispuesto a ponerse de su lado; aquellos decididos a defenderlo ante los hombres; les aseguró que él los defenderá ante nuestro Padre en el cielo.

Todos los días y en todas partes estamos llamados a defender a Jesús. Empezando por nuestros roles en la familia como padres, en nuestro trato con las personas en el trabajo, en la iglesia y en la sociedad en general, en nuestras opiniones políticas y en todo lo que hacemos. Estamos llamados a expresar nuestra fe; Estamos llamados a defender a Jesús.

Las naciones celebran a sus héroes que lucharon para llevar a la nación a mayores alturas; para honrarlos de maneras especiales, se les erigen monumentos y se inmortalizan sus nombres. Debido a sus heroicos sacrificios, las naciones los defienden. De manera similar, Dios nos asegura que, sin importar lo que suframos por él, él nos defenderá; incluso cuando nos falten palabras, nos dará palabras que nos sorprenderán por lo que pudimos decir.

Señor, buscas hombres y mujeres dispuestos a defenderte. Danos fe y coraje para decir: Señor, envíanos, que te pongamos a ti primero y estemos determinados a defenderte a ti y solo a ti sin importar el costo. Amén.

VIGÉSIMA NOVENA SEMANA
LUNES A SÁBADO
Semana 29 Lunes, Tiempo Ordinario.
Romanos 4:20-25; Lucas 1:69-75;
Lucas 12:13-21
Fe y contentamiento

En el mensaje de hoy Cristo quiere que estemos contentos con lo que tenemos y somos. Sin embargo, el afán desenfrenado de poseer ha llevado a muchos jóvenes a la muerte prematura. Para adquirir más, las personas se han metido en muchos males; para enriquecerse a costa de sus hermanos, las personas se han convertido en enemigos eternos, las personas han ensuciado sus cuerpos, han dicho mentiras y se han traicionado entre sí, incluso por dinero, algunas personas incluso han matado.

Además, las naciones luchan entre sí para enriquecerse, explotan y empobrecen a otras naciones, de ahí que el egoísmo reine supremo en todas partes. Verdaderamente, nuestro mundo sufre de falta de contentamiento; alguien ve la enfermedad como: "un síndrome de enriquecimiento". Hoy, sin embargo, Cristo nos advierte contra la codicia y la avaricia. Nos dice: "Tened cuidado y guardaos de toda avaricia, porque la vida del hombre no está asegurada por sus bienes, aunque tenga más de lo que necesita" (Lucas 12:15). Hoy en día podemos deducir los siguientes tipos de avaricia: avaricia individual, nacional e internacional. La mayoría de las enfermedades del mundo tienen su raíz en todas ellas.

A menudo pensamos erróneamente que con toda la riqueza obtenida, nuestro futuro está asegurado. Pero la realidad siempre ha demostrado que lo peor en lo que podemos confiar es en el dinero. Podemos ahorrar fortunas con trabajos y luchas de años de trabajo pesado para perderlas en un abrir y cerrar de ojos debido a una u otra decisión personal equivocada, o a causa de guerras, o crisis financieras nacionales o mundiales, o incluso a causa de una pandemia como la de hace unos años, que hizo que toda nuestra confianza en las posesiones se viniera abajo.

El contentamiento es cuando entendemos el verdadero propósito de la riqueza, mientras que la acumulación es un abuso. En la acumulación, nos volvemos poseídos por la riqueza y el dinero se convierte en nuestro amo. Sin embargo, el dinero debe ser visto como un sirviente, destinado a ayudarnos a cuidar de nuestras necesidades y las de nuestros vecinos que dependen de nosotros. Las personas sabias, y los hermanos sabios, son personas contentas. Recordemos la satisfacción de Abraham, que vio a Dios como su mayor valor. Por lo tanto, debemos usar el dinero como nuestro sirviente en lugar de nuestro amo. Cuando el dinero gobierna, abundan muchas malas acciones. La gente puede, por amor al dinero, aceptar cualquier tipo de trabajo, mantenerse alejada de la fe; faltar a misas durante semanas, meses y años sin ningún remordimiento de conciencia. Debemos tener cuidado con el uso excesivo de la riqueza, así como con lo que hacemos para adquirirla.

Oh Señor, ayúdanos a ver el dinero como debemos, como un sirviente y nunca como un amo. Que tu sabiduría, Oh Señor, nos guíe siempre tanto en la adquisición como en la utilización.

Que el amor a ti y a nuestro prójimo nos guíe, que nos esforcemos por ayudarnos y nunca por obstaculizarnos unos a otros. Amén.

29ª Semana Martes Tiempo Ordinario.
Romanos 5:12,15,17-21; Salmo 39(40):7-10,17;
Lucas 12:35-38
Estén preparados, estén alerta.

En una de las oraciones tradicionales populares de la iglesia se nos recuerda un hecho claro: todos tenemos un alma que salvar: tu alma y mi alma. Es a través de nuestros corazones y almas que nos relacionamos con Dios. Sin embargo, el hecho de que tengamos un alma que salvar exige cautela de nuestra parte. Tenemos que proteger nuestras almas de todas las heridas. Todo lo que nos duele también daña nuestro viaje eterno. Si aspiramos a la vida eterna, entonces tenemos que elegir estar en el camino que tiene el cielo como su final; su destino. Debemos estar completamente alerta.

Estar alerta implica mucho. Implicaría ejercer cautela en todo lo que hacemos. Debemos cuidar nuestras palabras y acciones, y mantener siempre buenas compañíías, etc. Cristo nos invita: "Tened ceñida la ropa y las lámparas encendidas" (Lucas 12:35). Siempre debemos tener la vista puesta en el objetivo; no debemos permitirnos distracciones en ningún momento. No se permiten momentos aburridos.

El viaje al cielo no admite pereza ni postergación. Exige que cualquier bien que aspiremos a hacer por Dios no se demore, sino que se haga aquí y ahora. Estar alerta es pensar antes de emprender cualquier acción, siempre debemos mirar antes de saltar. Significa vivir cada minuto como si fuera el último ante Dios; hacer lo que Dios quiere que hagamos. Estar alerta es elegir hacer las cosas correctas que Pablo exaltó y desistir de toda forma de maldad y pecado; vivir para agradar a aquel hombre cuya muerte trajo alegría y esperanza a la humanidad.

Señor, enséñanos a saber que nuestra vida aquí es pasajera, que tu sabiduría nos guíe para que en todas las cosas, nunca dejemos para mañana lo que tenemos que hacer ahora. Haz que seamos rápidos en hacer el bien que nos pides Amén

29ª Semana Miércoles Tiempo Ordinario.
Romanos 6:12-18; Salmo 123(124;
Lucas 12:39-48.
Se requiere vigilancia.

El evangelio de hoy tiene casi el mismo mensaje que la primera lectura de hoy. Cuando el Señor quiere indicar la importancia de un mensaje, lo repite para que el mensaje llegue al corazón. Por supuesto, la repetición en el aprendizaje es para enfatizar y hacer que el mensaje que se ha comunicado sea permanente e indeleble. Ayer, se compartió el mensaje sobre la alerta; todavía estamos hablando del mismo punto; este punto es querido para el corazón del Señor. Él quiere nuestra felicidad eterna y nos protege para asegurarnos de que no nos descarrilemos. El énfasis de hoy está en la vigilancia, ya que nadie conoce el día del Señor.

Estar vigilante tiene que ver con ver que nada no esencial esté consumiendo nuestro tiempo. Implica ser cuidadoso con todas las personas que encontramos, cada lugar al que vamos y todo lo que hacemos; y nunca permitir que el enemigo para tomarnos desprevenidos. Significa verificar en todo momento que lo que hacemos tiene la aprobación divina.

También significa que hemos dominado los trucos del enemigo y estamos decididos a saber cuándo decir no al diablo y sus agentes; cuándo, como el Señor, podemos oponernos valientemente a todas las formas de maldad diciendo como el Señor: "Quítate de delante de mí, Satanás, como dijo Cristo". Pablo en su carta a los Romanos explicó qué es la vigilancia; él ve la vigilancia como el hecho de asegurarse de que ninguna parte de nuestro cuerpo sea utilizada contra la voluntad de Dios. Luego implica una elección de nunca ir a ningún lado excepto a donde Dios quiere que vayamos.

La vigilancia implica estar lejos para poder distraernos y, así, trabajar contra toda forma de distracción. Se trata de enfocarnos en nuestra meta: heredar el cielo, el hogar de todos los santos en la gloria.

Señor Jesús, nos llamaste a la vigilancia, sabiendo muy bien que sin vigilancia, nos descarrilamos como un automóvil que se sale de la pista. Mientras el demonio ronda buscando a quien devorar, que tu sabiduría, Señor, nos guíe en todo momento, para que siguiéndote, experimentemos la alegría eterna y contemplemos tu rostro en el cielo, tu morada eterna, Amén.

29ª Semana Jueves Tiempo Ordinario.
Romanos 6:19-23 ; Salmo 1:1-4,6;
Lucas 12:49-53
La verdad es el fuego de Cristo.

Cristo nos dice: "Yo soy el camino, la verdad y la vida" (Juan 14:6). Cuando las personas se han acostumbrado a las mentiras, especialmente cuando se ganan la vida con ellas, el que tiene la verdad se convierte en el enemigo al que hay que enfrentarse de frente; la insistencia en la verdad a menudo encuentra resistencia y oposición. Las personas más difíciles de confrontar con la verdad son nuestros amigos y familiares.

Los enfrentamientos más dolorosos que Cristo enfrentó fueron con sus familiares y amigos cercanos; los miembros de la familia lo menospreciaban y decían: "¿No es éste el hijo de José, el carpintero?" (Mateo 13:55). Con el comentario tonto mencionado anteriormente, desacreditaron a Cristo.

Cuando estamos arraigados en la verdad, nos volvemos enemigos de quienes difunden mentiras y falsedades. Sin embargo, es cuando la verdad se convierte en nuestro mejor amigo que ya no tenemos favoritos, sino que somos veraces y nos sentimos atraídos únicamente por los veraces. Entonces, quien odia la verdad se vuelve aborrecible para nosotros, sin importar quién sea, familia o amigo. Es entonces también cuando tenemos una situación a la que se refiere el evangelio, una situación de unos contra otros. Los veraces son odiados en todas partes, incluso en las familias. Pero no te desanimes, insiste en la verdad de todos modos. Recuerda que Cristo sufrió por la verdad, por lo que debemos aferrarnos a la verdad sin mezcla. Permanecer en el camino de la verdad es siempre la mejor elección que uno puede hacer; sigue siendo el camino del que al final nunca tendremos motivos para arrepentirnos. La verdad, como quiera o no, siempre triunfará.

Padre Señor, tú eres la plenitud de la verdad. Que seamos valientes para defender la verdad. Que estemos abiertos a la verdad que nos has revelado a través de tus instrumentos, sin importar quiénes sean. Que nuestro respeto sea por la verdad, porque hacerlo es una elección de defender a Jesús. ¡Oh Señor! Guíanos en tu verdad. Amén.

29ª Semana Viernes del Tiempo Ordinario.
Romanos 7:18-25; Salmo 118(119):66,68,76-77,93-94;
Lucas 12:54-59
Leer señales y actuar.

Los meteorólogos leen las señales del tiempo cada día y hacen predicciones. A partir de las señales faciales de nuestras madres cuando visitan a desconocidos, recibimos el mensaje de que no somos necesarios en cualquier discusión que sea el motivo de la visita y nos vamos inmediatamente; leemos señales que nos llaman a hacer lo que mamá quiere de nosotros a partir de las señales que nos da; Leemos las señales y tomamos las medidas necesarias. Muchos malentendidos muestran señales antes de que se salgan de control; cuando un esposo comienza a regresar tarde a casa es señal de que algo anda mal; está enojado por algo; sin embargo, si siguiéramos las señales, se habrían obtenido mejores resultados y el problema se habría cortado de raíz.

Las señales muestran que los malentendidos y los conflictos deben resolverse de inmediato, y las demoras pueden ser peligrosas. No importa quiénes seamos, debemos aceptar lo débiles que somos y avanzar hacia la reconciliación de inmediato. Acérquese a la persona a la que ofendió y reconcíliese con ella. Si usted es el ofensor, discúlpese rápidamente; pida perdón. Cuando el otro es el ofensor, debemos estar abiertos a recibirlo de vuelta; debemos darle una oportunidad a la paz.

Pablo, en su carta a los Romanos, comparte nuestras luchas por encontrarnos a menudo haciendo cosas que no quisiéramos hacer. Esta es también una razón por la que debemos trabajar para ver que reine la reconciliación. Debemos estar abiertos a perdonar y también a buscar el perdón de aquellos a quienes ofendemos.

Cuando leemos señales de que las relaciones en la familia, la iglesia, los lugares de trabajo, etc. están empeorando, nos desafían a tomar acción. Veamos las señales de que nuestra relación con Dios no está bien y hagamos todo lo que esté a nuestro alcance para reconciliarnos con Dios. Las pequeñas grietas en la pared que se descuidan pueden provocar la ruina total del edificio. Los conflictos necesitan resoluciones urgentes; no se debe permitir que se prolonguen.

Señor Dios, danos la gracia de trabajar siempre por la paz y la reconciliación. Haznos instrumentos de tu paz, Señor. Amén.

29ª Semana Sábado Tiempo Ordinario.
Romanos 8:1-11; Salmo 24:1b-2, 3-4 ab, 5-6;
Lucas 13:1-9
Dios nos da segundas oportunidades.

Dios es un Dios paciente, no quiere la destrucción de los humanos que creó. Él espera que cambiemos para mejor. Ezequiel expresó el corazón de Dios sucintamente cuando citó a Dios diciendo: "No quiero la muerte del impío…" (Ezequiel 33:11). Él sabe que el hombre es malvado, pero aun así no se ha dado por vencido con él. Todavía cree que lo mejor está por venir. También debemos tener la misma actitud en relación con los demás. Nunca te rindas con nadie. Dios todavía mantiene la creencia de que el pecador Saúl puede convertirse en un Pablo cambiado.

La vid en cuestión, después de todo el cuidado dado, después de todo el tiempo invertido, después de tres años no dio fruto; la expectativa es que cada árbol debe dar un fruto de su especie. El amo vino y no encontró nada. El amo nunca se sintió bien; Dios no aprecia nuestra improductividad. Es la voluntad de nuestro padre que demos buen fruto.

El Señor quería destruir el árbol por ser improductivo; por lo tanto, el cuidador suplicó que lo cuidara por más años, creyendo que, con suerte, sería fructífero, y que si falla, sería cortado. Somos los árboles, el Señor espera frutos de nosotros, nos da más tiempo a pesar de nuestros fracasos, apreciemos su paciencia con nosotros. Abandonemos todos los obstáculos no espirituales (apego a personas, cosas y lugares) que nos frenan y obstaculizan nuestro crecimiento en la fe. Dejémoslos ir para dejar entrar a Dios.

Señor, eres paciente con nosotros, haz que usemos tu paciencia apropiadamente para ser más amigables contigo. Que seamos pacientes también con los que se descuidan. Que en todo momento tengamos razones para tener esperanza y nunca rendirnos en nuestra lucha por hacer lo correcto. Amén.

TRIGÉSIMA SEMANA
LUNES A SÁBADO
30ª Semana Lunes Tiempo Ordinario A
Romanos 8:12-17; Salmo 67(68):2,4,6-7,20-21;
Lucas 13:10-17
Movida por el Espíritu de Amor

En una de las parroquias en las que serví, los bancos estaban construidos con madera dura y el consejo de la iglesia estaba sugiriendo que pusiéramos almohadillas en los bancos, la deliberación se prolongó en varias reuniones, sin embargo, un día una señora mayor se me acercó después de la Misa de la mañana y me entregó todo el fondo para la almohadilla en los bancos, ella quería permanecer anónima. Sin embargo, el consejo sabía que el dinero llegó e hizo el proyecto, sin embargo, hasta hoy nadie más que Dios, el dador y yo sabíamos que tal regalo llegó, y el proyecto se ejecutó para Dios. Movida por el amor, ella lo hizo para ayudar a la comodidad de los fieles en la iglesia. Lo hizo por amor y nada más.

Cristo fue movido por el Espíritu hoy y sanó a una mujer con una enfermedad terminal en un día de reposo. Fue movido por el espíritu de amor, por eso quebrantó la ley. Si Dios es verdaderamente nuestro padre, el espíritu de Cristo, el espíritu de amor y sacrificio nos moverá en todo lo que hagamos, en lugar del espíritu de la ley y el temor.

Cuando somos movidos por el espíritu de Cristo, pensaríamos como Cristo hubiera pensado, iríamos a donde él hubiera ido y actuaríamos como él hubiera actuado. ¿Qué es lo que el espíritu nos mueve a ti y a mí a hacer por él hoy? En tu familia, en la sociedad y en la iglesia. ¿Qué busca el espíritu de ti y de mí? En tu vida individual, ¿qué quiere el espíritu que erradiquemos? Debemos erradicar toda forma de inmoralidad, desistir de las drogas, alejarnos de las mentiras y vivir solo para él.

Que tu espíritu, Señor, nos derrita, nos moldee, nos llene y nos use, para que movidos por tu Espíritu vayamos al mundo irradiando tu amor y tu paz, Amén.

30ª Semana Martes Tiempo Ordinario
Romanos 8:18-25; Salmo 125(126);
Lucas 13:18-21
Dios necesita crecimiento.

En nuestros días de escuela primaria, teníamos una rima que decía: "bueno, mejor superior, nunca descanses, hasta que tu bien sea mejor y tu mejor superior". La rima nos recuerda que en la vida, o progresamos cada día o retrocedemos. En cada campo del esfuerzo humano se requiere crecimiento; por lo tanto, a las personas se las refuerza con incentivos como promociones y aumentos en la remuneración o se las penaliza si no se evidencian progresos significativos. Además, a las personas se les ofrecen oportunidades de desarrollo profesional; todo para hacer que su bien sea mejor y su mejor.

Las parábolas sobre la semilla de mostaza y la parábola de la levadura que hizo que el piso se levantara, todas apuntan a la expectativa de Dios de que los cristianos deben impactar nuestro mundo. La pequeña semilla creció hasta convertirse en un árbol enorme; todos tenemos en nosotros la semilla de la fe; La palabra de Dios. La palabra según el salmista es: "viva y eficaz" (Hebreos 4:12). Como cristianos se espera que seamos activos y seamos influencias positivas en la vida de las personas. ¿A quién estás influenciando positivamente en tu familia, en mi lugar de trabajo, en la iglesia y en la sociedad en general? ¿Te das cuenta de que, ya sea consciente o inconscientemente, tú y yo estamos impactando vidas todo el tiempo?

Más aún, Pablo corrobora el evangelio diciendo que dejar impactos o brindar ayuda es tan difícil como la experiencia de tener hijos. Es doloroso al principio, pero satisfactorio al final. El hecho es que nada bueno llegará fácilmente. Los héroes surgen de las dificultades y los desafíos. Que nuestros sacrificios de hoy nos lleven a la gloria.

Oh Dios, concédenos que crezcamos constantemente en la fe. Ayúdanos también a trabajar por el crecimiento de otras personas; que a través de nuestra ayuda la oscuridad dé paso a la luz y la tristeza a la alegría; que progresemos y nunca retrocedamos. Amén.

30ª Semana Miércoles Tiempo Ordinario
Romanos 13:8-10; Salmo 112:1b-2,4-5,9;
Lucas 14:25-33.
Eres más importante que el número.

La pregunta sobre el número de los que se salvarán no debe preocupar al discípulo de Cristo. Más bien, el enfoque central debe ser: ¿Cuál es mi lugar ante Dios? Además, nos esforzamos por estar entre los elegidos. Un buen discípulo de Cristo es como un estudiante verdadero y serio; su interés no está en discutir sobre quién aprobó o no, sino en lo que debe hacer para ser admitido en el cielo. Esto nos recuerda a aquel hombre que vino a Cristo para hacerle una muy buena pregunta, que no estaba abierto a la respuesta que Dios le proporcionó. El énfasis es: "¿qué debo hacer?" Nunca, ¿cuál es el número de los salvos?

A menudo, en lugar de examinarnos a nosotros mismos, nos preocupamos por puntos endebles que no vale la pena considerar. Cuando nos graduamos de la Universidad, tuve un compañero de clase que tenía la costumbre de contar cuántos días faltaban para graduarnos. Uno se pregunta: ¿este conocimiento conducirá a la excelencia académica?

Por lo tanto, vayamos siempre a lo esencial. ¿Qué debo hacer para heredar el reino y cómo puedo ayudar a alguien más? Como San Felipe presentó a Natanael a Jesús, también nosotros debemos ayudar a las personas que se sienten atraídas por Jesús. Nos hacemos esta pregunta: "Si el recuento se hace hoy, ¿seremos contados dentro o fuera?". Trabajo para ser contados.

Señor Dios nuestro, tú quieres que nos salvemos, ayúdanos a centrarnos siempre en lo que es correcto. Que podamos pedir lo que se debe hacer para que sigamos siendo amigos eternos de Jesús, el camino, la verdad y la vida. Señor, tú eres la verdad; condúcenos a la verdad Amén.

30.ª Semana Jueves.
Romanos 8: 31-39; Salmo 109: 21-22, 26-27, 30-31;
Lucas 13: 31-35
Dios está con nosotros, nadie puede vencernos.

Uno de los adagios populares con los que crecimos dice: "uno con Dios es mayoría". Esto corrobora el mensaje de Pablo hoy: "Si Dios está con nosotros, nadie puede estar contra nosotros". En las batallas de la vida, quien sea nuestro comandante determina hasta dónde podemos llegar. Siempre que Dios nos guíe en cualquier cosa que estemos haciendo, no tendremos motivos para temer. En la primera lectura de hoy, Pablo nos estaba dando grandes razones para no tener miedo en ningún momento. Tenía plena confianza en que Dios puede hacer todo lo posible para asegurarse de que no seamos vencidos por cualquier desafío que encontremos.

Ofreciendo la gran razón de su confianza total e intachable, añadió: "¿Es posible que el que no perdonó ni a su propio Hijo, sino que lo entregó por todos nosotros, no nos conceda todo lo demás?" Así pues, basándonos en lo que Dios ha hecho en el pasado en la historia de la salvación de su pueblo, no tenemos ninguna duda de que lo que ha hecho por los demás, ciertamente lo hará por nosotros, si confiamos también en su poder omnipotente para liberarnos. Dios, que nos ha amado tanto, también exigiría que nosotros también lo amemos en agradecimiento por su amor sin límites por todos nosotros.

Pablo escribió a los romanos durante el período de persecución; asegurándoles que Dios tiene un amor más allá de lo que se puede decir por sus hijos, mientras que exige que lo amemos a cambio; recordando cuánto Dios nos ha amado, debemos vivir todos nuestros días de tal manera que Dios sea el mayor valor, más allá de lo que somos y de lo que tenemos. Nada es más grande y mejor que Dios; en él, por tanto, está nuestra realización; y sin él no somos nada; nos faltaría toda protección. Para cada cristiano, nuestra realización y satisfacción está sólo en él, y nunca en otra parte. Por lo tanto, no hay razón para temer, sigue adelante confiando, y ciertamente estarás siempre en alegría aquí y en el más allá.

Oh Señor Dios nuestro, aumenta nuestra fe en ti para que siempre confiemos en lo que puedes hacer, para que vivamos centrados en ti; y viendo que cada oportunidad que se nos presente aumenta nuestra fe en él; mientras traes sobre nosotros tu amor y bendiciones.

30ª Semana Viernes Tiempo Ordinario
Romanos 9:1-5; Salmo 147:12-15,19-20;
Lucas 14:1-6
La salvación del alma es prioritaria.

El último número del código de derecho canónico dice: "Salus animarum suprema lex". (La salvación del alma es la ley más grande). Por lo tanto, si una ley representa un obstáculo para el bienestar de las personas, esa ley ya no vale la pena cumplir; se ha convertido en una ley odiosa, y una ley mala no obliga: "lex odious non obligat". (Una ley odiosa no obliga).

Hoy, todos estaban felices en la comida, y una persona estaba preocupada por la hidropesía y con la condición de que no puede disfrutar como los demás. Emocionalmente y en otros aspectos, se retraería. Sin embargo, Cristo se enteró, se compadeció de él y tuvo un buen plan para él; un plan para curarlo. Dios dice a través de Jeremías: "Tengo planes para ti". (Jeremías 29:11).

Primero preguntó a los escribas y fariseos que lo observaban para ver qué haría, para tener algo que reprocharle: "¿Es lícito curar en sábado?" Sin embargo, guardaron silencio. La pregunta tenía un profundo significado; vista críticamente, preguntaba qué querrían que se hiciera si ellos estuvieran en esa condición. Guardaron silencio para indicar que querían una acción inmediata.

Cristo aprovechó la ocasión para promover el cuidado de los enfermos, para llamarnos a la práctica de la solidaridad. Por eso, antes de juzgar a otra persona, debemos ponernos en su lugar. Cuando las personas se encuentran en situaciones difíciles, que nuestra pregunta sea siempre: "¿cómo puedo ayudar, ¿qué debo hacer para restaurar la humanidad en esta vida?". Recuerde siempre que la vida es más grande que la lógica. Lo que importa en todo momento debe ser lo que mejor sirve a Dios y promueve una vida de calidad para todos. Las leyes deben salvar vidas y no al revés.

Señor, a menudo invocamos leyes porque nos falta amor a ti y a nuestro prójimo, llena nuestros corazones con tu amor. Que podamos amar como tú nos amaste y que nuestro enfoque hacia la ley sea ayudar y nunca herir a las personas Amén.

30ª Semana Sábado Tiempo Ordinario
Romanos 11:1-2,11-12,25-29;
Salmo 93(94):12-15,17-18;
Lucas 14:1,7-11.
Dios Busca Siervos..

En cierta parroquia, hay una pareja que durante muchos años fue enviada a recibir premios voluntarios en nombre de la comunidad. Cuando llegó un nuevo sacerdote, cambió la forma de selección de tal manera que quien haya recibido ese premio en 5 años no lo reciba hasta que expire el tiempo de 5 años. En consecuencia, la pareja dejó de venir a la iglesia. Siempre estaban ansiosos por ocupar el lugar de honor. La mayoría de las personas con esta mentalidad, todo lo que hacen es por vanagloria. Debemos tener intenciones puras de servir en todo lo que hacemos ya sea en la iglesia, para la comunidad o para los individuos.

Aquellos con tendencia demasiado ambiciosa pueden destruir o frustrar una gran idea para el crecimiento de la iglesia o la comunidad solo porque emanó de otra persona. Pueden manchar la imagen de los demás para tacharlos y reservarse un lugar. Pero nosotros siempre debemos esforzarnos por servir lo mejor que podamos y para gloria de Dios. Por eso, en todo lo que hagas, esfuérzate por ser un simple siervo.

Los ambiciosos carecen de actitud de apreciación y son expertos en encontrar faltas. Pero Cristo quiere que desistamos de buscar estar en la posición más alta. San Pablo en su carta a los Corintios nos anima a aspirar a los dones más altos; el don más alto es el amor. Hagamos lo que hagamos, que el amor lo guíe; eso significa que debemos esforzarnos por amar más allá de los límites; haciendo todo sin buscar ser reconocidos; sino solo que Dios sea alabado y sus hijos bien servidos.

Señor, cuando te buscaban para honrarte, escapaste; ayúdanos a ocuparnos del amor que podemos demostrar en lugar de buscar posiciones mundanas y honores que son transitorios. Amén.

TRIGÉSIMA PRIMERA SEMANA
LUNES A SÁBADO
31ª Semana Lunes, Tiempo Ordinario.
Romanos 11:29-36; Salmo 68(69):30-31,33-34,36-37; Lucas 14:12-14
Trabajando por las recompensas celestiales

A menudo tratamos de cuidar de nuestras familias; de nuestros hijos, de nuestros amigos, especialmente de aquellos que creemos que en los años venideros también pueden tener la oportunidad de ayudarnos. Invitamos a amigos y familiares a las comidas para que cuando ellos tengan sus fiestas y cenas, nosotros también estemos invitados. Cristo leyó la mente de sus invitados; ellos lo invitaron al menos a tener una comida con la Estrella en la ciudad, para fortalecer los lazos con él para que en todos sus planes, o cuando sea que busquen su atención, ahora puedan tener un fácil acceso a él. Hicieron lo que hicieron por una ganancia temporal futura.

Recuerden mi historia en la Misa de la semana pasada sobre una señora que tuvo el privilegio de servir en una reunión de señoras, pero que en cambio usurpó la oportunidad de mostrar las pinturas que tenía en los dedos a otras señoras, mostrando las costosas pinturas que llevaba puestas. La intención detrás de su acción era puramente ulterior, nunca servir a su grupo para la gloria de Dios. Cristo nos da la intención correcta que debe guiar nuestras decisiones: trabajar para que la gloria sea para Dios y, luego, que nuestra eternidad esté asegurada. Recuerden cuando los discípulos enviados por Cristo el Señor compartieron sus hazañas, sobre cómo el diablo y sus agentes se inclinaban ante ellos al mencionar el nombre de Jesús; Cristo les dijo que su alegría debería ser más bien que sus nombres estén escritos en el libro de la vida.

Como tal, cualquier bien que hagamos que no nos califique para el cielo es una bondad que no se canaliza adecuadamente. El hecho es que, aunque tenemos el deber de satisfacer las necesidades de los seres queridos cuando podamos, y de devolver el amor a nuestros amigos y simpatizantes. Sin embargo, los regalos más beneficiosos que traen dividendos eternos son los favores a aquellos que carecen de los medios para devolver los favores mostrados.

Los inmigrantes, los hambrientos, los extranjeros, los sin hogar y los rechazados por la sociedad, etc. son amigos del Señor; los "anawim Yahweh" (los pobres del Señor). Cuando nos preocupamos por ellos, es al Señor a quien atendemos porque él siempre es el amigo de los que no tienen amigos y el amante de los que no son amados. Atenderlos hace feliz a Dios mientras nos sirve como un boleto a la alegría aquí y en el más allá.

Oh Dios, en todo lo que hacemos, danos el coraje y el corazón para sentir con los sufrimientos de los que sufren, especialmente aquellos que son incapaces de recompensar nuestra bondad a imitación de ti, que nos amaste inmerecidamente. Amén.

Semana 31 Martes.
Romanos 12:5-16; Salmo 130(131);
Lucas 14:15-24
Dios todavía invita, honra su invitación

Hoy Cristo usa la parábola para expresarnos que Dios nos ha invitado a todos a una fiesta con él. Celebramos a los santos en gloria; aquellos que tomaron en serio la invitación de Dios; y permanecieron fieles hasta el final. Todos sabemos cómo nos sentimos cuando aquellos que creíamos que eran nuestros amigos o familiares no respondieron a nuestras invitaciones a nuestros eventos importantes. Nos sentimos tristes y muy decepcionados por eso. Lamentamos todo lo que invertimos para hacer que nuestras fiestas sean memorables. Sin embargo, nos alegramos mucho cuando nuestras invitaciones son honradas; eso también fortalece nuestras amistades y profundiza nuestro afecto. Es una muestra de respeto hacia nuestros invitados hacer tiempo para esos momentos.

Sin embargo, la invitación de la que hablamos hoy es una invitación a poner a Dios por encima de todo lo demás. Invitación a dedicar tiempo a Dios; tiempo para la liturgia del domingo, para la lectura de las Sagradas Escrituras, tiempo para oraciones individuales en casa y en todo lugar y momento. También se trata de dedicar nuestros talentos y tesoros a promover y hacer avanzar los valores del reino. En la primera lectura, Pablo enumera las formas en que podemos usar nuestras diversas oportunidades y privilegios para construir el reino de Dios. Pablo nos recuerda que todos somos como miembros de un coro y que la armonía se produce cuando todos cantamos nuestras diversas partes de manera creíble.

El evangelio expresa la ira de parte de Dios cuando no nos apropiamos de la invitación y no nos ponemos a disposición de Dios para que nos use. Somos bendecidos por ser invitados a festejar con el Señor, pero más bendecidos por haber honrado la invitación; no se aceptan excusas porque nada es más valioso que un encuentro con el Señor. Hay más alegría en la presencia de Dios. Esto se hace eco del salmista cuando dice: "Un día en tu atrio es mejor que mil años fuera" (Salmo 84:10). Recuerde que hemos usado mal nuestro tiempo si nos hemos vuelto más ocupados que no tenemos tiempo para Dios. También se nos recuerda que hay un momento en que esta oportunidad se pierde; puede ser imposible volver a tenerla; de ahí la necesidad de hacer buen uso de la oportunidad que tenemos aquí y ahora.

Dios nuestro, fuimos creados para encontrar gozo pleno en ti. Que crezcamos en tu sabiduría para que podamos poner nuestras prioridades correctamente; viendo que nada compite contigo en nuestra escala de cosas; que las cosas de Dios son lo primero y las demás cosas secundarias Amén

31ª Semana Miércoles Tiempo Ordinario.
Romanos 13:8-10; Salmo 111(112):1-2,4-5,9;
Lucas 14:25-33
Hijo de Dios ¿cuál es tu plan salvífico?

En su 50º aniversario de bodas, le preguntaron a Henry Ford cuál era el secreto de su éxito matrimonial y él dijo: "apegarse al mismo modelo". Apegarse a un modelo es tener un plan. El plan de Ford era que entre él y su esposa, a veces pueden estar en desacuerdo, pero nunca seguirán siendo desagradables. La planificación es muy importante en todo lo que hacemos y el evangelio la exalta. Sin un plan, nuestros maravillosos sueños fracasarán. Sin un plan, nos perderemos el cielo.

¿Cuál es tu plan salvífico? Para salvarnos, Dios tuvo un plan salvífico, envió a su hijo que vino y murió por los pecadores, tú y yo. Como personas llamadas a ser santos, ¿qué planes estamos siguiendo en nuestro viaje al cielo? Planea hoy la oración diaria con nuestras familias, la reconciliación cuando surjan los problemas, planes para el perdón, planes de generosidad hacia los necesitados, planes de lecturas diarias de las Escrituras, etc. Pablo en la primera lectura nos recuerda que debemos planificar el pago de una deuda de amor. Esforzarnos siempre por demostrar amor; nunca desaprovechar ninguna oportunidad de ese tipo.

Debemos tener planes diarios, semanales, mensuales y anuales; cómo darle a Dios su lugar prioritario en nuestro esquema de cosas, porque cuando lo hagamos, todo lo demás tendrá el lugar apropiado en nuestras vidas, familias y cada uno de nuestros emprendimientos en la vida.

Padre, danos tu sabiduría para guiar nuestros planes, que nuestros planes sean siempre amarte por sobre todas las cosas, y amar a nuestro prójimo con el mismo amor que nos has mostrado Amén.

31ª Semana Jueves Tiempo Ordinario.
Romanos 8:31b-39; Salmo 109:21-22, 26-27, 30-31;
Lucas 13:31-35
Dios nos busca.

Un adagio igbo dice: "otu aka ruta mmanu ya ezuo oha". (Si se toca el aceite con un dedo, con el tiempo llegará a los otros dedos). Por lo tanto, cualquier decisión que tomemos en la vida, y cualquier cosa que hagamos, sin duda afectará a los demás; si nos convertimos en panaderos, agricultores, médicos, maestros, etc., es para los demás. Además, nuestro enfoque de nuestra fe tiene sentido en relación con los demás. Nadie va al cielo si nunca se relaciona bien con los demás. Las personas son santas o pecadoras en función de cómo se trató a los demás y de cómo se les mostró amor y preocupación. Por lo tanto, en la fe, no hay nada como la práctica privada.

La vida de Cristo, como nos dice el Evangelio de hoy, fue para los demás. Nació para los demás; y murió por los demás. Hoy va a comer a la casa de un pecador no para unirse a ellos sino para sacarlos de sus caminos pecaminosos. Sin embargo, los escribas y fariseos lo acusaron de ir con los pecadores; luego les dejó en claro que venía por los pecadores. También nos aseguró que Dios busca a los pecadores, nos busca a ti y a mí. También escuchamos que una cosa que causa alegría en el cielo es un pecador cambiado. "Hay alegría en el cielo por un pecador que se convierte" (Lucas 15:7). Esto nos recuerda que Dios nos valora y nos busca. No sigamos escondiéndonos. Él llama a los pecadores: "Vuelvan a casa".

Oh Dios, no te gusta ver a los pecadores perecer, sino que los buscas. Ayúdanos a buscar siempre ser tus amigos, danos coraje para continuar tu misión de traer a los descarriados de regreso a casa. Dios Pastor, ¡guíanos! Amén.

31ª Semana Viernes Tiempo Ordinario.
Romanos 15:14-21; Salmo 97(98):1-4;
Lucas 16:1-8

Nos espera el momento de rendir cuentas

En el evangelio de hoy escuchamos acerca del siervo deshonesto a quien se le ordenó preparar su cuenta de administración; recordándonos que en general habrá un día de ajuste de cuentas; un día en el que rendiremos cuentas de nuestra administración sobre todo lo que Dios ha confiado en nuestras manos. También se le desvincularía como consecuencia de su infidelidad y deshonestidad en el servicio.

Se nos recuerda que somos administradores de Dios y que debemos rendir cuentas de cómo hemos utilizado cada oportunidad, talento, tiempo y tesoros que Dios nos dio. También rendiremos cuentas de nuestro fracaso en descubrir y desarrollar nuestros talentos y habilidades; de cualquier falta de seriedad en nuestra fe y de cualquier enfoque descuidado que hayamos adoptado en nuestros roles de padres o familiares.

Este hombre sabía que el juicio estaba por llegar, pero nunca pensó que vendría pronto. En poco tiempo hizo arreglos para asegurar su futuro; aseguró su futuro en la vida física. Cristo elogió su astucia al darse cuenta de cómo concentrarse en asegurar su futuro. ¿Qué estamos haciendo para asegurar las recompensas eternas; nuestra eternidad en Dios?

Estamos llamados a usar nuestro tiempo en la tierra para asegurar el futuro eterno y el gozo eterno en Dios. Pase tiempo buscando la amistad de Dios, dé armas a los necesitados; visite a los prisioneros, ore diariamente, reconcilie los conflictos; descubra sus habilidades y úselas para agregar valor a las criaturas de Dios. Cada movimiento que hagamos ahora debe estar orientado a asegurar nuestro futuro eterno. Hagamos un uso sabio de nuestro tiempo en la tierra para evitar arrepentimientos en el futuro.

Oh Dios, ayúdanos a tener siempre presente que llega un día de ajuste de cuentas y rendición de cuentas. Que vivamos sabiamente en todo momento; haciendo tu voluntad para que cuando terminemos, heredemos la dicha eterna en tu patria eterna donde con los santos en gloria moras eternamente. Amén.

31ª Semana Sábado Tiempo Ordinario.
Romanos 16:3-9,16,22-27; Salmo 144(145):2-5,10-11;
Lucas 16:9-15
La intención del donante.

En la iglesia, hay una lógica que sustenta cada donación que se presenta llamada "AID" (según la intención del donante). Hoy escuchamos del Señor que la riqueza es un regalo de Dios destinado a servir como un medio para permitirnos satisfacer nuestras necesidades físicas y espirituales. El evangelio habla de asegurar la amistad en el cielo de tal manera que cuando el dinero falla, como sucede la mayoría de las veces, las buenas acciones que realizamos con nuestro uso del dinero cuando servimos a los demás nos allanarán el camino.

Es una temeridad tener confianza en el dinero; creer que ahora tenemos suficiente como para que nada pueda afectar negativamente nuestras finanzas. También es una muestra de necedad trabajar sin parar para adquirir más y más y, como resultado, desconectarse de la familia, no tener tiempo para los niños, no tener tiempo para los familiares enfermos y la vida familiar en todas sus ramificaciones. También es incorrecto cuando la búsqueda de riqueza afecta nuestro bienestar espiritual.

Las economías mundiales fracasan, las inversiones de las grandes empresas, la riqueza de los individuos y los planes financieros familiares fracasan, pero las buenas acciones realizadas con nuestra pequeña riqueza son duraderas; las recordamos con recuerdos maravillosos y siguen siendo para nosotros boletos a las alegrías eternas. Los dones que recibimos deben ser compartidos, para satisfacer las necesidades de Jesús que se disfraza de sus hijos necesitados, comenzando por sus familiares y amigos necesitados; estos son los amigos que estamos haciendo, la tarifa de entrada que estamos pagando para obtener la felicidad eterna en Dios cuando nos vayamos de aquí, junto con nuestra riqueza no utilizada y las adquisiciones acumuladas.

Dios, dador de todos los buenos dones. Ayúdanos a ver siempre la riqueza nunca como un fin en sí misma, sino como un medio para un fin. Que podamos usarla para dar gloria a Dios y atender las necesidades de aquellos a quienes podemos ayudar. Al ayudar, que siempre veamos en las personas ayudadas al Señor Jesús que se disfraza de los necesitados; en todas las cosas que ayudemos y no obstaculicemos Amén

TRIGÉSIMA SEGUNDA SEMANA
LUNES A SÁBADO
32.ª Semana Lunes Tiempo Ordinario
Sabiduría 1:1-7; Salmo 139:1b-3,4-6,7-8,9-10;
Lucas 17:1-6
Ser ejemplares y correctos cuando sea necesario.

El evangelio de hoy exige que seamos guardianes de nuestros hermanos y hermanas. Debemos asegurarnos de que nuestra forma de vida sirva de modelo a los demás de una manera muy positiva. Este es un llamado a los padres, maestros, tías, tíos, sacerdotes y líderes de la sociedad para que las palabras que pronunciamos y la vida que vivimos inspiren a los jóvenes a tomar decisiones dignas y fructíferas que traerán honor a Dios y grandes beneficios a la sociedad en general.

Las grandes decisiones que se basan en Dios siempre han traído a las personas, las familias y las naciones una alegría indescriptible. Siempre debemos ser una influencia positiva para quienes están bajo nuestro cuidado. Pero si fallamos, seguramente nos arrepentiremos aquí y en el más allá. Lo que usted hace en su familia, en su lugar de trabajo o en cualquier posición que Dios le haya dado, ¿está inspirando a las personas a hacer grandes obras y a llevar una vida fructífera? ¿Pueden sus hijos, estudiantes, etc. compartir con el mundo en los años venideros que son lo que son o hacer las grandes cosas que hacen hoy porque usted los inspiró?

Además, la otra parte del evangelio exige corrección fraternal. Debemos corregirnos mutuamente. Si me amas, debes corregirme si me estoy desviando; si te amo, se espera que haga lo mismo contigo. Corregimos no para demostrar que somos mejores que los demás, sino para ayudar a que cada uno saque lo mejor de sí mismo. Si esto no es lo que nos guía cuando intentamos corregir, estamos equivocados.

Oh Señor, ayúdanos a ser en todo momento grandes modelos para la familia y los amigos. Danos el valor de corregir fraternalmente cuando sea necesario. En todo, que tu amor reine supremo. Amén. ¡Que tengas un día bendecido!

32.ª Semana Martes .
Sabiduría 3:23-3-9; Salmo 34:2-3;16-17,18-19;
Lucas 17:7-10
Servicio desinteresado

El evangelio de hoy habla sobre el uso de nuestros talentos y dones. Debemos estar dispuestos a poner nuestros dones en uso para usar nuestros diversos favores para satisfacer las necesidades espirituales, sociales, económicas, comunitarias y personales de las personas. Es un gran privilegio cuando Dios nos da la oportunidad de satisfacer las necesidades de las personas. Debemos dejarnos guiar por la voluntad de ver que se preste servicio a las personas. Debemos estar dispuestos a decir sí a la obra de Dios. Debemos ofrecernos voluntariamente para ayudar en los diversos aspectos de las necesidades de la iglesia. Debemos estar dispuestos a servir como miembros de los consejos, los grupos de oración, los maestros para las preparaciones sacramentales; y muchas otras áreas donde hay necesidades. Mientras servimos, debemos preguntar: ¿en qué áreas puedo ser de ayuda? lo que realmente se necesita y hacer un esfuerzo honesto para satisfacer las necesidades.

Más aún, se establece claramente que aquellos llamados a servir y necesitar deben desistir de pedir nuestras ganancias y recompensas; el servicio a la humanidad y el honor a Dios deben guiar nuestro enfoque para servir a Dios y a sus hijos en cualquier capacidad. Los santos que estamos celebrando este mes son todos evidencia de aquellos cuyo único objetivo era servir a Dios e impactar positivamente las vidas de las personas en la comunidad; el llamado al deber debe guiar y nunca la ganancia que estamos a punto de recibir o la búsqueda de honores y posiciones exaltadas.

El libro de la sabiduría de hoy nos dice que las almas de los justos están en las manos de Dios. Estos son hombres y mujeres santos que han hecho buen uso de sus talentos; para servir a Dios y a su pueblo. A imitación de ellos, debemos trabajar para ver que Dios sea alabado, teniendo en cuenta que todo buen servicio que prestemos debe conducir a la alabanza a Dios; deben hacernos exclamar como David en el Salmo: "no a nosotros, oh Señor, sino a tu nombre da toda la gloria". Dios debe crecer mientras que nosotros debemos menguar. Por lo tanto, trabajemos siempre para la gloria de Dios. Cuando lo servimos con mérito y desinteresadamente, nos gustaría que los apóstoles dijeran: simplemente hemos cumplido con nuestros deberes como simples siervos que hicieron lo que se les ordenó.

Señor, danos gracia para servirte fielmente. Que evitemos toda forma de competencia malsana, división y comparación. Debemos más bien abrazar el espíritu de colaboración y servicio orientado en todo lo que hacemos. Amén.

32.ª Semana Miércoles Tiempo Ordinario.
Sabiduría 6:1-11; Salmo 81(82):3-4,6-7;
Lucas 17:11-19
Sed siempre agradecidos; todo lo que tenéis os ha sido enviado desde arriba.

En el Evangelio, diez personas fueron curadas de la lepra, nueve desaparecieron en el aire, mientras que la sabia y humilde tuvo que volver para dar gracias. ¿A qué grupo habríais pertenecido: a los ingratos/desagradecidos o al grupo de los agradecidos y apreciativos? Sin embargo, todos estamos llamados a ser agradecidos siempre que recibimos un favor. Realmente vale la pena ser agradecidos. ¿A quién hay que agradecer de inmediato?

Este es un pasaje que sirvió de base a mi libro: El poder de la acción de gracias; acordamos que, en lugar de vivir con una mentalidad de derecho, tenemos que convertir en una segunda naturaleza el no demorarnos ni perder tiempo en decir: "gracias". Cristo elogió al que dio gracias porque mostró una madurez de la que carecieron los demás (los nueve fugitivos).

Gracias a Dios, gracias a nuestros padres, tíos y tías y a nuestros hermanos, gracias a nuestros médicos y a nuestros maestros. Gracias a nuestros líderes en la sociedad y en la fe, aquellos que verdaderamente se sacrifican por nuestro bienestar; cuando los motivamos con nuestro agradecimiento, se sienten impulsados a entregarse a más servicios para la comunidad. Ningún hombre es una isla, somos lo que somos porque algunas personas se sacrificaron por nosotros, si no damos gracias, Dios no estará contento con nosotros. Si no somos agradecidos, los desmoralizamos; impidiéndoles así una mayor bondad hacia los demás en el futuro.

Los líderes en la primera lectura están llamados a ser altamente responsables; participar solo en decisiones sabias. Debemos ser responsables. Cuando lo hacemos; somos responsables en nuestras posiciones de servicio y autoridad; en el deber asignado por nuestro Dios; también es un acto de agradecimiento a Dios. Debemos tener en cuenta que cualquier abuso de poder en cualquier momento es una muestra total de ingratitud hacia Dios que nos dio el privilegio de la posición que ocupamos ya sea en la familia, la iglesia o la sociedad en general. Al dar gracias, por lo tanto, reconocemos y apreciamos a Dios que nos dio el privilegio de servir en su Iglesia, en la comunidad y en el mundo en general. Por lo tanto, en todas las cosas seamos agradecidos; es una señal de madurez y un verdadero camino hacia la grandeza.

Oh Señor, aumenta el espíritu de gratitud en nosotros. En todas las cosas, que sin demora digamos: gracias a nuestro Dios y a todos a través de quienes Dios nos encuentra en nuestros momentos de necesidad. Amén.

32ª Semana Jueves Tiempo Ordinario.
Sabiduría 7:22-8:1; Salmo 118(119):89-91,130,135,175;
Lucas 17:20-25
Actuar con sabiduría es vivir para Dios.

Hoy, la primera lectura exalta la sabiduría. Sea lo que sea que hagamos o digamos, debemos ser guiados sabiamente para estar libres de errores. En el libro de la sabiduría, capítulo 9, escuchamos que: "Aunque alguien sea perfecto a los ojos de los hombres sin la sabiduría que viene de ti (Dios), será considerado como nada" (Sabiduría 9:6). Se nos evalúa si somos realmente sabios por lo que decimos y por la forma en que vivimos. Somos sabios cuando, antes de tomar cualquier decisión, analizamos con cuidado y detenimiento, cuando pensamos antes de actuar. Para hacer cualquier cosa si aspiramos al éxito, debemos evaluar sabiamente los pros y los contras, y nunca nos arrepentiremos de nuestras acciones más adelante.

La sabiduría nos lleva siempre a hacer las mejores y correctas preguntas. ¿Qué debo hacer para agradar a Dios? Si muero ahora, ¿cuál sería mi estado, alegría eterna o condenación total? ¿Cómo afectará mi decisión a mí y a las personas que me rodean? etc. Ante esta pregunta podemos optar por hacer algo, decidir dejar las viejas costumbres como Pablo y Agustín, para ir por el camino correcto.

Las preguntas equivocadas duelen, abordarlas sería una grave pérdida de tiempo, por eso vemos que Cristo descuidó la pregunta de los fariseos sobre cuándo terminará el mundo. Las preguntas equivocadas son manifestaciones de falta de sabiduría por parte de quien las formula. ¿Cuándo terminará el mundo?, ¿cuántos se salvarán? etc., todas son preguntas equivocadas. Las santas como Margarita de Escocia y Santa Gertrudis hicieron las preguntas correctas: ¿qué hago para disfrutar de la paz en el más allá?, y siguieron ese camino y ahora están en paz, y eso es sabiduría en acción; la sabiduría las guió a vivir de acuerdo con los llamados como mujeres santas; solo la sabiduría puede llevarnos a alturas en lo imaginado.

Oh Señor, que tu sabiduría esté con nosotros para que sepamos las cosas correctas que debemos hacer y hacerlas para tu mayor gloria, para que podamos seguir siendo tus amigos ahora y por la eternidad. Amén.

32ª Semana Viernes Tiempo Ordinario.
Sabiduría 13:1-9; Salmo 18(19):2-5;
Lucas 17:26-37
Todo debe apuntar al Maestro.

El salmista, reconociendo la grandeza de Dios en todos los acontecimientos de la historia, enseñó: "Los cielos proclaman la gloria del Señor" (Salmo 19:1). Todos los misterios que nos rodean, la inmensidad de los océanos, los misterios de la vigilia y el sueño, los misterios del desarrollo de las semillas y su fructificación, etc.; todos ellos apuntan a la Mano Todopoderosa que está más allá de nosotros y por encima de todos nosotros.

En todas nuestras búsquedas e investigaciones para desentrañar los misterios de las realidades que nos rodean, si no terminan en Dios, las búsquedas e investigaciones se volverán vacías y completamente inútiles. Santo Tomás de Aquino, en su prueba de la existencia de Dios, subrayó el hecho de que todas las criaturas apuntan a la grandeza del Dios creador: el dueño de todas las cosas.

La verdadera expresión de la fe se da cuando el creyente vive dispuesto a ir con el Señor pase lo que pase; cuando vivimos también conscientes de que quien esté decidido a seguir al Señor debe también seguir el camino de la sabiduría.

Isabel, nuestra santa de hoy, estaba dispuesta y determinada a vivir como una madre y esposa digna y devota. Siguió el camino de la sabiduría imperturbable, hasta el final; es una de las que han sido llevadas al cielo. Los llevados son todos aquellos que son ligeros como resultado de no estar cargados con el peso de los pecados, pero son físicamente ligeros e ingrávidos como resultado de vivir una vida de pureza; vidas desprovistas de cualquier vestigio de duplicidad.

Señor Jesucristo, concédenos la sabiduría de ver tu mano en todas las cosas. Que siempre nos demos cuenta de que todos los acontecimientos históricos tienen sentido solo si comienzan en Dios y terminan en él. Oh Dios, que tu sabiduría nos guíe Amén

32.ª Semana Sábado Tiempo Ordinario.
Sabiduría 18:14-16,19:6-9;
Salmo 104(105):2-3,36-37,42-43;
Lucas 18:1-8
Oremos hasta que algo suceda.

En un mundo acostumbrado a rendirse, Jesús nos llama a abrazar la perseverancia. La gente renuncia a sus trabajos, renuncia a sus matrimonios y abandona la búsqueda de sus maravillosos sueños. Cuando renunciamos, perdemos la esperanza de tener éxito; y vivir sin esperanza es lo peor que le puede pasar a cualquier persona. Las personas, después de orar durante un tiempo cuando se enfrentan a necesidades, abandonan si parece que Dios se demora en responderles. Al hacer acolchados, expresamos falta de fe en Dios; y sin fe, es imposible y difícil agradar a Dios. Hoy, sin embargo, Jesús nos llama a desistir de rendirnos, por lo que debemos seguir mirándolo a Él; y nunca dudar del Poder de Dios en nuestras vidas. Su poder para salvarnos de cualquier situación que podamos enfrentar.

El Señor, en primer lugar, condena la práctica del juez injusto; en todo momento los jueces deben ser justos y equitativos. También se nos anima a tener una confianza absoluta en Dios; nunca dejes de pedir por ningún motivo. Sin embargo, la viuda que fue tratada injustamente siguió haciendo señas al juez injusto para que le diera lo que le correspondía; porque la señora persistió en pedir, obtuvo lo que había estado pidiendo.

La lectura de hoy es, por lo tanto, un llamado a que seamos persistentes. Cuando oremos por nuestras necesidades, oremos y no nos detengamos hasta obtener un resultado; sigamos orando hasta que algo suceda. Nunca abandonemos ningún buen proyecto que nos hayamos propuesto lograr, como la señora persistente; presionemos hasta que algo suceda.

Señor Dios, cuando oramos, a menudo nos cansamos y nos debilitamos. Por favor, ayúdanos a buscarte persistentemente. Que en todas las cosas nunca dejemos de confiar en ti, sino que con fe firme te sigamos mientras nos guías Amén

TRIGÉSIMA TERCERA SEMANA
LUNES A SÁBADO
33ª Semana Lunes Tiempo Ordinario
1 Macabeos 1:10-15,41-43,54-57,62-64;
Salmo 118(119):53,61,134,150,155,158;
Lucas 18:35-43
¿Qué quieres?

En las entrevistas de trabajo, todas las preguntas de la entrevista se reducen a una sola: ¿qué es lo que realmente quieres? Los entrevistadores preguntan esto para saber si lo que buscas está en línea con lo que la empresa pretende ofrecerte. El ciego del evangelio es sabio al correr hacia la única persona que tiene el poder de restaurarlo. Cuando tenemos problemas, es bueno buscar soluciones en las personas adecuadas. Si acudimos a las personas equivocadas, terminaremos multiplicando las explicanda; haciendo el problema más problemático. Cristo, sin embargo, nos pide que vayamos a él con todas nuestras cargas, y este ciego lo hizo.

Ahora Jesús, viéndolo, le preguntó: "¿Qué quieres que haga por ti?" A la pregunta, el hombre respondió: "Señor, que pueda ver" (Lucas 18:41); Jesús sana; lo sanó y puede sanarte hoy. Inmediatamente recuperó la vista. También fue elogiado por su fe.

Esta ceguera no puede ser solo física, sino también espiritual; caminaba en la oscuridad, la misma oscuridad que exhibían los renegados mencionados en la primera lectura que llevaron a los israelitas por mal camino. Como hijos de la luz, debemos ser señales de luz para un mundo oscurecido. Todos hemos recibido velas en el bautismo que pueden apagarse por el pecado. Más bien, estamos llamados a mantener la luz encendida con cuidado hasta que venga el Señor.

También, veremos que el hombre se perdió en el pecado, pero la gracia del encuentro con Cristo lo restauró a la luz; esta gracia obra en nosotros en las confesiones, en la confesión viajamos de la oscuridad a la luz; De los vicios a las virtudes y de los condenados al campamento de los redimidos.

Oh Señor, llénanos de tu luz para que siempre andemos en la luz, haciendo el bien como nos has enseñado Amén.

33ª Semana Martes Tiempo Ordinario.
2 Macabeos 6:18-31; Salmo 3:2-7;
Lucas 19:1-10
Dos Grandes Modelos: Eleazar y Zaqueo

Hoy se nos dan dos Grandes Modelos de fe. Uno está tomado del Antiguo Testamento y otro del Nuevo Testamento. En cualquier época, el mundo siempre necesita modelos, grandes ejemplos. Cuando Eleazar el justo tomó su decisión de preferir ser asesinado antes que aceptar hacer lo que va en contra de la voluntad de Dios, no comer alimentos prohibidos, pensó en los jóvenes que se verían influenciados negativamente si Eleazar tomaba una decisión equivocada. Necesitamos ser considerados con los jóvenes y los posibles efectos adversos o positivos que nuestras acciones e inacciones pueden dejar en ellos.

En el caso de Zaqueo, se trata de un pecador público que ha estado ansiando volver a casa. La brevedad de la que hablan las Escrituras es también como la ceguera de la que se habló ayer; es espiritual. La brevedad aquí indica falta de gracia de Dios, que es lo que hace el pecado, erosiona la gracia en nosotros, dejándonos indefensos y sin esperanza. A través de los pecados perdemos gracias, convirtiéndonos así en enanos espirituales.

Más aún, lo espectacular en el evangelio es la determinación de Zaqueo de devolver todo lo que robó; debía devolver siete veces. En la confesión, para que la penitencia sea perfecta, siempre hay necesidad de restituir, si no hay restitución, no hay perdón.

El suyo es un gran modelo de arrepentimiento; un giro total hacia la bondad. Como estos dos, vayamos a causar una impresión positiva en las vidas, como Eleazar, comiencen por su hogar porque dice el dicho: "la caridad comienza por casa". Vivan de tal manera que dejen ejemplos que otros puedan imitar; para que otros puedan imitarnos como nosotros también imitamos a Cristo y a los santos en la gloria. Zaqueo también comenzó desde casa: "la salvación ha llegado a esta casa" (Lucas 19:9).
Todo comienza desde esta casa y luego hacia el extranjero o más allá. La historia de María es también la de una madre cuya influencia desde el hogar impactó la persona de su hijo, nuestro Señor Jesucristo.

Oh Señor, danos la gracia de recordar que lo que decimos o hacemos afecta a las personas, que podamos decidir sabiamente en todo momento que tú seas glorificado, y que nuestro mundo conozca la paz Amén.

33ª Semana Miércoles Tiempo Ordinario
2 Macabeos 7:1,20-31; Salmo 16(17):1,5-6,8,15;
Lucas 19:11-28
Familia y Fe.

Hay un dicho popular en África que dice: "si cada uno barre la fachada de su casa, toda la ciudad quedará limpia". De la misma manera, si cada familia deja a cada niño con una fe formidable, entonces tendríamos una comunidad de fe; donde todos están convencidos de la fe en Cristo Jesús. Debe tener un buen fundamento desde el hogar para tener una base duradera.

La madre de los siete hijos del libro de los Macabeos, que fueron asesinados por su fe, dejó a los niños ejemplos dignos y una sólida educación en materia de fe; ellos actuaron también por la influencia del ejemplo de Eleazar el justo que también eligió la muerte antes que comprometer su fe en Dios.

Grandes mujeres y hombres; Los grandes padres y madres siempre han sido los pilares de la fe de la familia. Animan la fe de sus hijos, dándoles razones para aferrarse a Dios, especialmente cuando enfrentan desafíos. Hacen que sus hijos, en todas sus decisiones, se centren en el rey eterno y su reino eterno.

Les dejan modelos de justicia y juego limpio, así como una vida de convicción total sobre la fe; de modo que están decididos a pagar el premio más alto con sus vidas. Su objetivo es siempre convertirse en parte del reino del que habla el Evangelio, un lugar para todos los que usaron sus talentos juiciosamente al servicio de personas como Santa Isabel, que cuidó de los pobres con su riqueza, o Santa Cecilia, que usó su talento para cantar para alabar a Dios; que vivió una vida casta y murió como mártir dando testimonio de Cristo hasta su fin.

Debemos señalar aquí que cualquier impresión que dejemos en nuestras familias permanecerá eternamente con nosotros. Son nuestras madres las que también moldean nuestras actitudes hacia la fe y el trabajo, son ellas las que modelan nuestro enfoque de las habilidades y los talentos; Las familias trabajadoras engendran hijos trabajadores, así como los padres perezosos engendran a sus iguales.

Oración: Oh Dios, bendice a todas las madres, dóblalas de fuerza y conocimiento para construir fuertes cimientos de fe en sus hogares. Que ellas mismas sean siempre verdaderos modelos de fe, Amén.

33ª Semana Jueves Tiempo Ordinario.
1 Macabeos 2:15-29; Salmo 49(50):1-2,5-6,14-15;
Lucas 19:41-44
Defiende la verdad, defiende a Jesús.

Hay una canción popular que tenemos en la iglesia con el título: "Defiende, defiende a Jesús". (Bart Millard). La canción nos recuerda que todos los días de nuestras vidas, se nos dan oportunidades como a Matatías y al pueblo de Jerusalén para servir y defender el curso de Jesús con nuestras vidas, obras, palabras, talentos, tesoros y tiempo.

Matatías se apropió de la oportunidad de defender a Jesús y la verdad junto con toda su familia. Expresó la convicción de sí mismo y de su familia en esta declaración: "Aunque todas las naciones que viven en los dominios del rey lo obedezcan, abandonando cada una su religión ancestral para conformarse a sus decretos, yo, mis hijos y mis hermanos seguiremos la alianza de nuestros antepasados". (1 Macabeos 2:15ss). La fe fuerte rechaza cualquier compromiso.

Somos hombres y mujeres de fe cuando podemos elegir cualquier curso de acción que estemos convencidos de que es lo que Dios quiere, independientemente de lo que hagan los demás. Dios es desagradable cuando somos tibios e improductivos, pero siempre desea nuestra productividad. Todavía tenemos nuestras oportunidades hoy, que las usemos bien ahora que todavía estamos en el tiempo de gracia; si las desaprovechamos ahora, puede que nunca más se nos presenten.

Señor, encontramos oportunidades todos los días, ayúdanos a reconocerlas y a utilizarlas para tu gloria; que nuestras vidas en todo momento propaguen tu reino Amén.

33ª Semana Viernes Tiempo Ordinario.
1 Macabeos 4:36-37,52-59; 1 Crónicas 29:10-12;
Lucas 19:45-48
Mantener santificadas las cosas santas.

En la primera lectura de hoy, Judas Macabeo y sus hermanos, después de derrotar a sus enemigos, pidieron la redificación del templo después de toda la devastación llevada a cabo por los enemigos. De la misma manera que Cristo en el evangelio tuvo que expulsar del templo a quienes compraban y vendían en el templo, insistió en que la casa del padre debía ser una casa de oración. Se sintió agraviado porque convirtieron el templo en un lugar para ganar dinero, un lugar para cambiar dinero. Debemos reverenciar las moradas de Dios y tener siempre presente que es una casa de oración, un lugar especial de encuentro con Dios.

Cuando Cristo expulsó a los cambistas del templo, los escribas y fariseos se entristecieron y buscaron una oportunidad para matarlo; Su postura sobre la verdad, según ellos, obstaculizaba sus negocios y les reportaba ganancias mínimas, si es que las obtenía. Sin embargo, el miedo de la multitud les hizo apartarse de sus planes malvados contra Cristo. Dijeron que el pueblo se había aferrado a sus palabras. Los verdaderos hijos de Dios siempre se aferrarán a sus palabras.

Aferrarse a las palabras de Dios es estar siempre dispuesto a hacer lo que Dios quiere, a hacer lo que Cristo hubiera hecho e ir a donde Cristo hubiera ido. Es siempre reverenciar a Dios en su lugar santo, reverenciarlo en las cosas santas, la Eucaristía y los Sacramentales, y en las personas santas: el Papa, los sacerdotes y los religiosos y la humanidad entera; Pablo nos recordaría que nuestros cuerpos son todos templos de Dios. Reverenciemos siempre a Dios que vive en nosotros; es todo lo que Dios exige de nosotros.

Oh Dios, tú aprecias la reverencia; ayúdanos a reverenciarte en todo momento, que nuestra práctica permanezca siempre, para ver que las cosas santas se mantengan santas. Que esto guíe todas nuestras decisiones, nuestras palabras y acciones. Amén.

33ª Semana Sábado Tiempo Ordinario
1 Macabeos 6:1-13; Salmo 9A(9):2-4,6,16,19;
Lucas 20:27-40
Usa el poder, no abuses de él.

Antíoco es conocido como: "el villano más notoriamente olvidado". Abusó del poder, y hacia el final de su vida lo escuchamos decir: "Estoy convencido de que por eso me han sobrevenido estas desgracias y por eso me estoy muriendo de melancolía en una tierra extranjera" (1 Macabeos 6:13). Si tienes el privilegio de estar en una posición de autoridad, recuerda siempre que llegará un día en que, queramos o no, el puesto ya no será nuestro. Lo mejor que podemos hacer es dejar una enorme influencia positiva en los corazones de aquellos a quienes Dios nos ha encomendado servir.

El rey conocía todos sus males, y la mayoría de los que lo engañaron o lo aconsejaron equivocadamente para que llevara a cabo toda su maldad no están con él ahora; él está solo sufriendo ese trauma emocional que resulta de las malas decisiones que arruinaron familias, personas y naciones. En momentos como este, no podemos enmendar esas decisiones y sus consecuencias.

Sin embargo, el Evangelio nos recuerda que hay vida después de nuestra efímera existencia aquí: la resurrección. Todos los grandes líderes y aquellos que tomaron decisiones grandes y sabias tienen un lugar en Dios. La resurrección a la paz eterna es una ganancia para aquellos que aprovecharon las oportunidades, incluso los roles de liderazgo para dejar huellas indelebles en las vidas de aquellos a quienes sirvieron; o aquellos a quienes se sirve. Como decimos en idioma Igbo: "cheta echi" (recuerda el mañana), los líderes deben recordar el mañana. Obra para ser recordados como: Abraham, Isaac y Jacob.

Oh Dios, nuestro Líder por excelencia, guía a nuestros líderes para que lideren en consecuencia. Que todos en posiciones de autoridad en nuestra sociedad, iglesia o familia sigan tu modelo como nuestro mejor líder; Sirviendo al pueblo para tu honor y gloria Señor Amén

TRIGÉSIMA CUARTA SEMANA
LUNES A SÁBADO
34ª Semana Lunes Tiempo Ordinario
Daniel 1:1-6,8-20; Daniel 3:52-56;
Lucas 21:1-4
La viuda generosa.

Cuando llevas tu ofrenda a Dios, ¿qué guía tu donación? En la teología de la donación en la iglesia, se hace hincapié en la intención del dador. Ante Dios también, las intenciones importan mucho. A diferencia de la viuda generosa, todos los que dieron antes que ella nunca diera generosamente sino para atraer elogios de la gente; aunque lo que dieron era exigido ante Dios, aparentemente ante la gente, parecía enorme. Por supuesto, él es quien sabe cuándo hemos dado realmente generosamente; porque sabe lo que somos y tenemos; ya que todo este tiempo, tesoro y talentos son atribuibles a él y solo a él.

De la multitud que dio ese día, solo un dador dio una ofrenda agradable a Dios. ¿Cuál es tu intención al dar? Siempre debe ser una forma de expresar a Dios nuestro agradecimiento por toda su bondad y sus múltiples bendiciones sobre nosotros; favores indescriptibles; favores inimaginables recibidos.

Los guerreros hebreos en la primera lectura, como la viuda, tomaron medidas audaces; en su caso, eligieron nunca participar de alimentos prohibidos; creían firmemente que, al elegir ponerse de parte de Dios, Dios a su vez saldría en su defensa; Dios, como siempre, estuvo a su lado. Si usted está con él, usted también se sorprenderá enormemente de lo que Dios puede hacer.

Oh Dios, ayúdanos a estar dispuestos a darte generosamente de todo lo que nos has dado; como Santa Cecilia, que usó sus habilidades de canto para alabar, que también usemos nuestras habilidades y talentos para alabarte hasta el fin. Amén.

34ª Semana Martes Tiempo Ordinario.
Daniel 2:31-45; Daniel 3:57-61;
Lucas 21:5-11

El último día es desconocido, estad siempre preparados.

Cualquier reino que construyamos los humanos aquí en la tierra nunca perdurará. Son transitorios y pasajeros. Esta es una lección que el Señor nos dejó en el evangelio cuando les dijo a quienes admiraban el templo en Jerusalén y reconocían cuán magnífico es el edificio; cuán transitorios son todos nuestros esfuerzos. Nos dijo que nada en la tierra puede considerarse como: "construido para durar". Todo esfuerzo humano tiene su fecha de vencimiento; y se caracteriza por limitaciones. Una empresa automotriz tiene su eslogan: "construido para durar". Sin embargo, hoy Cristo afirma enfáticamente que nada aquí abajo perdura.

Continuando, nos advirtió que siempre busquemos ese reino eterno del que habló Daniel en la primera lectura. Debemos hacer esto haciendo siempre lo correcto; adhiriéndonos siempre a los valores eternos. Se nos advierte contra las falsas profecías de aquellos que afirman tener conocimiento del tiempo del fin. En lugar de buscar el conocimiento del último día, todo lo que estamos llamados a hacer es saber lo que agrada a nuestro amo y hacerlo hasta que venga.

El cielo es para aquellos que se centran en el objetivo de estar siempre listos para encontrarse con el Rey cuyo día u hora de venida es desconocido. Como no sabemos cuándo, porque el Señor juzgó que no es necesario, sigamos, como las vírgenes prudentes, haciendo lo que sabemos que agradará al Señor en su venida, cuando sea que nos llame.

Oh Señor, ayúdanos a vivir sabiamente preparados para tu venida; para que cuando vengas, te aceptemos como nuestro Salvador y nunca como un juez; Señor, guíanos a la verdad Amén.

34a Semana Miércoles Tiempo Ordinario.
Daniel 5:1-6,13-14,16-17,23-28;
Daniel 3:62-67;Lucas 21:12-19
Prueba de integridad de Daniel.

El rey Belsasar profanó los vasos sagrados que su padre había obtenido del templo de Jerusalén cuando el templo fue devastado y el pueblo exiliado. Él (Belsasar) usó estos vasos sagrados para comer y divertirse con su familia en un banquete, un sacrilegio que ofendió a Dios; abusó de estos artículos negándose a mantener santas las cosas santas. Esta acción enfureció a Dios, y una mano invisible comenzó a escribir en la pared en un idioma desconocido; fue entonces que Daniel el justo fue invitado a ayudar a descifrar el significado de las escrituras; cartas escritas por la mano desconocida.

Cuando Daniel llegó, el rey le prometió grandes regalos si ofrecía el significado y la interpretación debida. Sin embargo, Daniel rechazó los regalos, diciéndole al rey que se los guardara para sí mismo; Daniel rechazó esto para impedir cualquier intento de compromiso. Estaba siendo sobornado; si hubiera aceptado, no diría con valentía lo que Dios le había ordenado que dijera; pero ahora actuará bajo la influencia del soborno, el incentivo. Daniel pasó la prueba de integridad. También debemos rechazar siempre esos regalos, sin importar cuán pequeños o grandes sean, que pueden influir negativamente en nuestro proceso de pensamiento y en nuestra toma de decisiones sabias.

El letrero en la pared según Daniel se debía a que el Rey abusaba de las cosas sagradas y las consecuencias eran que su reino se volvería inútil y finalmente tendría que dividirse; Daniel en esto dijo la verdad a los que tenían el poder. Hoy también se nos advierte sobre el enfoque de las cosas santas; los días santos, los domingos, los lugares santos, las cosas santas y las personas consagradas y nuestros cuerpos que son, en palabras de San Pablo: "templo del Espíritu Santo". La regla sobre el honor a las cosas sagradas sigue vigente: "las cosas santas deben mantenerse santas" (Santa tractata sunt).

El coraje de Daniel es el coraje que el Señor prometió a sus seguidores en el evangelio; el tipo ejemplificado por los mártires en la gloria, y todos los que se levantan valientemente en defensa de la verdad. Soldados de Cristo, como Daniel, ¡defiendan a Jesús!

Que tú, Oh Dios, nos des este coraje; danos también la sabiduría para evitar cualquier regalo que nos haga descarrilar en malas decisiones; que te valoremos a ti y a la verdad por encima de todas las cosas; que tu verdad siempre siga siendo nuestro mejor amigo Amén.

34.ª semana Jueves A
Daniel 7:2-14; Daniel 3:53,54,55,56,57,58,59;
Lucas 21:29-33
Si lo defendemos, Él nos rescatará

A menudo, cuando las personas tienen el privilegio de llegar al poder, se vuelven tan tontas que tienden a usurpar la posición de Dios; esto corrobora la verdad: "el poder corrompe, pero el poder absoluto corrompe absolutamente". En la época de Daniel, el rey ordenó el fin de la adoración al Dios verdadero. Pero Daniel, al igual que los héroes de los que hablamos la semana pasada, insistió en servir al Dios verdadero.

Daniel nos enseña aquí que, en nuestra toma de decisiones, sin importar lo que crean y practiquen los que están en el poder, nosotros, por nuestra parte, debemos insistir en lo que es correcto y piadoso. Como tal, nunca se debe atener a ningún pronunciamiento o ley que nos impida adorar a Dios; Debemos tener en cuenta que la declaración de un acto como legal no convierte en ningún momento una mala acción en buena y correcta.

Así, Daniel decidió defender la verdad. Se mantuvo solo. El hecho de que Daniel se mantuviera solo merece cierto reconocimiento y comentarios. Para defender la verdad, estamos decididos a ir contra la corriente. En todas las cosas y en todo momento, debemos estar dispuestos a superar la mentalidad de la multitud. Debemos estar dispuestos a hacer lo que estamos convencidos de que es el camino correcto a seguir, sin importar lo que otros hayan elegido seguir. Daniel era un seguidor de la verdad, no un seguidor del pueblo; la multitud. En verdad, nunca se trata de que la mayoría gane el voto; por eso Daniel se mantuvo solo. Se mantuvo solo y mientras estuvo en el foso de los leones, Dios, a quien defendió, nunca lo decepcionó; si nos mantenemos a favor de lo correcto, Dios también estará con nosotros. Mientras estuvo en el foso, Dios hizo que el león perdiera poder. Él puede salvarnos de todo tipo de mazmorras si hacemos como Daniel.

Sin embargo, aquellos que se niegan a seguir al Dios de Daniel están condenados; Este es el mensaje del evangelio, debemos defender la verdad en todas las cosas, y es entonces que ganaremos su paz aquí y en el más allá.

Señor, danos el coraje de Daniel para que podamos defenderte; diciendo la verdad pura y viviendo en imitación de ti, Señor, que viniste para que tengamos vida en abundancia. Amén.

34a Semana Viernes Tiempo Ordinario.
Daniel 7:2-14 ;Daniel 3:75-81;
Lucas 21:29-33
Aferraos a lo que perdura.

Hace muchos años un amigo mío tuvo un accidente de coche y no sufrió heridas, los pasajeros que llevaba también estaban a salvo. El coche sufrió daños que hicieron que quienes oyeran que los ocupantes estaban a salvo se quedaran perplejos. Unas semanas después, este amigo recibió un regalo de un familiar que acudió en su ayuda: un coche nuevo. Sin embargo, la gente admiró tanto su coche que tuvo que contratar a un artista para que colgara un cartel en la parte trasera del coche que dijera: "Esto también pasará". Aquí corrobora las palabras de Jesús hoy: "El cielo y la tierra pasarán, pero mi palabra no pasará jamás" (Lucas 21:33).

La primera lectura, sin embargo, hablaba del reino eterno, el reino de los redimidos; el reino eterno. Daniel ve el reino como eterno. En este reino: "Su reino es eterno, y nunca pasará, ni su imperio será destruido" (Daniel 7:14).

Debemos vivir siempre conscientes de que este mundo pasa. La mayoría de nosotros invertimos equivocadamente nuestra vida, nuestro tiempo y nuestros recursos en cosas que no tienen valores duraderos. Por eso estamos llamados a buscar su reino en todo lo que hacemos, y así otras cosas vendrán a nosotros. Nunca te aferres a nada de la tierra, familia, educación, dinero, personas o posiciones; estas cosas se las lleva fácilmente una pequeña tormenta y nuestra esperanza en ellas puede verse frustrada en cualquier momento y cualquier día.

Sin embargo, nuestras buenas acciones son duraderas. Son los boletos que todos necesitamos mientras esperamos en la parada del autobús al cielo. Monseñor Paul Amakiri, de bendita memoria, compartió este pensamiento hace años en su libro: "Waiting at The Bus Stop to Heaven" (Esperando en la parada del autobús al cielo). Nos recordó y aún nos recuerda cuán pasajero y transitorio es este mundo.

Señor Dios, danos la sabiduría para darnos cuenta de cuán efímero es todo aquello en lo que nos gloriamos. Que siempre busquemos tu eterna compañía, para que al final, terminemos en ti Amén.

34.ª Semana Sábado Tiempo Ordinario
Daniel 7:15-27; Daniel 3:82-87;
Lucas 21:34-36
Estén atentos para entrar en el Reino.

Háblenme de alguien que haya tenido éxito en alguna buena empresa en la vida, y les mostraré a uno que vivió su vida en vigilancia. La vigilancia es necesaria en todo lo que hacemos, especialmente para nuestra eternidad. El tipo de vigilancia aquí es como la de alguien que lleva algo tan frágil como cajas de huevos. Quien lleva tales cosas siempre tendrá los ojos de Argos; debe tener una vigilancia 24 horas al día, 7 días a la semana.

Estar atento es mirar a derecha e izquierda antes de tomar cualquier decisión en la vida. Es mirar siempre antes de saltar, para estar seguros de adónde nos lleva cada paso que damos y cada movimiento que hacemos. La vigilancia como tal ayuda a sacar lo bueno en nosotros. Cuando vigilamos nuestros caminos, nos protegemos de los remordimientos temporales, así como de los remordimientos eternos.

Estar vigilantes es cuidar nuestras palabras, si hay que decirlas, que sean para beneficio de las personas y para honrar a Dios; también debemos vigilar las compañías que frecuentamos y adónde vamos. Es procurar que en todo momento se haga el bien y que se evite totalmente el mal. Busquémoslo siempre, poniendo la vista en el blanco y cuidando de que no haya distracciones.

Oh Dios, danos tu sabiduría para guiar cada paso que demos, de modo que en todo lo que hagamos, todos seamos respetados y todo honor venga a ti y solo a ti Amén.

www.ingramcontent.com/pod-product-compliance
Lightning Source LLC
LaVergne TN
LVHW010543160826
845677LV00013B/2980

* 9 7 9 8 8 9 6 1 9 4 7 4 3 *